Diagnose gesundheits-
förderlicher Arbeit

v/d|f

Hochschulverlag AG
an der ETH Zürich

Antje Ducki

Diagnose gesundheits-
förderlicher Arbeit

Eine Gesamtstrategie
zur betrieblichen Gesundheitsanalyse

Julia Steinbrück

Mensch ▪ Technik ▪ Organisation   MTO ▪ Band 25

Eine Schriftenreihe
herausgegeben
von Eberhard Ulich,
Institut für Arbeitsforschung
und Organisationsberatung

Die Deutsche Bibliothek – CIP-Einheitsaufnahme

Ducki, Antje:
Diagnose gesundheitsförderlicher Arbeit : eine Gesamtstrategie
zur betrieblichen Gesundheitsanalyse / Antje Ducki. –
Zürich : vdf, Hochschulverl. an der ETH, 2000
(Mensch, Technik, Organisation ; Bd. 25)
ISBN 3-7281-2705-1

Das Werk einschliesslich aller seiner
Teile ist urheberrechtlich geschützt.
Jede Verwertung ausserhalb
der engen Grenzen des Urheber-
rechtsschutzgesetzes ist ohne Zustimmung des Verlages unzulässig und
strafbar. Das gilt besonders für
Vervielfältigungen, Übersetzungen,
Mikroverfilmungen und die Ein-
speicherung und Verarbeitung in
elektronischen Systemen.

ISBN 3 7281 2705 1

© 2000, vdf Hochschulverlag AG an der ETH Zürich

Der vdf im Internet: www.vdf.ethz.ch

V O R W O R T

Gesundheitsförderliche Arbeit – ist das überhaupt ein Thema in einer Zeit, in der von "shareholder value", "downsizing", "outsourcing", finanziellen Anreizsystemen oder Frühpensionierungen mehr die Rede ist als von persönlichkeitsförderlicher, d.h. auch motivierender und qualifizierender Arbeitsgestaltung? In der mancherorts eine Rückkehr zu partialisierten Arbeitstätigkeiten stattfindet und vielenorts in Vergessenheit geraten scheint, was noch vor wenigen Jahren weitgehend geteiltes Wissen gewesen ist, etwa über die Bedeutung und die Voraussetzungen von Aufgabenorientierung und intrinsischer Motivation?

Gegenwärtig sind indes interessante Entwicklungen zu beobachten. So heisst es etwa im Bericht über ein vom Bonner Ministerium für Bildung und Forschung finanziertes, interdisziplinäres Verbundprojekt über "Beschäftigungsförderliche Rationalisierung" (Wiendahl 1999): "Die beschäftigungsförderliche Rationalisierung strebt ein Umdenken weg von einer maximalen hin zu einer beschäftigungsintensiven, aber gleichwohl auch wirtschaftlich nachhaltigen Automatisierung an".[1] Und nicht nur innerhalb der Gesellschaft für Arbeitswissenschaft, sondern auch im Bundesministerium für Bildung und Forschung werden Fragen nach dem Erhalt und der Förderung der "Beschäftigungsfähigkeit" für das gesamte Arbeitsleben gestellt. Schliesslich heisst es im Dezemberbericht 1999 der European Foundation for the Improvement of Living and Working Conditions: "Active and preventive measures should take a 'whole of working life' perspective and avoid age specific employment problems by combating risks in earlier phases of working life."[2] Damit wird gesundheitsförderliche Arbeit zu einem Thema, dem über die persönliche Bedeutung für die direkt und indirekt Betroffenen hinaus höchste Bedeutung zukommt.

Antje Ducki hat in der Einleitung zu dem von ihr hier vorgelegten Buch auf die mit dem Strukturwandel der Arbeitswelt verbundenen Chancen und Risiken für Persönlichkeitsentwicklung und Gesundheit hingewiesen. Sie hat auch darauf hingewiesen, dass die betriebliche Gesundheitsförderung an die Tradition der "Humanisierung der Arbeit" anknüpft und diese praktisch fortsetzt. Damit hat sie – implizit – zugleich einen Anspruch an theoretische Einordnung, methodische Entwicklung und empirische Überprüfung formuliert, der allein schon das Buch zur spannenden Lektüre macht. Analyse und Gestaltung von Arbeit unter dem spezifischen Aspekt der Gesundheitsförderlichkeit – ein solches salutogenetisches Konzept aus der Handlungsregulationstheorie abzuleiten bzw. in diese einzuordnen macht natürlich Sinn. Dass dabei aber auch Erweiterungen oder Differenzierungen erforderlich sein könnten, wird im Abschnitt über "Kon-

---

[1] Wiendahl, H.-P. (Hrsg.) (1999). Beschäftigungsförderliche Rationalisierung. Forschungszentrum Karlsruhe Technik und Umwelt. Wissenschaftliche Berichte FZKA -PFT 201

[2] European Foundation for the Improvement of Living and Working Conditions (1999). Active Ageing. Communiqué 10, December.

sequenzen für die Theorieentwicklung" deutlich. Hier wird auch noch einmal hervorgehoben, "dass Vertrauen und Zuversicht sich nur auf der Grundlage von existentieller und sozialer Sicherheit entwickeln können" und dass "Sicherheit und Stabilität ... zentrale Voraussetzungen für positive Gesundheit" sind. Dass ein "zuviel" an Stabilität der Umwelt persönliche Entwicklung und positive Gesundheit aber auch einschränken kann, wird ebenfalls deutlich gemacht. An dem daraus abgeleiteten Postulat, "das Verhältnis von stabilen und flexiblen Umweltanteilen genauer zu bestimmen und zu konkretisieren, 'wieviel' Stabilität in den Bedingungen der Umwelt entwicklungs- bzw. gesundheitsförderlich ist", lassen sich viele spannende Überlegungen festmachen und auch Beziehungen anknüpfen, etwa zu den Umweltkomplexitäts- bzw. Umweltvereinfachungsmodellen sensu Schroder (1978).[3]

In Zusammenhang mit praktischen Fragen der Analyse und Gestaltung von Arbeit nach Kriterien der Gesundheitsförderlichkeit ist dem von Antje Ducki hier vorgestellten Verfahren zur Ermittlung gesundheitsförderlicher bzw. gesundheitsbeeinträchtigender Arbeitsbedingungen breite Anwendung zu wünschen. Die daraus resultierenden Erfahrungen können nicht nur zu der – von der Autorin ausdrücklich gewünschten – weiteren Verfahrensüberprüfung und gegebenenfalls -optimierung beitragen, sondern auch zu einer verstärkten Sensibilisierung in bezug auf die Bedeutung der Arbeit für die menschliche Gesundheit. Gesundheitsförderliche Arbeitsgestaltung kann schliesslich nicht mehr ein Postulat neben vielen anderen bleiben, vielmehr gehört ihm höchste Priorität.

Zürich, im Januar 2000   Eberhard Ulich

---

[3] Schroder, H.M. (1978). Die Bedeutsamkeit von Komplexität.
   In H. Mandl. & G.L. Huber (Hrsg.), Kognitive Komplexität (S. 35–50). Göttingen: Hogrefe

VORWORT

Das vorliegende Buch basiert auf einer umfangreicheren Dissertation, die im Mai 1998 in Leipzig abgeschlossen wurde. Vieles wurde für die jetzt vorliegende Buchfassung gestrafft und überarbeitet, was dazu führte, daß Detailfragen und Einzelberechnungen hier nicht dargestellt werden konnten. Der interessierte Leser und die Leserin seien zur Klärung solcher Detailfragen auf die Dissertation (Ducki, 1998a) verwiesen.

Die Entwicklung des Befragungsinstruments erfolgte im Rahmen mehrjähriger betrieblicher Projekte der Gesellschaft für betriebliche Gesundheitsförderung (BGF), die Beratung und Serviceleistungen im Feld der betrieblichen Gesundheitsförderung und der Organisationsentwicklung anbietet. Die Arbeit ist somit in übergreifende praktische Zusammenhänge eingebunden gewesen und verfolgt die Absicht, arbeits- und organisationspsychologische Wissenschaft und Praxis direkt aufeinander zu beziehen.

Dank gilt zunächst den Betrieben und den betrieblich Verantwortlichen, die die Untersuchungen ermöglicht und die wissenschaftliche Aufarbeitung im Rahmen dieser Arbeit unterstützt haben. Den Beschäftigten möchte ich für das entgegengebrachte Vertrauen danken.

Dank gilt den (ehemaligen) Gesellschaftern der BGF, Maximilian Herzog, Bertolt Stein, Gerd Westermayer und Mathias Wendel, die mich stets in meinem Vorhaben unterstützt und gefördert haben. Dies ist in der betrieblichen Praxis keine Selbstverständlichkeit, da oft tagespolitische Notwendigkeiten Vorrang haben vor ‚wissenschaftlicher Gründlichkeit‘.

Jörg Felfe, Eva Bamberg, Gisela Mohr, Harry Schröder und Eberhard Ulich haben durch ihre Anmerkungen und Kritik sehr zum Gelingen der Arbeit beigetragen. Ihnen sei ebenfalls herzlich gedankt.

Interessenten an dem Fragebogen können sich direkt an die Autorin an der Universität Hamburg und an die Gesellschaft für betriebliche Gesundheitsförderung (BGF) in Berlin wenden.

Hamburg, im November 1999
Antje Ducki

1   EINLEITUNG

Der Strukturwandel der Arbeitswelt ist wesentlich dadurch gekennzeichnet, daß immer weniger Menschen immer mehr in immer kürzerer Zeit leisten müssen. Qualitätsanforderungen an Produkte und Dienstleistungen steigen, und die Verantwortlichkeit für einzelne Arbeitsergebnisse liegt nicht mehr allein bei Vorgesetzten, sondern wird zunehmend an die Personen und Gruppen delegiert, die das Produkt herstellen bzw. die Dienstleistung erbringen.

Dieser Wandel bietet für die Persönlichkeitsentwicklung und die Gesundheit der Beschäftigten einerseits neue Chancen. An vielen Arbeitsplätzen entstehen neue Handlungs- und Entscheidungsspielräume. Die Möglichkeiten eines stärkeren Sinnbezugs zum herzustellenden Produkt wachsen. Berufliche und fachübergreifende Kompetenzen können ausgebaut werden und bieten damit neue Grundlagen zur Persönlichkeitsentwicklung und zu individuellem Wachstum.

Andererseits verbergen sich in diesem Wandel aber auch gesundheitliche Risiken, die vor allem durch spezifische Anforderungs- und Belastungskombinationen entstehen. Verantwortung für Qualitätsstandards bei gleichzeitigem Zeitdruck oder arbeitsplatzübergreifende Kooperationsanforderungen bei fehlender Information sind Beispiele für solche widersprüchlichen Kombinationen von Anforderungen und Belastungen, die die Gesundheit langfristig beeinträchtigen und schädigen können. Nicht zu vergessen ist der zunehmende Druck auf den einzelnen, der durch die Unsicherheit besteht, den eigenen Arbeitsplatz zu verlieren.

Das heißt, um den permanenten Wandel der Arbeitswelt zu vollziehen und so zu bewältigen, daß tatsächlich die in ihm liegenden Potentiale genutzt und die Risiken weitgehend kontrolliert werden können, bleiben Prävention und Gesundheitsförderung eine (prozeßbegleitende) Notwendigkeit.

Der betrieblichen Prävention und Gesundheitsförderung kommt die Aufgabe zu, Risiken und Ressourcen der Gesundheit frühzeitig zu diagnostizieren und die Arbeit so zu gestalten, daß nicht nur größtmögliche Beeinträchtigungsfreiheit gewährleistet wird, sondern tatsächlich auch Wachstum und Entwicklung ermöglicht werden. Damit knüpft die betriebliche Gesundheitsförderung an die Tradition der ‚Humanisierung der Arbeit‘ an und führt diese praktisch fort. Die Hauptaufgabe der Analyse und Diagnostik besteht darin, betriebsspezifische Besonderheiten in der Ausprägung und im Zusammenwirken von Belastungen und Ressourcen zu ermitteln und Hinweise darauf zu liefern, welche gesundheitsförderlichen Potentiale vorhanden sind und wo vordringlicher Interventionsbedarf besteht.

Für die Beantwortung dieser Fragen sind verläßliche Instrumente erforderlich, die wissenschaftlichen und praktischen Qualitätsanforderungen genügen. Obwohl zahlreiche arbeitswissenschaftliche Instrumente zur Analyse von Arbeitsbedingungen und Gesundheit vorliegen (einen neueren Überblick liefert Dunckel 1999), kommen diese in der Praxis der betrieblichen Gesundheitsförderung selten zum Einsatz. Eine systematische Strategieformulierung zur betrieblichen Gesundheitsanalyse, die verschiedene Instrumente integriert, steht aus. Diese Diskrepanz zwischen wissenschaftlichem Angebot und praktischem Nutzen hat unterschiedliche Gründe: Betriebliche Praktiker bemängeln, daß wissenschaftlich fundierte Analyseverfahren oft schwer durchschaubar, aufwendig und letztlich in ihrem Aussagegehalt zu eingeschränkt seien. Von wissenschaftlicher Seite wird dieser Tatbestand zwar beklagt und der Vorwurf ernst genommen, aber selten in praktikable Verfahrensentwicklung umgesetzt.

Eine umfassende Strategie erfordert ein multidisziplinäres Herangehen, das sowohl medizinische, psychosoziale und (sicherheits-)technische Aspekte berücksichtigt. Bevor es allerdings zu einer disziplinübergreifenden Gesamtbetrachtung kommt, ist es erforderlich, das vorhandene Wissen jeder einzelnen Disziplin zu systematisieren und für die Zwecke der Gesundheitsförderung nutzbar zu machen. Im Mittelpunkt dieser Arbeit stehen daher zunächst arbeitspsychologische Aspekte einer betrieblichen Gesundheitsanalyse.

Ziel der vorliegenden Veröffentlichung ist es, auf einem arbeitspsychologischen Hintergrund eine theoretisch-methodologisch begründete Strategie für die betriebliche Gesundheitsanalyse zu entwickeln und geeignete Instrumente und Methoden hierfür auszuwählen.

Die Strategie läßt sich als Mehr-Ebenen-Ansatz (Strohm & Ulich, 1997) bezeichnen. Es werden Screeningverfahren und Verfahren zur Detailanalyse in einer sich zunehmend differenzierenden Abstufung miteinander kombiniert. Die Analyse soll der Erstellung (betrieblicher) Gesundheitsprofile dienen und in konkreten Interventionsvorschlägen münden. Im einzelnen sollen folgende Fragen beantwortet werden:

- Welche Anforderungen ergeben sich an eine betriebliche Gesundheitsanalyse aus der Programmatik und den Handlungsbedingungen des betrieblichen Arbeitsschutzes und der Gesundheitsförderung (Kapitel 2)?

- Welche gesundheitsrelevanten Merkmale einer Organisation lassen sich auf dem Hintergrund arbeitspsychologischer Forschung und Theorie bestimmen? Wie lassen sie sich in Hinblick auf ihre gesundheitliche Wirkung klassifizieren (Kapitel 3)?

- Was gehört neben Beeinträchtigungsfreiheit zu positiver Gesundheit? Wie kann Gesundheit operationalisiert werden (Kapitel 3)?

- Welche Funktion hat die betriebliche Gesundheitsanalyse im Prozeß der Gesundheitsförderung (Kapitel 4.1)?

- Welche wissenschaftlichen und praxisrelevanten Anforderungen lassen sich an Instrumente zur betrieblichen Gesundheitsanalyse formulieren (Kapitel 4.2)?

- Welche Instrumente liegen vor, um den gesundheitlichen Status einer Organisation angemessen zu analysieren? Wo liegen hier Defizite (Kapitel 4.3)?

- Wie sieht eine Gesamtstrategie zur betrieblichen Gesundheitsanalyse aus, und wie können verschiedene Instrumente miteinander kombiniert werden (Kapitel 4.4)?

Die ermittelten Defizite geeigneter Instrumente sind der Ausgangspunkt für die Entwicklung eines Instruments zur Schwachstellen- und Potentialanalyse. Das Instrument wird in drei betrieblichen Stichproben auf seine Reliabilität und Validität überprüft. Es werden verschiedene Einsatzmöglichkeiten exploriert und diskutiert.

Die aufgezeigte Gesamtstrategie ist als ein erster Entwurf zu betrachten, der einer weitergehenden wissenschaftlichen Überprüfung bedarf, die hier begonnen, aber nicht vollendet werden kann. Am Schluß wird deswegen aufgezeigt, in welche Richtung weitere Forschung und Instrumentenentwicklung zukünftig gehen sollte.

2 RAHMENBEDINGUNGEN

Um die Funktion und die Aufgaben einer betrieblichen Gesundheitsanalyse einordnen zu können, werden Arbeits- und Gesundheitsschutz und Gesundheitsförderung in ihren Gemeinsamkeiten und Unterschieden dargestellt und die Gesundheitsanalyse in das Praxisfeld eingeordnet. Abschließend wird diskutiert, welchen wissenschaftlichen Beitrag die Arbeitspsychologie hier leisten kann.

2.1 Betrieblicher Arbeitsschutz

Betriebliche Gesundheitsförderung und die Durchführung von Gesundheitsanalysen fallen in den Zuständigkeitsbereich des betrieblichen Arbeits- und Gesundheitsschutzes.

Aufgabe des betrieblichen Arbeitsschutzes ist es, Beschäftigte vor gesundheitsgefährdenden Belastungen am Arbeitsplatz, die aus der Tätigkeit an sich und aus biologischen, chemischen und physikalischen Einwirkungen resultieren, zu schützen (Griefhahn, 1993). Der betriebliche Arbeitsschutz wird fachlich von der Arbeitsmedizin dominiert. Handlungsleitend für den betrieblichen Arbeitsschutz ist die sozialmedizinische Erkenntnis, daß die Krankheitsentstehung nur in ihrer psychophysischen Ganzheitlichkeit zu verstehen ist und auch durch soziale und lebens-, vor allem arbeitsweltliche Faktoren beeinflußt ist.

2.1.1 Entstehung und fachlicher Hintergrund

Sozialmedizinische Bewegungen mit präventiver Ausrichtung gab es schon in den letzten Jahrhunderten, wie das ‚System der vollständigen medizinischen Polizey' (Johann Peter Frank, 1745-1821) und die Bewegung der ‚Diätetik' (zwischen 1830 und 1850) zeigen (zitiert nach Schröder, Regel, Rößler, 1989). Bekannte Wegbereiter der Arbeitsmedizin waren u.a. Rudolf Virchow und Alfred Grotjahn. Beide verstanden die Medizin als eine soziale Wissenschaft und den „Arzt als den natürlichen Anwalt der Armen" (Elsner, 1985, S. 86). Grotjahn hatte den ersten Lehrstuhl für Sozialhygiene in Deutschland inne. Aus der Sozialhygiene heraus entwickelte sich 1925 die Arbeitsmedizin als eigenständige Disziplin der Medizin, die als die 'institutionalisierte Präventivmedizin' bezeichnet werden kann (Marschall, 1990).

Die Aufgabe der Arbeitsmedizin beschreibt Griefhahn folgendermaßen: „Die Arbeitsmedizin beschreibt die physischen und psychischen Beanspruchungen des Menschen, die sich aus der Belastung durch die Arbeit und die Arbeitsumwelt ergeben. Sie versucht, diese Beziehungen und deren Determinanten zu quantifizieren, um geeignete Maßnahmen zum Schutz der Beschäftigten zu erarbeiten. Sie hat nicht die Aufgabe, die Produktivität zu steigern, sondern die Leistungsfähigkeit, das körperliche und soziale Wohlbefinden der Beschäftigten zu erhalten und zu fördern. Die Aufgaben der Arbeitsmedizin sind die der Prävention und der Rehabilitation unter Ausschluß der Therapie. Die Arbeitsmedizin ist eingebunden in den Arbeitsschutz, der nur interdisziplinär, in Zusammenarbeit mit Psychologen, Soziologen, Ingenieuren, Technikern, etc. realisiert werden kann" (Griefhahn, 1993, S. 278).

Der in dieser Definition zum Ausdruck kommende Präventionsanspruch kann weder in der Wissenschaft noch in der betrieblichen Praxis umfassend realisiert werden, was nach Marschall vor allem daran liegt, daß es auch in der Arbeitsmedizin eine hierarchische Struktur von Aufgaben gibt, die sich vor allem an den dominierenden Problemen orientiert (Marschall, 1990). Dominierende Probleme im Arbeitsschutz sind die zahlreichen Risiken und Gefahren, die sich vor allem aus der stofflich-dinglichen Arbeitsumwelt ergeben. Allein die Kontrolle und Eindämmung der physikalisch-chemischen Risikofaktoren, die auch heute noch im Vordergrund stehen, ist eine Aufgabe, die oft die vorhandenen Kapazitäten des betrieblichen Arbeitsschutzes übersteigt. Mit der notwendigen Prioritätensetzung auf physikalisch-chemische Risikofaktoren ist jedoch vielfach auch eine eingeschränkte Sicht auf das betriebliche Krankheits- und Gesundheitsgeschehen verbunden. Diese zeigt sich u.a. darin, daß sich die klassische Arbeitsmedizin lange Zeit mit der Untersuchung sogenannter Einzelbelastungen und solcher gesundheitsschädlicher Faktoren der Arbeitswelt befaßt hat, für die ein eindeutiger Ursache-Wirkungs-Zusammenhang nachweisbar ist. Psychosoziale Belastungen und Ressourcen der Gesundheit werden nach wie vor weitgehend ausgeklammert.

Der Verengung der Problemsicht auf eindeutige Ursache-Wirkungs-Zusammenhänge und auf physikalisch-chemische Belastungsfaktoren versuchte man seit den siebziger Jahren durch verstärkte Forschungsaktivitäten zu begegnen, in deren Mittelpunkt die Entstehungsbedingungen 'arbeitsbedingter Erkrankungen' stand. Arbeitsbedingte Erkrankungen sind „... solche chronisch-degenerativen Krankheiten, für die sich eine enge Beziehung zur Berufstätigkeit nachweisen lassen, die aber weder zu den Unfällen noch zu den Berufskrankheiten gehören" (v. Ferber 1982, S.128, vgl. auch Slesina, 1982). Aus diesen Forschungsaktivitäten entstand bereits in den siebziger Jahren das Konzept einer systematischen (betrieblichen) Gesundheitsberichterstattung.

In den letzten Jahren zeichnet sich in der betrieblichen Praxis und in der anwendungsbezogenen Forschung eine Entwicklung in Richtung disziplinübergreifender Kooperation ab. Durch die betriebliche Gesundheitsförderung wurde konzeptionell und praktisch ein Handlungsfeld geschaffen, in dem die Hauptakteure des betrieblichen Arbeitsschutzes mit anderen betrieblichen und außerbetrieblichen Fachexperten und den Beschäftigten zusammenarbeiten können.

2.1.2 Rechtlicher Rahmen

Der betriebliche Arbeitsschutz findet seine rechtlichen Ursprünge in der Sozialgesetzgebung Bismarcks des letzten Jahrhunderts, die die vier Hauptrisiken Krankheit, Unfall, Alter und Arbeitslosigkeit gesetzlich regelte.

Verantwortlich für die Durchführung und Organisation von Arbeitsschutzmaßnahmen ist der Unternehmer, der sich dabei an ein komplexes Gesetzes- und Regelwerk zu halten hat. Gesetzliche Grundlagen sind vor allem das Arbeitssicherheitsgesetz, die Reichsversicherungsordnung und das Betriebsverfassungsgesetz, aber auch Teile des Sozialgesetzbuches V. Zusammengefaßt betreffen die gesetzlichen Regelungen des Arbeitsschutzes folgende Bereiche (Kleindienst, 1996):

- Maschinen, Geräte, technische Anlagen (z.B. Bildschirmrichtlinie),
- Arbeitsstätten einschließlich Betriebshygiene (z.B. Arbeitsstättenverordnung),
- Gefährliche Arbeitsstoffe sowie Strahlen (z.B. Gefahren- und Strahlenschutzverordnung),
- Arbeitszeit (z.B. Arbeitszeitregelungen zur Dauer und Lage der Arbeitszeit),
- Schutz besonderer Personengruppen (z.B. Jugendliche, Schwangere, Schwerbehinderte),
- Organisation des Arbeitsschutzes im Betrieb (z.B. Einrichten eines Arbeitsschutzausschusses).

Das Arbeitsschutzsystem der Bundesrepublik hat unzweifelhaft dazu geführt, daß zahlreiche, vor allem physikalisch und chemisch nachweisbare Gesundheitsgefahren reduziert werden konnten. Dennoch ist nach Zwingmann (1994) der Arbeitsschutz und besonders das Arbeitsschutzrecht der Bundesrepublik dringend reformbedürftig, da es überaltert, bruchstückhaft und zersplittert ist. Es fehlt eine wirkliche Verankerung des Arbeitsschutzes in betrieblichen Planungs- und Entscheidungsstrukturen und eine wirkungsvolle Partizipation der betroffenen Beschäftigten. Rosenbrock (1993, S.134) spricht in diesem Zusammenhang von einer ausgeprägten "Expertendominanz und einer grenzwert- und meßbarkeitsfixierten Normorientierung" der Akteure im betrieblichen Arbeitsschutz. Dem technologischen Wandel in der Arbeitswelt und den damit einhergehenden Veränderungen im Krankheits- und Belastungsgeschehen kann das derzeitige deutsche Arbeitsschutzsystem mit seinen gesetzlichen Grundlagen nicht angemessen Rechnung tragen.

Auch die europäischen Initiativen der letzten Jahre zur Reform des Arbeitsschutzes haben in Deutschland keine maßgeblichen Veränderungen herbeigeführt. Die Umsetzung der Rahmenrichtlinie 89/391 der Europäischen Union über die Durchführung von Maßnahmen zur Verbesserung der Sicherheit und des Gesundheitsschutzes aus dem Jahr 1989 in bundesdeutsches Recht bleibt leider in seinen Formulierungen weit hinter den Mindestanforderungen der Europäischen Union zurück. Darüber hinaus liegt auch den erweiterten europäischen Rahmenrichtlinien ein pathogenes Gesundheitsverständnis zugrunde. Es geht nach wie vor um die Vermeidung pathogener Risikofaktoren, was nicht mit der Schaffung salutogener Arbeitsbedingungen gleichzusetzen ist. Die Gesundheit der Beschäftigten wird als ein 'schützenswertes Gut' betrachtet, der Beschäftigte verbleibt damit in der Objektposition (ausführlich siehe Bamberg, Ducki & Metz, 1998).

2.1.3   Fazit

Der betriebliche Arbeitsschutz ist bislang schwerpunktmäßig arbeitsmedizinisch orientiert gewesen und hat eine jahrhundertealte auf Prävention ausgerichtete Tradition. Arbeitsschutz und Arbeitsmedizin behandeln trotz des Anspruchs, alle gesundheitsrelevanten Aspekte der Arbeit umfassend zu betrachten, in erster Linie Fragen der Unfallverhütung, gefährlicher Arbeitsstoffe und der Betriebshygiene. Sie garantieren den Schutz besonderer Personengruppen und sorgen für die betriebliche Organisation des Arbeits- und Gesundheitsschutzes. Nachrangig behandelt wurden bislang psychomentale und soziale Belastungen. Ressourcen der Gesundheit wurden gar nicht thematisiert. Psychomentale Belastungen und Ressourcen der Gesundheit sind der Hauptgegenstand der betrieblichen Gesundheitsförderung, die im folgenden dargestellt wird.

2.2   Betriebliche Gesundheitsförderung

Betriebliche Gesundheitsförderung beschreibt eine Vielzahl von betrieblichen Gesundheitsaktivitäten, die in den letzten Jahren in Deutschland vor allem von den Krankenkassen angeboten wurden. Diese Aktivitäten basieren auf einem umfassenden Gesundheitsverständnis der Weltgesundheitsorganisation (WHO), das Gesundheit nicht nur über Fehlen von Krankheit, sondern als geistiges und seelisches Wohlbefinden und eine entwickelte Handlungsfähigkeit definiert (Conrad & Kickbusch, 1988).

2.2.1   Programmatik und Ziele

Gesundheitsförderung ist ein Gestaltungskonzept, das über Prävention hinausgeht. In der Ottawa-Charta werden Leitsätze für Maßnahmen der Gesundheitsförderung formuliert (vgl. Conrad & Kickbusch, 1988), die darauf abzielen, daß Gesundheitsförderung eine Änderung der Lebens-, Arbeits- und Freizeitbedingungen zum Ziel haben sollte, daß sie Interessen vertreten und Partei ergreifen sollte und daß sie einzelne Personen befähigen soll, ihr Gesundheitspotential zu verwirklichen.

Diese Leitlinien können für die betriebliche Gesundheitsförderung folgendermaßen konkretisiert werden. Im Mittelpunkt der betrieblichen Gesundheitsförderung stehen die Arbeitsbedingungen und ihre Wirkungen auf die Gesundheit. Hierbei werden gemäß dem zugrunde gelegten Gesundheitsverständnis sowohl Belastungen als auch positive Merkmale der Arbeit betrachtet, die das Wohlbefinden und die Handlungsfähigkeit der Beschäftigten erhöhen (Ressourcen). Neben körperlichen werden auch psychosoziale Merkmale der Arbeit berücksichtigt. Ziel der betrieblichen Gesundheitsförderung ist vorrangig die gesundheitsgerechte Gestaltung der Arbeitsbedingungen.

Eine Konkretisierung erfährt die Interessenvertretung in der betrieblichen Mitbestimmung und Partizipation. Betriebliche Gesundheitsförderung ist partizipativ ausgerichtet und versucht, ein Höchstmaß an direkter und indirekter Mitbestimmung zu realisieren, zumal ohnehin fast alle Aktivitäten der betrieblichen Gesundheitsförderung mitbestimmungspflichtig sind (vgl. Bamberg et al., 1998).

Betriebliche Gesundheitsförderung im Sinne der Ottawa-Charta beruht auf dem Leitgedanken, Beschäftigte zu befähigen und persönliche Kompetenzen zu erweitern. Damit wird der Mensch als autonom handelndes Subjekt betrachtet, der auch im betrieblichen Kontext in der Lage ist, seine Gesundheit aktiv herzustellen. Diese Betrachtungsweise geht deutlich über die Sichtweise des Arbeitsschutzes des Menschen als 'schützenswertes Gut' hinaus. Dieser Leitgedanke hat Konsequenzen für die Interventionen, die im Rahmen der betrieblichen Gesundheitsförderung angeboten werden. Demnach müssen neben der Veränderung der Arbeitsbedingungen den Beschäftigten auch verhaltensändernde bzw. qualifizierende Angebote unterbreitet werden, wenn auch zu betonen ist, daß sich betriebliche Gesundheitsförderung nicht auf verhaltensändernde Angebote beschränken kann, was in der Praxis oft der Fall ist.

Betriebliche Gesundheitsförderung ist vom Grundverständnis multidisziplinär und ein langfristig angelegtes Konzept. Sie ist nicht auf spezifische Risikogruppen ausgerichtet, sondern betrifft alle Beschäftigten eines Unternehmens aller betrieblicher Hierarchieebenen.

Zusammengefaßt ist die betriebliche Gesundheitsförderung sowohl situations- als auch personenorientiert. In Hinblick auf die Ziele betrieblicher Gesundheitsförderung ist neben der Berücksichtigung psychosozialer Faktoren der Arbeit vor allem die salutogene Perspektive hervorzuheben, durch die Ressourcen von Gesundheit verstärkt betrachtet werden. Es geht nicht nur um die Vermeidung von Risikofaktoren, sondern um die Schaffung gesundheitsförderlicher Arbeitsbedingungen. Diese Programmatik hat sich in konkreten Vorgehensschritten niedergeschlagen, die im wesentlichen auf den

Regeln des effektiven Projektmanagements, der Arbeitsgestaltung sowie der Organisationsentwicklung fußen (z.B. Ducki 1998b; Frei, Hugentobler, Alioth, Duell & Ruch, 1993; Kötter & Volpert, 1993).

2.2.2   Rechtliche Grundlagen

Hauptakteure der betrieblichen Gesundheitsförderung in Deutschland waren in den letzten Jahren die Krankenkassen. Grundlage der meisten Aktivitäten war und ist der § 20 Sozialgesetzbuch V, in dem der Präventionsauftrag der Krankenkassen festgelegt wird. Dieser Paragraph wurde in den letzten acht Jahren bereits zweimal überarbeitet und soll derzeit erneut modifiziert werden. Trotz zahlreicher Änderungen hat der § 20, SGB V eine Vielzahl von Aktivitäten in der betrieblichen Gesundheitsförderung veranlaßt. Einen Überblick hierzu geben die Tagungsbände der Bundesanstalt für Arbeitsschutz (Brandenburg et al., 1990, 1996).

2.2.3   Fazit

Betriebliche Gesundheitsförderung berücksichtigt neben körperlichen auch die psychosozialen Aspekte der Gesundheit und betrachtet neben den Belastungen auch Ressourcen der Erwerbsarbeit. Betriebliche Gesundheitsförderung ist durch eine Kombination von verhältnis- und verhaltensändernden Angeboten gekennzeichnet und weist eine langfristige und interdisziplinäre Projektstruktur auf, in der ein Höchstmaß an direkter und indirekter Mitbestimmung realisiert werden soll.

2.3   Vergleich

Betriebliche Gesundheitsförderung und betrieblicher Arbeitsschutz haben eine ähnliche Programmatik. Historisch betrachtet kann die betriebliche Gesundheitsförderung dem Arbeits- und Gesundheitsschutz in der Weise zugeordnet werden, als sie eine konsequente Weiterentwicklung reformerischer und aufklärerischer Bewegungen der letzten Jahrhunderte ist, die auch die Grundlage des betrieblichen Arbeitsschutzes darstellen. Dabei richtet sich die Weiterentwicklung der Gesundheitsförderung über den Arbeitsschutz hinaus im wesentlichen auf folgende Aspekte:

Neben der Berücksichtigung psychosozialer Dimensionen des betrieblichen Gesundheitsgeschehens kann als wirkliche Neuerung die Hervorhebung der positiven gesundheitsförderlichen Wirkung der Arbeit angesehen werden. Während sich der Arbeitsschutz tatsächlich bisher auf die Prävention und damit auf die Vermeidung von Krankheit, Unfall und Gefahr konzentriert hat, fokussiert die Gesundheitsförderung auch die salutogenen Anteile von Arbeit. In bezug auf die Krankheitsentstehung wird stärker das "multifaktorielle" Gesamtgeschehen betrachtet. Hierin wird die Forschungstradition zu den arbeitsbedingten Erkrankungen fortgesetzt und die Notwendigkeit der Inter- bzw. Multidisziplinarität hervorgehoben.

Ein grundlegender Unterschied der beiden Handlungsfelder besteht hinsichtlich ihrer Bezugsdisziplinen. Der Arbeitsschutz ist stärker arbeitsmedizinisch ausgerichtet. Ein Großteil der in der betrieblichen Gesundheitsförderung zur Anwendung kommenden Wissensbestände stammt aus den Arbeitswissenschaften und hier insbesondere aus der Arbeits- und Organisationspsychologie. Dies bezieht sich sowohl auf das Grundlagenwissen zu Zusammenhängen von Arbeit und Gesundheit als auch auf konkrete Verfahrensweisen. Hier wird durch die betriebliche Gesundheitsförderung die arbeitsmedizinische Perspektive des betrieblichen Arbeitsschutzes um eine sozialwissenschaftliche Perspektive ergänzt. Welchen genaueren Nutzen arbeits- und organisationspsychologisches Wissen in der betrieblichen Gesundheitsförderung haben kann, wird im folgenden Abschnitt gesondert behandelt.

Für die betriebliche Gesundheitsanalyse zeigt dieses Kapitel auf, daß ein ‚multidisziplinärer Ansatz' unverzichtbar ist, in dem neben arbeitsmedizinischen und technischen Analysen auch arbeitspsychologische Analysen der Gesundheit vertreten sein müssen. Sie hat bestimmte Kriterien in Hinblick auf die Programmatik der betrieblichen Gesundheitsförderung zu erfüllen: Eine betriebliche Gesundheitsanalyse muß physische, psychische und soziale Aspekte der Gesundheit sowie Belastungen und Ressourcen erfassen. Sie sollte multidisziplinär und partizipativ ausgerichtet sein, und sie sollte in ein umfassendes langfristiges Gesamtkonzept der betrieblichen Gesundheitsförderung integrierbar sein.

2.4   Der Beitrag der A&O-Psychologie

Im folgenden soll die Notwendigkeit einer wissenschaftlichen Fundierung der betrieblichen Gesundheitsförderung und der nähere Nutzen der Arbeits- und Organisationspsychologie in diesem Praxisfeld aufgezeigt werden.

Wissenschaftlich fundierte Praxis unterscheidet sich laut Bamberg et al. (1998) von nichtwissenschaftlicher Praxis dadurch, daß Ziele und Schwerpunkte des praktischen Handelns unter Bezugnahme auf theoretische Konzepte festgelegt werden, daß auf der Grundlage theoretischer Überlegungen Methoden und Interventionen konzipiert und umgesetzt werden und daß eine Evaluation der durchgeführten Maßnahmen erfolgt. Dabei kann auf Grundlagenwissen und auf technologisches Wissen der verschiedenen Disziplinen zurückgegriffen werden (Herrmann, 1993). Eine wissenschaftliche Fundierung der Praxis dient letztlich dazu, die Beliebigkeit des praktischen Handelns einzuschränken und dieses damit verläßlicher, nachvollziehbar und routinisierbar zu machen. Vorgehensweisen sollen durch wissenschaftliche Standards vergleichbar gemacht werden, und es soll ermöglicht werden, erfolgte Maßnahmen einer Beurteilung und Bewertung nach festgelegten Kri-

terien zu unterziehen. Damit soll letztlich die Effizienz und die Effektivität
(und damit die Qualität) praktischen Handelns erhöht werden.

Bamberg et al. (1998) beschreiben den Nutzen der wissenschaftlichen Psychologie, und im engeren Sinne der Arbeits- und Organisationspsychologie,
in der betrieblichen Gesundheitsförderung in folgenden Bereichen:

- Die Psychologie kann Wissen zur Verfügung stellen, um den Gegen-
  standsbereich der betrieblichen Gesundheitsförderung zu beschreiben
  und zu definieren: Hier gilt es vor allem, Begriffe wie Gesundheit und
  Krankheit, Prävention und Gesundheitsförderung zu explizieren und
  voneinander abzugrenzen.

- Psychologisches Wissen ist weiterhin erforderlich, um Aussagen über
  Merkmalsbeziehungen vorzunehmen. Dazu gehört vor allem die Beschreibung des Zusammenhangs von Belastungen, Ressourcen und Gesundheit. Erforderlich ist hierzu Wissen über die Krankheitsentstehung
  und Gesundheitsentwicklung sowie Wissen über die Ausprägung von
  Belastungen und Ressourcen. Nur auf diesem Hintergrund können Wir-
  kungsrichtungen aufgezeigt und Ansatzpunkte für Interventionen festgelegt werden.

- Für die Durchführung von Maßnahmen der Gesundheitsförderung etwa
  im Rahmen einer gesundheitsgerechten Arbeitsgestaltung oder auch bei
  der Durchführung von Trainings ist Wissen über die Wirksamkeit von
  Interventionen erforderlich. Dabei kann sich das Wissen auf allgemeine
  Prinzipien als auch auf konkrete Verfahren oder Techniken beziehen
  (Bamberg et al., 1998). Für die gesundheitsgerechte Arbeitsgestaltung
  liegen in der Arbeitspsychologie allgemeine Leitlinien vor, die im Rahmen der betrieblichen Gesundheitsförderung angewendet werden können. In Hinblick auf einzelne Verfahren oder Techniken steht Wissen
  darüber zur Verfügung, wie eine Intervention gestaltet sein muß, um sich
  positiv auf die Gesundheit auszuwirken. Dies kann konkrete Fragen der
  Prozeßgestaltung bei der Veränderung betrieblicher Strukturen oder z.B.
  den Aufbau und den Ablauf eines Streßmanagementtrainings betreffen.
  Hierzu bedarf es wissenschaftlicher Evaluation erfolgter Interventionen.

- Methodisches Wissen ist erforderlich, um betriebliche Veränderungspro-
  zesse zu initiieren oder um Gruppen zu moderieren. Methodisches Wissen ist für die Analyse in Hinblick auf die Erhebung, Auswertung und
  Evaluation erforderlich. Auch hier bezieht sich das Wissen auf allgemeine Prinzipien (Untersuchungsdurchführung) als auch auf konkrete Verfahren und Techniken (spezielle Arbeitsanalyseverfahren).

Das heißt, arbeits- und organisationspsychologisches Wissen ist im gesamten
Prozeß der betrieblichen Gesundheitsförderung erforderlich, wobei zu be-
rücksichtigen ist, daß in diesem Handlungsfeld auch das Wissen anderer
Disziplinen (z.B. der Arbeitsmedizin) einfließen muß.

Im folgenden soll der wissenschaftliche Beitrag der Arbeits- und Organisationspsychologie für die Analyse konkretisiert werden. Bezogen auf betriebliche Gesundheitsanalysen kann arbeitspsychologisches Wissen begründet Antwort darauf geben,

1. was analysiert werden muß,

2. wie analysiert werden muß,

3. wonach vorgefundene Sachverhalte zu beurteilen sind.

Zu 1) Häufig bleibt es in der betrieblichen Praxis eher dem Zufall und dem aktuellen Kenntnisstand einzelner Akteure überlassen, welche Methode und welche Instrumente im Rahmen betrieblicher Gesundheitsanalysen zum Einsatz kommen. Auch der Gegenstand der Analyse ist oft eher zufällig gewählt bzw. ergibt sich aus den angewendeten Verfahren. Auf dem Hintergrund psychologischen Wissens zum Zusammenhang von Arbeit und Gesundheit kann entschieden werden, was analysiert werden muß: Auf der Grundlage vorhandener theoretischer Konzepte und bisheriger Forschungsergebnisse kann begründet werden, was relevante Belastungen und Ressourcen der Arbeit sind, was Merkmale der Gesundheit sind und wie sie miteinander in Beziehung stehen.

Die wichtigsten theoretischen Modelle, die zur Eingrenzung und Konkretisierung des Analysegegenstandes herangezogen werden können, sind das Belastungs-Beanspruchungs-Konzept, die Streßtheorie und die Handlungsregulationstheorie. In Kapitel 3.5 wird bezugnehmend auf diese theoretischen Konzepte begründet, welche Merkmale der Arbeit als Belastungen und welche als Ressourcen der Gesundheit in einer betrieblichen Gesundheitsanalyse berücksichtigt werden sollten. Dabei wird versucht, nicht nur die Auswahl einzelner Indikatoren zu begründen, sondern auch die Begriffe Belastungen, Ressourcen und Gesundheit gegeneinander abzugrenzen. Dies ist erforderlich, um z.B. festlegen zu können, welches Merkmal als abhängige und welches Merkmal als unabhängige Variable analysiert werden soll.

Zu 2) Die Frage nach dem ‚Wie‘ bezieht sich auf verschiedene Aspekte: So geht es hier z.B. um Fragen der Gegenstandsangemessenheit. Welche Methode ist geeignet, um welche Belastung oder Ressource zu diagnostizieren? Welche Methode entspricht der Programmatik der Gesundheitsförderung, welche Analysemethoden sind im Rahmen der betrieblichen Gesundheitsförderung ungeeignet? Welche Methode realisiert Partizipation, mit welchen Methoden können Verhältnisse, mit welchen Methoden kann Verhalten angemessen analysiert werden? Welche Kriterien sollten bei der Auswahl von Analyseinstrumenten berücksichtigt werden? Welchen Anforderungen sollten Analyseinstrumente in der betrieblichen Gesundheitsförderung grundsätzlich genügen? Weiterhin geht es um Fragen einer angemessenen Gesamtstrategie: Wie können verschiedene Analysemethoden miteinander kombiniert werden? Nach welchen Kriterien sollten sie kombiniert werden? Die Arbeits- und Organisationspsychologie stellt zur Beantwortung dieser

Fragen sowohl Grundlagen als auch technologisches Wissen zur Verfügung, das in Kapitel 4 ausführlich behandelt wird.

Zu 3)   Auch zur Beurteilung und Einordnung der Ergebnisse zur gesundheitlichen Situation der Beschäftigten sind Theorien und empirische Untersuchungsergebnisse erforderlich. Nur auf dem Hintergrund theoretischer Modelle zum Zusammenhang von Arbeit und Gesundheit ist es möglich, Beurteilungskriterien zu entwickeln. Hier tun sich im Feld der Psychologie jedoch sehr viel größere Probleme auf, als z.B. in der Arbeitsmedizin. Die Normierung und Festlegung von Grenzwerten für psychosoziale Belastungen ist ungleich schwerer als z.B. die Festlegung physikalischer Grenzwerte. Auch wenn die Forschung in diesem Bereich erst am Anfang steht, bietet die Arbeitspsychologie Orientierungspunkte zur Klassifikation und Kategorisierung vorhandener Belastungs- bzw. Ressourcenausprägungen. Diese werden in Kapitel 4.1.2.2 ausführlicher dargestellt.

Bislang fehlt der betrieblichen Gesundheitsförderung ein einheitliches wissenschaftliches Fundament. Sie rekurriert jedoch auf Wissensbestände verschiedener Einzeldisziplinen. Die Arbeits- und Organisationspsychologie kann Grundlagenwissen und technologisches Wissen zu verschiedenen Bereichen der betrieblichen Gesundheitsförderung zur Verfügung stellen und damit einen wichtigen Beitrag zur Entwicklung einer wissenschaftlich fundierten Praxis der betrieblichen Gesundheitsförderung liefern.

3 THEORETISCHE GRUNDLAGEN

Im folgenden Kapitel werden die theoretischen Grundlagen und der Stand arbeitspsychologischer Forschung zum Zusammenhang von Arbeit und Gesundheit dargestellt. Vorgestellt werden vier theoretische Ansätze, die im Rahmen der betrieblichen Gesundheitsförderung besonders relevant sind:

- das Belastungs-Beanspruchungsmodell
- die Streßtheorie, insbesondere das transaktionale Streßmodell
- die Ressourcentheorie
- die Handlungsregulationstheorie.

Die Reihenfolge der Modelle ergibt sich im wesentlichen durch ihre zeitliche Entstehung und ihre Bezugnahme aufeinander. Das Belastungs-Beanspruchungs-Konzept kann als das ‚älteste' Grundlagenkonzept bezeichnet werden. Neuere streßtheoretische Ansätze sind unter anderem durch die Auseinandersetzung mit den Grenzen des Belastungs-Beanspruchungs-Konzepts entstanden, das Modell der Handlungsregulationstheorie greift wiederum Defizite der Streßtheorie auf. Das handlungsregulationstheoretische Modell ist die Grundlage dieser Arbeit, und wird deshalb auch am ausführlichsten dargestellt. Die Darstellung theoretischer Grundlagen erfolgt in Hinblick auf folgende Fragen:

Was leisten die jeweiligen Theorien hinsichtlich der genaueren Beschreibung und Abgrenzung relevanter Begriffe? Für diese Arbeit sind vor allem die Begriffe Belastungen, Ressourcen und Gesundheit sowie ihr Zusammenhang zu spezifizieren.

Welche Konsequenzen lassen sich aus den theoretischen Modellen und dem aktuellen Forschungsstand hinsichtlich der Auswahl relevanter Untersuchungsmerkmale für die betriebliche Gesundheitsanalyse ziehen? Welche gesundheitsrelevanten Merkmale der Arbeit müssen berücksichtigt, welche Gesundheitsindikatoren sollten in betrieblichen Gesundheitsanalysen verwendet werden? Zunächst werden für jedes theoretische Modell die allgemeinen theoretischen Grundannahmen dargestellt, danach folgen die Annahmen der jeweiligen Theorie zu Gesundheit und zum Zusammenhang von Arbeit und Gesundheit. Abschließend wird eine Einschätzung der jeweiligen Theorie für die betriebliche Gesundheitsförderung vorgenommen. Am Ende des Kapitels werden in einem Resümee aus den verschiedenen theoretischen Ansätzen die zwei oben genannten Fragen aufgegriffen und zusammenfassend beantwortet.

3.1   Belastungs-Beanspruchungs-Konzept

Das Belastungs-Beanspruchungs-Konzept ist ein arbeitswissenschaftliches Konzept, in dessen Mittelpunkt der Zusammenhang von Arbeitsbedingungen und Gesundheit steht.

3.1.1   Grundannahmen des Belastungs-Beanspruchungs-Konzepts

Hintergrund des Belastungs-Beanspruchungs-Konzepts ist der arbeitswissenschaftliche Versuch, Arbeitsanforderungen und -bedingungen in Hinblick auf ihre Wirkungen auf das Individuum zu analysieren, meßbar zu machen und damit zu beurteilen. Um Ursachen und Wirkungen begrifflich voneinander zu trennen, wurde das Begriffspaar Belastungen-Beanspruchungen eingeführt. Begriffe und Grundannahmen dieses Konzepts sind aus der Mechanik abgeleitet worden, auch wenn es Verweise zu Selyes Streßkonzeption gibt, in der auch zwischen „stress" (Belastung) und „strain" (Beanspruchung) unterschieden wird (z.B. Selye, 1946).

In der Mechanik werden alle äußeren Einwirkungen, z.B. Kräfte, die auf einen Gegenstand einwirken, als Belastung bezeichnet. Beanspruchungen sind die daraus resultierenden inneren Veränderungen des Gegenstands, auf den die Belastung einwirkt (Luczak & Rhomert, 1997). Im Rahmen des arbeitswissenschaftlichen Belastungs-Beanspruchungs-Konzepts wird demgemäß die Gesamtheit aller Bedingungen, die auf den Menschen bei der Arbeit einwirken, als Belastungen bezeichnet. Mit den Beanspruchungen werden alle Auswirkungen dieser Belastungen beim Menschen unter Berücksichtigung der individuellen Voraussetzungen und Gegebenheiten bezeichnet (Dupuis & Konietzko, 1989). Diese können sich sowohl interindividuell als auch intraindividuell, zum Beispiel über die Zeit, unterscheiden.

3.1.1.1   *Belastungen*

Belastungen können nach dem Ort ihrer Entstehung und/oder nach ihrer Quantifizierbarkeit unterschieden werden. Rohmert (1984) unterscheidet Belastungen der Arbeitsaufgabe (arbeitsinhaltsbezogen) und Belastungen der Arbeitsumgebung (situationsbezogen). Zu den Belastungen der Arbeitsaufgabe gehören das Abgeben von Kräften, Bewegungen und das Aufnehmen und Verarbeiten von Informationen. Zu den Belastungen der Arbeitsumgebung gehören u.a. Schadstoffe, Lärm, Vibration, Strahlen, Klima, Beleuchtung. Dupuis & Konietzko (1989) weisen darauf hin, daß in der Arbeitsmedizin, abweichend vom genannten Belastungs-Beanspruchungs-Konzept, auch Belastungen innerhalb des menschlichen Organismus gemessen werden. In diesen Fällen spricht man von *innerer Belastung*. Gemeint sind z.B. chemische Schadstoffe, die im Urin, im Blut oder in der Atemluft nachweisbar sind.

Belastungen werden in quantifizierbare und nicht quantifizierbare Belastungsarten unterschieden. Zu den quantifizierbaren Belastungsarten gehören die meisten Umgebungsbelastungen wie Lärm, Strahlen, Luftfeuchtigkeit und Temperatur oder Vibrationen. Zu den nicht quantifizierbaren Belastungsarten zählen nach Rohmert die soziale Umwelt und zahlreiche aus der Arbeitsaufgabe resultierende Belastungsarten wie Zeitdruck, Verantwortung oder Monotonie. In der arbeitsmedizinischen Praxis hat die Quantifizierbarkeit innerer Belastungen die Definition von Grenzwerten ermöglicht, sogenannte maximal zulässige Organkonzentrationen (sog. BAT-Werte).

Entscheidend für die Wirkung auf den Menschen ist die Belastungsdauer und -höhe. Auch wenn es für viele Belastungsarten (noch) nicht möglich ist, Dauer und Belastungshöhe zu quantifizieren, ist es z.B. vor allem für chemische Schadstoffe gelungen, über die Einwirkungsdauer und die Höhe des Belastungsfaktors sogenannte zeitabhängige maximale Arbeitsplatzkonzentrationen (MAK-Werte) abzuleiten. Läßt sich die Belastungshöhe quantifizieren, spricht man von Belastungsgröße, ist sie nicht quantifizierbar, spricht man von Belastungsfaktor (Luczak & Rohmert, 1997).

Belastungen können gleichzeitig (simultan) oder nacheinander (sukzessiv) auftreten. Es wird darauf hingewiesen, daß die Erfassung von Mehrfachbelastungen wissenschaftlich wie praktisch schwierig ist, und die Forschung hier erst am Anfang steht (vgl. auch Abschnitt Arbeitsmedizin).

3.1.1.2   Beanspruchungen

Als Indikatoren für Beanspruchungen werden vor allem physiologische Parameter (Herzrate, Pulsfrequenz etc.) herangezogen. Luczak & Rohmert (1997) weisen darauf hin, daß geeignete Methoden und Instrumente fehlen, um das breite Spektrum von Beanspruchungszuständen nach Art, Dauer, Intensität und Verlauf angemessen zu erfassen. Außerdem ist bei der Beanspruchungsmessung zu berücksichtigen, daß nicht jede Belastung auf jeden Menschen gleich wirkt. Je nach individuellen Voraussetzungen kann die Person der Belastung unterschiedlich begegnen. Die Unterschiede können biologisch (allgemeine körperliche Konstitution, Alter, Körpergröße), verhaltensbedingt (Trainingseffekte in bezug auf bestimmte Leistungsvoraussetzungen) oder psychisch-mental (Einstellung zur Arbeit, Motivation) bedingt sein. Im Sinne des Belastungs-Beanspruchungs-Konzepts ist der Mensch somit fähig, Belastungen sowohl quantitativ als auch qualitativ bis zu einem bestimmten Punkt zu modifizieren (Dupuis & Konietzko, 1989). Die folgende Tabelle zeigt die wesentlichen Bestandteile des Belastungs-Beanspruchungs-Konzepts im Überblick:

Tabelle 1: Bestandteile des Belastungs-Beanspruchungs-Konzepts, nach Luczak und
        Rohmert (1997)

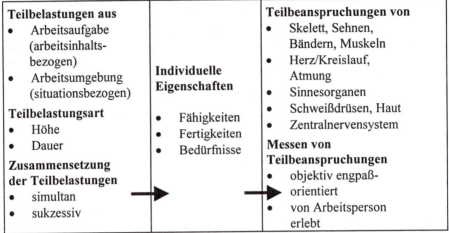

Teilbelastungen aus	Individuelle Eigenschaften	Teilbeanspruchungen von
• Arbeitsaufgabe (arbeitsinhaltsbezogen) • Arbeitsumgebung (situationsbezogen) **Teilbelastungsart** • Höhe • Dauer **Zusammensetzung der Teilbelastungen** • simultan • sukzessiv	• Fähigkeiten • Fertigkeiten • Bedürfnisse	• Skelett, Sehnen, Bändern, Muskeln • Herz/Kreislauf, Atmung • Sinnesorganen • Schweißdrüsen, Haut • Zentralnervensystem **Messen von Teilbeanspruchungen** • objektiv engpaßorientiert • von Arbeitsperson erlebt

3.1.2   Annahmen zu Gesundheit und Krankheit

Da es im Rahmen des Belastungs-Beanspruchungs-Konzepts keine expliziten Hinweise zum zugrundeliegenden Gesundheitsverständnis gibt, kann nur aus der Gesamtkonzeption und der Methodik geschlußfolgert werden, welche Gesundheitsdefinition implizit zugrunde gelegt wird. Allgemein wird – orientiert am naturwissenschaftlichen Gesundheitsverständnis – Gesundheit mit körperlicher (und geistiger) Funktions- und Leistungsfähigkeit gleichgesetzt.

Folgt man der Grenzwert- und Normlogik, die dem Modell immanent ist, führt dies zu einem dichotomen Verständnis von Gesundheit und Krankheit. Werden Raten, Quoten, Normen und Indizes in bezug auf Expositionen und in Folge auf Beschwerden, vorhandene Krankheiten bzw. Schädigungen angegeben, bedeutet dies, daß 'jenseits' dieser Werte keine nachweisbare Krankheit zu erwarten ist. Das Nicht-Vorhandensein von Krankheit wird demnach implizit mit Gesundheit gleichgesetzt, was problematisch ist, da Krankheitsverläufe in dieser Logik nur schwer erfaßbar und beschreibbar sind. Die Debatte um Sinn und Aussagekraft von Grenzwerten in der Arbeitsmedizin basiert auf dieser Grundproblematik.

Gleichzeitig wird aber durch die Einbeziehung individueller Leistungsvoraussetzungen in die Gesamtkonzeption Gesundheit im Rahmen des Belastungs-Beanspruchungs-Konzepts nicht ausschließlich objektiv definiert, sondern um die individuell unterschiedlichen und im Einzelfall zu ermittelnden Anteile wie Konstitution oder verhaltensbedingte Besonderheiten ergänzt.

Um trotz individueller Unterschiede verbindliche Richtwerte für Beanspruchungsgrößen formulieren zu können, werden „durchschnittliche" Leistungsfähigkeiten ermittelt, anhand derer dann entsprechende Richt- oder Grenzwerte formuliert werden können. Gesundheit läßt sich danach als uneingeschränkte Funktions- bzw. Leistungsfähigkeit einer Person beschreiben, die sowohl durch äußere Belastungen als auch durch individuelle Voraussetzungen beeinflußt werden kann. Ob und wann es zu Einschränkungen der Gesundheit und zu Krankheit kommt, ist abhängig von dem Zusammenspiel äußerer Belastungen und individueller Leistungsvoraussetzungen. Hier gibt es deutliche Anknüpfungspunkte zur streßtheoretischen Konzeption. Eine gesundheitliche Schädigung bzw. Krankheit liegt dann vor, wenn mechanische oder biochemische Abläufe fehlreguliert sind oder eine physiologische Schädigung in Zellen oder im Gewebe identifiziert werden kann. Eine Übertragung dieses Krankheitsverständnisses auf psychosoziale Aspekte von Gesundheit und Krankheit ist bekanntermaßen schwierig und greift zu kurz, da z.B. eine Lokalisation von Befindenszuständen unsinnig und derzeit unmöglich ist. Differenzierende Aussagen in bezug auf positive und negative Aspekte der Gesundheit, über psychosoziale Merkmale oder über den Prozeß von vollständiger Gesundheit zu manifester Krankheit können somit im Rahmen dieses Modells nicht oder nur sehr eingeschränkt gemacht werden, da das Belastungs-Beanspruchungs-Konzept weder eine differenzierende Begrifflichkeit zur Verfügung stellt, noch theoretische Aussagen über positive 'Belastungswirkungen' zuläßt.

3.1.3 Annahmen zum Zusammenhang von Arbeit und Gesundheit

Will man die grundlegenden konzeptionellen Annahmen zum Zusammenhang von Arbeit und Gesundheit pointieren, lassen sich folgende Besonderheiten festhalten. Im Rahmen des Belastungs-Beanspruchungs-Konzepts stehen zunächst die neutralen Wirkungen der Arbeit auf die Gesundheit im Mittelpunkt, forschungspraktisch werden jedoch überwiegend negative Wirkungen arbeitsbedingter Belastungen auf die Gesundheit untersucht. Da das Konzept besonders in der Arbeitsmedizin verwendet wird, ist es stark auf physikalisch-chemische Belastungen und auf physiologische Beanspruchungsparameter fokussiert. Arbeitsmedizinische Grundlagenwerke geben einen Überblick über die Vielfalt untersuchter Belastungsgrößen und Faktoren (z.B. Dupuis & Konietzko, 1989). In bezug auf *nicht* quantifizierbare Belastungsfaktoren stößt dieses Erklärungsmodell hingegen schnell an seine Grenzen. Psychische Belastungen können ohne Rückgriff auf andere Theorien im Rahmen des Belastungs-Beanspruchungs-Konzepts weder erhoben, noch ihre Wirkungsweise erklärt werden. Dies ist vor allem darauf zurückzuführen, daß es sich in letzter Konsequenz trotz seiner Erweiterungen um ein reiz-reaktionsorientiertes Modell handelt, das nicht in der Lage ist, die komplexen Vermittlungs- und Rückmeldeprozesse, die in der Beziehung zwischen Belastung und Beanspruchung existieren, angemessen zu erfassen oder gar zu erklären.

3.1.4 Kritik am Belastungs-Beanspruchungs-Konzept

Nach einer kritischen Literatursichtung fassen Luczak & Rohmert (1997) die Hauptschwächen des Belastungs-Beanspruchungs-Konzepts folgendermaßen zusammen:

- Das Modell sei elementaristisch und verkenne die Ganzheit des Menschen als soziales lebensgeschichtlich vorgeprägtes Individuum.
- Langfristige Folgen niedriger Belastungshöhen seien nicht hinreichend berücksichtigt.
- Es habe starke Defizite in der Behandlung psychosozialer Belastungsfaktoren und Beanspruchungen.
- Es sei nach wie vor konzeptionell unscharf.

Die Defizite bei der Berücksichtigung psychosozialer Belastungsfaktoren wurden in neueren streßtheoretischen Ansätzen aufgegriffen und in den Mittelpunkt der Forschungsarbeiten gestellt. Ein für diese Arbeit zentrales modellinternes Problem ist die neutrale und breite Verwendung des Belastungsbegriffs. Da alles, was auf den Menschen einwirkt, als Belastung verstanden wird, kann innerhalb des Belastungs-Beanspruchungs-Konzepts nicht zwischen positiven und negativen Wirkungen auf den Menschen unterschieden werden. Für die Frage nach den Zusammenhängen von Arbeit und Gesundheit ist dies aber erforderlich, wenn die Wirkung der Arbeit differenziert beschrieben werden soll. Dieses Problem wurde in der Handlungsregulationstheorie aufgegriffen und weiterverfolgt (siehe Abschnitt 3.4).

3.1.5 Nutzen im Rahmen der betrieblichen Gesundheitsförderung

Die auf der Basis dieses Modells erzielten Forschungsergebnisse sind eine wichtige Grundlage für arbeitsmedizinisches Handeln in der betrieblichen Praxis und haben den Schutz von Arbeitnehmern vor arbeitsbedingten Gefahren überhaupt erst ermöglicht. Vor allem im Bereich der Umgebungsbelastungen ist der mit dem Belastungs-Beanspruchungs-Konzept verbundene Forschungsstand breit anerkannt und hat sich in zahlreichen Grenz- und Richtwerten sowie verschiedenen Normierungen praxisrelevant niedergeschlagen.

3.2 Streßtheorie

3.2.1 Gegenstand und Definition von Streß

Die Streßtheorie befaßt sich mit den komplexen und dynamischen Interaktionsprozessen zwischen den Anforderungen einer Situation und dem handelnden Individuum (Greif 1991), wobei der Vermittlungsprozeß zwischen einer Anforderung und dem Individuum im Mittelpunkt steht. In die humanwissenschaftliche Diskussion wurde der Begriff „Streß" erstmals 1914 von Cannon eingeführt und im weiteren von Selye popularisiert (Semmer, 1994).

Selye (1946) definiert Streß als die unspezifische Reaktion eines Körpers auf jede Anforderung. Damit ist Streß zunächst eine unspezifische Anpassung des Körpers auf eine äußere Anforderung ('allgemeines Adaptationssyndrom').

3.2.2   Physiologische Streßreaktion

Selye (1946) unterscheidet drei Stadien in der Reaktion auf Streß:

- Alarmreaktion (Latenzphase; Schreck oder Schock)
- Stadium des Widerstands und der Mobilisierung von Energiereserven
- Stadium der Erschöpfung (nach der Verausgabung der freigesetzten Energie).

Diese Anpassungsreaktion des Körpers ist durchaus funktional, sofern die bereitgestellte Energie in körperlicher Bewegung (durch Flucht oder Angriffsreaktionen) auch verausgabt wird. Erfolgt keine körperliche Reaktion, kann dies langfristig zur Krankheitsentstehung beitragen, zum Beispiel können nicht abgebaute Fette zu Arteriosklerose und damit zu Herz-Kreislauferkrankungen führen.

Selye (1946) unterscheidet zwischen Eustreß und Disstreß. Eustreß steht für positiv bewertete Streßsituationen, die mit Gefühlen wie Freude, froher Erwartung einhergehen. Disstreß steht für negativ bewertete Streßsituationen, die durch ein negativ bewertetes Ereignis ausgelöst und von Gefühlen wie Angst, Bedrohung, Wut begleitet werden. Die Hauptkritik an dem Streßkonzept von Selye, das den allgemein organismischen Charakter der Streßreaktion betont, bezieht sich zum einen darauf, daß in dieser Konzeption die Mensch-Umwelt-Interaktion nicht spezifiziert wird und z.B. die (psychischen) Transformationsmechanismen objektiver Ereignisse in subjektive Erlebenstatbestände nicht erklärt werden können. Zum anderen wird kritisiert, daß die Dynamik der Streßbewältigung nicht hinreichend erklärt werden kann (vgl. Krohne, 1997).

Die Beschäftigung mit diesen Problemen steht im Mittelpunkt psychologischer Streßtheorien, die unterschiedliche Aspekte des Streßgeschehens fokussieren (physiologische oder psychologische Aspekte, auslösende Bedingungen wie z.B. 'daily hassles' oder 'life events'). Je nach theoretischer Grundausrichtung wird einmal der auslösende Reiz oder die Reaktion auf den Reiz oder der Transaktionsprozeß als Streß bezeichnet.

Den unterschiedlichen Streßkonzepten gemeinsam ist die Annahme eines Ungleichgewichts zwischen einer äußeren (oder auch inneren) Anforderung und den zur Verfügung stehenden Bewältigungsmöglichkeiten (Semmer, 1994). Damit ist die Nichtkontrollierbarkeit ein zentrales Bestimmungsmerkmal von Streßsituationen (Schwarzer, 1993).

Die Arbeitspsychologie bezieht sich häufig auf das transaktionale Streßmodell von Lazarus (1991) bzw. Lazarus und Launier (1981), in dessen Mittelpunkt der kognitive Anteil des Streßprozesses steht.

3.2.3   Das transaktionale Streßmodell

Entscheidend für das Streßgeschehen ist nach Lazarus (1991) die subjektive Bewertung einer Situation, insbesondere die Einschätzung der vorhandenen Kontroll- und Bewältigungsmöglichkeiten. Im Bewertungsprozeß werden 'primary' und 'secondary appraisal' unterschieden. In der primären Bewertung wird die Situation daraufhin beurteilt, ob sie eine Bedrohung, einen Verlust oder Schaden oder eine (positive) Herausforderung darstellt. In der sekundären Bewertung werden die eigenen Bewältigungsmöglichkeiten, die vorhandenen Kompetenzen und Fähigkeiten eingeschätzt, die erforderlich sind, um angemessen auf die Situation reagieren zu können. Beide Bewertungen erfolgen nicht zeitlich hintereinander, sondern sind eng miteinander verbunden. Haben sich im weiteren Verlauf der Auseinandersetzung mit der Umwelt situative Bedingungen oder auch innerpsychische Voraussetzungen verändert, kann es zu einer Neubewertung ('reappraisal') der Person-Umwelt-Beziehung kommen. Ergibt sich im Zuge dieses Bewertungs- und Auseinandersetzungsprozesses eine Diskrepanz zwischen Anforderungen und eigenen Bewältigungsmöglichkeiten, entsteht Streß.

Die individuelle Reaktion auf die Situation erfolgt entsprechend den individuellen Bewältigungsmöglichkeiten und Handlungsstilen. Lazarus und Folkman (1984) unterscheiden vor allem zwischen emotionsbezogenen (Leugnung, Ablenkung oder Neudefinition der Situation) und aktiven, problembezogenen Copingstrategien (Änderungen der Handlungsstrategie, Erwerb von Kompetenzen). Welche Strategie gewählt wird, ist abhängig von der objektiven Situation und individuellen Merkmalen (persönlichen Selbstwirksamkeitsüberzeugungen). Welche Strategie erfolgreich ist, ist ebenfalls abhängig von der konkreten Situation.[1]

Schwierigkeiten ergeben sich bei der empirischen Überprüfung des transaktionalen Streßmodells, da verallgemeinerbare Aussagen durch die Betonung des subjektiven Bewertungsprozesses kaum mehr möglich sind. So

---

[1] So weisen z.B. Knorz & Zapf (1996) in einer Untersuchung zum Thema Bewältigungsmöglichkeiten bei Mobbing darauf hin, daß aktive Copingstrategien nicht zu den erfolgreichen Strategien zählen, sondern sogar in einer bestimmten Phase des Mobbing-Prozesses zu einer Verschlechterung der Situation führen. Wolfradt (1998) weist darauf hin, daß für den Erfolg von Copingstrategien neben den konkreten Situationsmerkmalen auch der kulturelle Kontext verantwortlich ist: Vergleichende Untersuchungen in unterschiedlichen Kulturen belegen, daß in individualistischen (amerikanischen, europäischen) Kulturen eher aktive Copingstrategien erfolgreich sind, in einer kollektivistischen (z.B. japanischen) Kultur hingegen eher passive Copingstrategien gewählt werden und auch die erfolgreicheren sind (Murakami, 1983, zitiert nach Wolfradt).

existieren eine Vielzahl möglicher Einflußfaktoren in der konkreten Streßsituation, die sich durch die individuelle Bewertung der Situation ergeben. In Hinblick auf die Frage nach Ursache und Wirkung ließe sich im Rahmen dieses Modells kaum eine allgemeingültige Aussage treffen, da letztlich immer das Individuum in der jeweiligen konkreten Situation entscheidet, ob ein Stressor vorliegt oder nicht.

Greif (1991) spricht in diesem Zusammenhang von einem Beliebigkeitsproblem und schlägt eine Konkretisierung des Modells vor. Greif (1991, S. 13) unterscheidet folglich Streß und Stressoren voneinander: *"Streß* ist ein subjektiv intensiv unangenehmer Spannungszustand, der aus der Befürchtung entsteht, daß eine

- stark aversive,
- subjektiv zeitlich nahe (oder bereits eingetretene) und
- subjektiv lang andauernde Situation

sehr wahrscheinlich nicht vollständig kontrollierbar ist, deren Vermeidung aber subjektiv wichtig ist. *Stressoren* sind hypothetische Faktoren, die mit erhöhter Wahrscheinlichkeit 'Streß' oder 'Streßempfindungen' auslösen" (ebenda).

Nach dieser Definition ist Streß gleichzusetzen mit Streßempfinden, Stressoren sind die streßauslösenden Faktoren, die sich immer nur im Rahmen einer Wahrscheinlichkeitsbeziehung, als Risikofaktoren, die die Wahrscheinlichkeit einer Streßreaktion erhöhen, bestimmen lassen (Semmer, 1994). Mit dieser Differenzierung soll es ermöglicht werden, Ursache-Wirkungs-Zusammenhänge im Streßgeschehen abzubilden, ohne die Bedeutung der subjektiven Bewertungsprozesse zu vernachlässigen.

3.2.4 Annahmen zu Gesundheit und Krankheit

Betrachtet man zunächst die allgemeine physiologische Aktivierung, wie sie von Selye beschrieben wurde, hat sie keine zwangsläufig negativen Wirkungen auf die Gesundheit. Im Gegenteil, die Aktivierung des Organismus kann eine aufbauende und stärkende Wirkung haben. Die psychophysiologische Reaktion auf eine Herausforderung ist zudem zweckmäßig, weil sie zielgerichtetes Handeln ermöglicht (Schröder, 1996). Die Beanspruchung des Organismus ist eine wichtige Voraussetzung für den langfristigen Erhalt und den Aufbau körperlicher Energien. Eine in Grenzen gehaltene Beanspruchung/Aktivierung fördert die Muskelkraft und stärkt das Herz-Kreislauf-System.

Die erhaltende und aufbauende Wirkung gilt nicht nur für körperliche, sondern auch für geistige Fähigkeiten und Fertigkeiten. So weist Semmer (1994) darauf hin, daß „ohne die Erfahrung mit Streß und seiner erfolgreichen Bewältigung, aber auch ohne die Erfahrung von Mißerfolgserlebnissen die Gefahr besteht, daß selbst minimale Belastungen nicht mehr ertragen werden können, weil keine Coping-Fähigkeiten ausgebildet wurden und die Frustrationstoleranz zu gering ist" (S.750).

Voraussetzung ist hier jedoch, daß die Situation nicht als Bedrohung, sondern als eine Herausforderung wahrgenommen wird. Dies ist dann der Fall, wenn Anforderungen und Bewältigungsmöglichkeiten im Gleichgewicht stehen, beziehungsweise Ressourcen verfügbar oder beschaffbar sind. In diesem Fall handelt es sich jedoch nicht mehr um Streßsituationen, sondern um positive Herausforderungen. Das heißt, eine ‚herausfordernde' Situation, die nicht als bedrohlich wahrgenommen wird, kann dazu beitragen, individuelle, körperliche und geistig-emotionale Fähigkeiten und Widerstandskräfte zu stärken, „sie mobilisiert und macht für zugespitzte Anforderungssituationen handlungsfähig" (Schröder, 1996, S. 10).

Negative gesundheitliche Streßfolgen entstehen gemäß dem transaktionalen Streßmodell unter folgenden Voraussetzungen:

- Die konkrete Situation verhindert einen angemessenen Umgang mit der Streßsituation (Bedingungsaspekt).
- Es wird eine Diskrepanz zwischen den Anforderungen und den individuellen Bewältigungsmöglichkeiten wahrgenommen bzw. eine Situation wird als unangenehm erlebt (Personenaspekt).
- Die Streßsituation hält zu lange an, und der Streß wird chronisch (Zeitaspekt).

Dabei ist zu berücksichtigen, daß Personen-, Bedingungs- und Zeitaspekte nicht unabhängig voneinander sind, sondern gemeinsam auftreten können bzw. sich auch gegenseitig bedingen können. Auch wenn in der konkreten Streßsituation die drei Aspekte häufig gemeinsam auftreten, ist ihre konzeptionelle Unterscheidung notwendig, denn sie ermöglicht eine differenziertere Ursachenanalyse und in Folge eine differenzierte Intervention zur Streßreduktion.

So kann z.B. eine genaue Analyse des Streßgeschehens zu dem Ergebnis gelangen, daß eine Erweiterung individueller Handlungskompetenzen so lange folgenlos bleiben wird, wie die objektiven Bedingungen ihre Anwendung verunmöglichen. Anders herum kann es sein, daß auch bei optimaler Umgebungsgestaltung keine Streßreduktion erreicht werden kann, weil die betroffenen Personen aufgrund fehlender Kompetenzen nicht in der Lage sind, die Handlungsangebote auch wahrzunehmen (Bamberg & Metz 1998).

Negative Streßreaktionen werden in kurz- und langfristige Reaktionen unterschieden. Als kurzfristige Streßfolgen können neben der erhöhten physiologischen Aktiviertheit subjektive Befindensbeeinträchtigungen wie erhöhte Gereiztheit oder gesteigerte Anspannung genannt werden. Da unter Streß die Effizienz der Handlungsregulation beeinträchtigt ist, kommt es zu Leistungsminderungen, zu vermehrter Fehlerhäufigkeit und damit einhergehender erhöhter Unfallgefahr (z.B. Schönpflug & Schulz, 1979).

Zu den mittel- und langfristigen Streßreaktionen gehören *psychische Befindlichkeitsstörungen*. Mohr (1986) definiert „psychische Befindensbeeinträchtigungen als das kognitiv-emotionale Erleben einer verminderten Lebensqualität als langfristige Folge von vor allem alltäglichen und andauernden Stressoren einer Person, die noch arbeitsfähig ist" (ebenda, S.7). Als relevante Dimensionen psychischer Befindensbeeinträchtigungen benennt sie ‚Gereiztheit/Belastetheit',‚Ängstlichkeit' und ‚Depressivität'. Diese Beeinträchtigungsindikatoren sind theoretisch begründet und wurden in zahlreichen Untersuchungen auch empirisch bestätigt (z.B. Mohr, 1986; Leitner, 1993). Darüber hinaus zählen ein geringes Selbstwertgefühl, eingeschränkte Freizeitaktivitäten, Einschränkungen der allgemeinen Handlungskompetenz und Veränderungen des Gesundheitsverhaltens wie zum Beispiel ein übermäßiger Genuß von Alkohol (vgl. Busch, 1998) zu den langfristigen psychischen und sozialen Folgen von Streß.

Eine spezifische Streßreaktion ist das Burnoutsyndrom (Maslach & Jackson, 1986), das durch emotionale Erschöpfung, Depersonalisierung und ein reduziertes Wirksamkeitserleben gekennzeichnet ist. Burnout kann „als Ergebnis vermeidender Copingstrategien betrachtet werden, die eingesetzt werden, wenn berufliche Anforderungen die verfügbaren Ressourcen übersteigen. Burnout wird als eine beruflich bedingte Beanspruchungsreaktion betrachtet, die vor allem in interaktionsintensiven Arbeitsfeldern (people work) entstehen kann" (Gusy & Kleiber, 1998, S. 313).

Aber auch *somatische Beschwerden* sind langfristige Folgen von Streß, hier vor allem solche, für die eine psychosomatische Ätiologie nachweisbar ist. Dazu zählen im wesentlichen Skelett- und Muskelerkrankungen, Atemwegserkrankungen, Herz-Kreislauf- sowie Magen-Darm-Erkrankungen (z.B. Mohr, 1986; Kühn & Rosenbrock, 1994; Siegrist, Dittmann, Rittner, & Weber, 1980).

Ein über Einzelerkenntnisse hinausgehendes streßtheoretisches Gesundheitsmodell liegt nicht vor. Mohr (1991) kritisiert, daß es zwar zahlreiche methodenkritische Auseinandersetzungen in der Streßforschung zur Frage der Konfundierung und Methodenvarianz von einzelnen Gesundheitsindikatoren und Variablen zur Streßmessung und -bewältigung gibt, eine kritische Auseinandersetzung mit der Frage, nach welchen Kriterien geeignete Krankheits- und Gesundheitsindikatoren ausgewählt werden, wird jedoch nicht geführt. So wurden zwar in zahlreichen arbeitspsychologischen Untersuchungen Indikatoren vorwiegend psychischer Beeinträchtigungen erhoben und ihr Zusammenhang zu Arbeitsbelastungen belegt, warum aber gerade diese Indikatoren ausgewählt wurden, wird in den Untersuchungen nicht begründet (z.B. bei Karasek (1979) Depression und Erschöpfung; bei Caplan, Cobb, French, Harrison & Pinneau (1982) Angst, Gereiztheit, Depression, Beschwerden und Arbeitsunzufriedenheit; bei Gardell (1978) nervöse Beschwerden, psychische Verausgabung, Übermüdung, Unruhe und Unlust.)

3.2.5   Annahmen zum Zusammenhang von Arbeit und Gesundheit

Streßtheoretische Annahmen zum Zusammenhang von Arbeit und Gesundheit beziehen sich nicht nur auf negative Zusammenhänge zwischen Stressoren und Krankheit, sondern berücksichtigen auch die positiven Wirkungen von Ressourcen. Da Ressourcenkonzepte im kommenden Abschnitt gesondert dargestellt werden, wird im folgenden nur auf den Zusammenhang von Stressoren und beeinträchtigter Gesundheit eingegangen.

Es liegen zahlreiche Untersuchungen zum Zusammenhang von Stressoren in der Arbeitswelt und Gesundheit vor (einen Überblick geben Mohr & Semmer, i.V.; Greif, Bamberg & Semmer, 1991). Den Untersuchungen liegen verschiedene Zusammenhangsmodelle wie z.B. das Rollen-Streß-Modell (Katz & Kahn, 1978) oder das Anforderungs-Kontroll-Modell von Karasek (1979) zugrunde. Neuere Modelle versuchen streß- und handlungstheoretische Konzepte miteinander zu verbinden (Greif et al., 1991). Aufgrund der Vielzahl und Unterschiedlichkeit potentieller Stressoren wurden diese inhaltlich klassifiziert, wobei die Klassifizierung in den meisten Fällen nach pragmatischen Gesichtspunkten erfolgte. Ein allgemeingültiger Klassifikationsvorschlag für Arbeitsstressoren liegt nicht vor, da sich die verschiedenen Klassifikationsversuche je nach Intention und zugrundeliegendem Modell unterscheiden. McGrath (1981) unterscheidet beispielsweise in materiell-technische, soziale und personale Stressoren. Eine andere Klassifikation (Mohr & Udris, 1997) unterteilt in:

- Aufgabenbezogene Stressoren (Unter- und Überforderung, Störungen und Unterbrechungen)
- Physikalische Stressoren (Lärm, Staub, Hitze, Schmutz)
- Zeitliche Stressoren (Nacht- und Schichtarbeit, Arbeit auf Abruf, Zeitdruck)
- Soziale Stressoren und Arbeitsorganisatorische Stressoren (fehlende soziale Unterstützung, neuerdings Mobbing, Rollenkonflikte, Verhalten von Vorgesetzten).

Aufgabenbezogene, physikalische und zeitliche Stressoren werden auch häufig zu *organisationalen Stressoren* zusammengefaßt und gegen *soziale Stressoren* abgegrenzt. Zapf & Frese (1991) definieren soziale Stressoren als „Merkmale der sozialen Situation am Arbeitsplatz, ... die durch kleine Ärgernisse und Spannungen zwischen Kolleginnen und Vorgesetzten" gekennzeichnet sind (ebenda, S. 168). Zu den sozialen Stressoren zählen fehlende soziale Unterstützung, ein schlechtes Betriebsklima, konflikthafte Arbeitsbeziehungen und ein restriktives Führungsverhalten der Vorgesetzten. Soziale Stressoren lassen sich nach Zapf & Frese (1991) nach ihren Ursachen unterscheiden. Sie können verursacht sein durch individuelle Verhaltensweisen (launenhafte Kollegen), konflikthafte Interaktion (geringe Offenheit und

Transparenz im sozialen Umgang, Feedback), die Arbeitsorganisation oder das Betriebsklima, das wieder auf die Verhaltensweisen einzelner wirkt.[2]

Eine andere Differenzierung nimmt Semmer (1997) vor. Er unterscheidet Arbeitsstressoren ebenenspezifisch in Stressoren auf der Makro-, der Meso- und der Mikroebene.

Die *Makroebene* betrifft das Verhältnis von Arbeit und anderen Lebensbereichen, die Kollision von Arbeitsbedingungen und Familienanforderungen und -erwartungen, ethische Standards (sinnlose Arbeit), und vor allem Bedrohungen durch Erwerbslosigkeit.

Die *Mesoebene* betrifft generelle organisationale Belastungsfaktoren wie eine unzureichende betriebliche Informationspolitik, abteilungsübergreifende Organisationsdefizite, Fairneß bei der Bezahlung oder Beförderung, allgemeine arbeitszeitliche Stressoren wie Schichtarbeit, Bereitschaftsdienste oder Überstunden und soziale Stressoren, die durch ein schlechtes Betriebsklima geprägt sind.

Auf der *Mikroebene* geht es um die konkreten Arbeitsaufgaben und ihre konkreten Ausführungsbedingungen. In streßtheoretischen Modellen wird hier auf die aufgabenbezogenen Regulationshindernisse und Überforderungen verwiesen, wie sie im handlungsregulationstheoretischen Modell beschrieben sind (siehe Abschnitt 3.4).

Semmer (1984) ergänzt die handlungsregulationstheoretische Klassifikation um die Kategorien der Regulations-, und Zielunsicherheit. Zur Kategorie der Regulationsunsicherheit gehören Rollenkonflikte und Rollenambiguität. Widersprüchliche Arbeitsanforderungen wie die Forderung nach Schnelligkeit bei gleichzeitiger Fehlerfreiheit zählen zur Kategorie der Zielunsicherheit.

Keine der Klassifikationen ist theoretisch begründet, mit einer Ausnahme. Im Klassifikationsvorschlag von Semmer werden die unmittelbar aufgabenbezogenen Stressoren der Mikroebene handlungstheoretisch begründet und differenziert (die ausführliche theoretische Begründung hierfür befindet sich im Abschnitt ‚Handlungsregulationstheorie'). Leider wird diese theoretische Begründung für die Stressoren der Meso- und Makroebene nicht fortgesetzt.

Durch die Ebenenklassifikation von Semmer wird deutlich, daß der Schwerpunkt bisheriger arbeitspsychologischer Streßforschung auf der Mikroebene

---

[2] Eiselen & Novosad (1998) weisen z.B. darauf hin, daß Mobbing als eine Extremform ungelöster sozialer Konflikte am Arbeitsplatz häufig auf arbeitsorganisatorische Ursachen wie unklare Kompetenzregelungen, eine unklare Aufgabenteilung oder auf Rationalisierungsmaßnahmen zurückzuführen ist. Aber auch die offizielle und inoffizielle Kommunikationsstruktur und -kultur eines Betriebes beeinflussen die soziale Situation maßgeblich. Eine stark hierarchisch ausgerichtete Kommunikationskultur fördert ein Klima der Konkurrenz, Unsicherheit und Angst, was sich wiederum in sozialen Spannungen ausdrückt.

lag. Die meisten Untersuchungen haben sich mit Stressoren befaßt, die im unmittelbaren Arbeitsumfeld sowie in der Arbeitsaufgabe liegen. Stressoren, die aufgabenunabhängig sind und eher die gesamte Organisation betreffen, wurden in der Forschung zum Zusammenhang von Arbeit und Gesundheit eher selten berücksichtigt, obwohl hier wesentliche Einflüsse zu vermuten sind. Ähnliches gilt für Stressoren der Makroebene, die sich durch die Koordination verschiedener Lebensbereiche ergeben. Das Klassifikationssystem von Semmer erweitert damit die Perspektive auf die gesamte Organisation und ihr Umfeld und macht so den gesamten Betrieb zum Untersuchungsgegenstand. Diese Betrachtungsweise entspricht dem Anliegen dieser Arbeit, aus diesem Grunde wird im weiteren diese Klassifikation verwendet.

Vorteilhaft an dieser Klassifikation ist darüber hinaus, daß die inhaltliche Unterscheidung arbeitsorganisatorisch/sozial durch die Ebenenunterscheidung nicht ersetzt wird, sondern diese ergänzt. Die von Semmer aufgeführten Beispiele für Stressoren der Makro-, Meso- und Mikroebene sind sowohl soziale als auch organisationale Stressoren. Das bedeutet, daß jede Ebene sowohl soziale- als auch organisationale Faktoren beinhaltet. Diese Systematik eröffnet interessante neue Untersuchungsperspektiven, die vor allem die Beziehung der Stressoren untereinander betreffen, die sich aber auch auf ihre kombinierte Wirkung auf die Gesundheit beziehen.

Zum einen kann überprüft werden, wie die Stressoren über die Ebenen hinweg miteinander in Beziehung stehen und wie sich ihr Verhältnis auf jeder einzelnen Ebene beschreiben läßt. Zum anderen ist in Hinblick auf die Gesundheit die Frage interessant, ob sich ebenenspezifische Unterschiede in der Wirkung auf die Gesundheit finden lassen.

Ein weiterer Vorteil ergibt sich aus der Ebenenklassifikation für das praktische Handeln, da hierdurch verschiedene ‚Interventionsebenen' aufgezeigt werden. Für die betriebliche Gesundheitsförderung sind besonders die Stressoren der Mikro- *und* Mesoebene von Bedeutung, da hier die Beeinflußbarkeit durch den Betrieb gewährleistet ist. Arbeitsorganisatorische Probleme der Mikroebene werden in der Regel durch Maßnahmen einer gesundheitsgerechten Aufgabengestaltung bzw. Umgebungsgestaltung am Arbeitsplatz behoben. Probleme auf der Mesoebene bedürfen gesamtbetrieblicher arbeitsorganisatorischer bzw. sozialer Maßnahmen, bei denen z.B. abteilungsübergreifende Organisationstrukturen oder betriebliche soziale Einrichtungen im Mittelpunkt stehen. Probleme der Makroebene können durch betriebliche Gesundheitsförderung teilweise nicht behandelt werden, da hier Faktoren aus anderen Lebensbereichen von Bedeutung sind, auf die ein Betrieb keinen Einfluß ausüben kann.

Der aufgezeigten streßtheoretischen Perspektive, die das gesamte betriebliche Streßgeschehen betrachtet, ist es zu verdanken, daß Mehrfachbelastungen oder Belastungskombinationen thematisiert und untersucht werden, auch wenn hierzu nach wie vor erheblicher Forschungsbedarf besteht (Mohr & Semmer, i.V.). Gerade in der Arbeitswelt treten selten einzelne Belastungsfaktoren, sondern mehrere Belastungen in Kombination auf. Eine Mehrfach-belastung liegt nach Dunckel dann vor, "wenn an einem Arbeitsplatz mehrere Belastungsfaktoren oder -arten gleichzeitig und dauerhaft auf die Leistungs-voraussetzung einer Person einwirken" (Dunckel, 1991, S. 156). Dabei be-deutet dauerhaft nicht, daß die Konstellation kontinuierlich bestehen muß, sie muß jedoch wiederholt (und damit für die Person vorhersehbar) mit ent-sprechender Zeitdauer und Intensität auftreten. Es gibt Hinweise darauf, daß mehrere Belastungen nicht einfach additiv, sondern kumulativ wirken (Dunckel, 1991).

Aber nicht nur Belastungen treten in Kombination miteinander auf, vielmehr sind Arbeitsplätze durch spezifische Belastungs- und Ressourcenkonstella-tionen gekennzeichnet. Auf diesen Aspekt wird im Abschnitt ‚Ressourcen-konzepte' eingegangen.

3.2.6   Nutzen im Rahmen der betrieblichen Gesundheitsförderung

Streßtheorien befassen sich mit den Interaktionsprozessen zwischen den Anforderungen einer Situation und dem Individuum, wobei zum einen phy-siologische Prozesse, zum anderen kognitive und emotionale Bewertungs-prozesse im Mittelpunkt der Betrachtung stehen. Mit der Unterscheidung in Stressoren, Streß und Streßreaktion wird es ermöglicht, Ursache-Wirkungs-Zusammenhänge im Streßgeschehen abzubilden, was für die betriebliche Gesundheitsförderung von Bedeutung ist. Die Streßtheorie ermöglicht es, individuelle Verarbeitungsprozesse sowie das Zusammenwirken von körper-lichen und emotional-kognitiven Aspekten im Individuum genauer zu verste-hen. Durch die Fokussierung der Streßtheorie auf intraindividuelle Verar-beitungs- und Bewertungsprozesse kann sie einen wichtigen Beitrag zur Ätiologie und zur Krankheitsentwicklung leisten. Die Beschreibung des Streßprozesses und der Streßwirkungen bildet eine wichtige Grundlage für die Auswahl geeigneter Krankheitsindikatoren.

In der Beschreibung von gesundheitsrelevanten Arbeitsfaktoren ermöglichen streßtheoretische Klassifikationen die Berücksichtigung gesamtbetrieblicher und psychosozialer Stressoren, die über die konkrete Arbeitsaufgabe und das unmittelbare Arbeitsumfeld hinausgehen. Damit wird zum einen der Blick auf das betriebliche Gesamtgeschehen und auf solche Aspekte des Gesund-heitsgeschehens gelenkt, die z.B. im Belastungs-Beanspruchungs-Konzept zu kurz kommen. Zum anderen können damit spezifische Belastungs- und Res-sourcenkonstellationen einer systematischen Analyse zugänglich gemacht werden. Dies ist im Rahmen der betrieblichen Gesundheitsförderung unver-zichtbar, da in der betrieblichen Realität die Gesamtkonstellation und nicht Einzelbelastungen von Bedeutung sind. Problematisch für die Analyse und die Interventionsgestaltung ist die Tatsache, daß bislang kaum Erkenntnisse über das spezifische Zusammenwirken verschiedener Belastungsfaktoren (kompensierend, potenzierend) vorliegen.

3.3   Ressourcenkonzepte

Im folgenden werden zunächst die allgemeinen Grundannahmen verschiedener Ressourcenkonzepte behandelt. Das Modell der ‚Salutogenese' von Antonovsky (1979) wird in dem Abschnitt Annahmen zu Gesundheit und Krankheit gesondert dargestellt und diskutiert.

3.3.1   Grundannahmen der Ressourcenkonzepte

Aus der streßtheoretischen Tradition heraus haben sich in den letzten Jahren verschiedene Ressourcenkonzepte entwickelt, in deren Mittelpunkt nicht die Frage nach den Wirkungen von Stressoren steht, sondern die Frage beantwortet werden soll, was Personen befähigt, trotz zahlreicher belastender und krankheitserregender Lebens- und Umwelteinflüsse, gesund zu bleiben. Damit werden vorrangig die Bedingungen und Voraussetzungen des Erhalts der Gesundheit thematisiert, was sich auch begrifflich niedergeschlagen hat. So bezeichnet der wohl prominenteste Vertreter der Ressourcenkonzepte, Antonovsky (1979), seinen Ansatz als ein Modell der Salutogenese. Fragen nach der Gesunderhaltung und -förderung stehen auch in der Psychologie zunehmend im Mittelpunkt des Forschungsinteresses. So beschäftigt sich die Gesundheitspsychologie mit kognitions- und verhaltensbedingten Aspekten der Prävention und Gesundheitsförderung (Überblick, s. Schwarzer, 1997), während die Arbeitspsychologie gesundheitsförderliche Lebens- und Arbeitsbedingungen in den Mittelpunkt stellt (Udris, Kraft, Mussmann & Rimann, 1992). Auch die Quality-of-Life-Forschung folgt einem salutogenetischen Ansatz. Sie fragt u.a. danach, wie Personen mit schweren körperlichen Krankheiten oder Einschränkungen Lebensqualität erhalten bzw. aufbauen können (Lindström, 1992).

Trotz dieser verschiedenen Ansätze gibt es derzeit keine konsistente Ressourcentheorie, die Ressourcen eindeutig definiert und gegen Gesundheit abgrenzt. Das Modell der Salutogenese von Antonovsky wird in der Literatur als das am weitesten entwickelte Ressourcenkonzept von zahlreichen Autoren rezipiert, aber auch dieses Modell weist grundlegende theoretische Schwächen auf, was im folgenden noch ausführlich diskutiert wird.

In Ermangelung einer konsistenten Ressourcentheorie werden ersatzweise verschiedene (disziplinübergreifende) Klassifikationssysteme für Ressourcen entwickelt. Grundsätzlich werden *situative (externe)* und *personale (interne)* Ressourcen unterschieden (Becker, 1992; Udris, Kraft & Mussmann, 1991). Zu den situativen Ressourcen zählen neben einer gesunden Umwelt, guten Wohnverhältnissen und materieller Sicherheit funktionierende familiäre und soziale Beziehungen sowie vor allem befriedigende Arbeitsbedingungen. Zu den personalen Ressourcen gehören internale Kontrollüberzeugungen, Selbstwirksamkeit, Bewältigungskompetenzen.

Eine andere Unterscheidung nimmt Hurrelmann (1988) vor. Er grenzt *persönliche Ressourcen* von *sozialen Ressourcen* ab. Persönliche Ressourcen umfassen individuelle Lebenskompetenzen (life skills), wie Zuversicht, ein positives Selbstwertgefühl und Selbstvertrauen. Zu den sozialen Ressourcen zählt er das Netzwerk von sozialen Beziehungen und Ressourcen in der Umwelt, wie familiärer Zusammenhalt, Bezugs- und Identifikationsfiguren, aber auch Grundbedingungen wie Arbeit, ausreichend Wohnraum, angemessene Ernährung und einen guten Zugang zu Gesundheitsdiensten.

Konsens besteht bei den verschiedenen Autoren, daß die unterschiedlichen Ressourcen in wechselseitigem Abhängigkeitsverhältnis stehen, was vor allem die Beziehung zwischen situativen und personalen Ressourcen betrifft. Geyer (1997) weist darauf hin, daß personale Ressourcen vor allem bei den Menschen stark ausgeprägt sind, die auch über viele situative (externe) Ressourcen wie ein hohes Bildungsniveau, hohes Einkommen, privilegierte soziale Positionen und hohe berufliche Entscheidungsspielräume verfügen.

Eine Folge fehlender theoretischer Erklärungskonzepte ist ein Definitions- und Operationalisierungsproblem. Frese definiert beispielsweise Ressourcen als „Hilfsmittel, die es dem Menschen erlauben, die eigenen Ziele trotz Schwierigkeiten anzustreben, mit den Streßbedingungen besser umzugehen und unangenehme Einflüsse zu verringern" (1994, S. 34). Zwar bietet diese Definition die Möglichkeit, in unterschiedlichen Bereichen zu konkretisieren, was Hilfsmittel sein können, um mit Streßbedingungen besser umzugehen und unangenehme Einflüsse zu verringern. Gleichzeitig ist die Definition aber so allgemein, daß potentiell alles zur Gesundheitsressource werden kann, vorausgesetzt, es verringert unangenehm erlebte Einflüsse. Darüber hinaus liegt ein Abgrenzungsproblem darin, daß Ressourcen nicht unabhängig von Belastungen bzw. Stressoren definiert werden. Die gesundheitsförderliche Wirkung der Ressourcen wird vorwiegend über die moderierende Funktion dieser Tätigkeitsmerkmale auf das Streßgeschehen erklärt, da durch sie der Umgang mit Stressoren erleichtert wird. Eigenständige positive Wirkungen auf die Gesundheit können streng genommen nach dieser Definition nicht auftreten. Ein Ressourcenbegriff, der theoretisch und nicht empirisch begründet ist und aus dem möglichst trennscharfe Operationalisierungen ableitbar sind, existiert derzeit nicht (vgl. Noack, 1993; Mussmann, Kraft, Thalmann & Muheim, 1993).

3.3.2   Annahmen zu Gesundheit und Krankheit

Die meisten Ressourcenkonzepte basieren auf dem WHO Verständnis von Gesundheit, das den Prozeßcharakter von Gesundheit betont: „... Menschen sollen ihre persönlichen Fähigkeiten voll zum Einsatz bringen können, ... ihr Gesundheitspotential entwickeln, um ein gesellschaftlich und wirtschaftlich erfülltes Leben zu führen" (Charta der 1. Internationalen Konferenz zur Gesundheitsförderung, Ottawa, 1986).

Um das Gesundheitsverständnis der WHO wissenschaftlichen Untersuchungen zugrunde legen zu können, ist eine Konkretisierung der Gesundheitsdefinition und eine Operationalisierung positiver Gesundheit erforderlich. Einen Überblick über aktuelle Gesundheitsmodelle der Ressourcenforschung geben Noack (1993) und Greiner (1998). Die folgenden drei Definitionen von Gesundheit sollen aktuelle sozialwissenschaftliche Definitionsvorschläge verdeutlichen:

Badura (1993, S. 77) beschreibt Gesundheit als „eine Kompetenz oder Befähigung zur Problemlösung und Gefühlsregulierung, durch die ein positives Selbstbild, ein positives seelisches und somatisches Befinden erhalten und wiederhergestellt wird. Zuversicht und Selbstvertrauen und ein positives Selbstwertgefühl (...) sind wesentliche Elemente eines solchen Gesundheitsverständnisses". Weiner (1983, S. 16, zitiert nach Udris et al., 1991, S. 6) definiert Gesundheit als „(relativ erfolgreiche) Anpassung auf biochemischer, immunologischer, sozialer und kultureller Ebene." Udris et al. (1991, S. 8) verwenden folgende Arbeitsdefinition: „Gesundheit ist ein transaktional bewirkter Zustand eines dynamischen Gleichgewichts (Balance) zwischen dem Individuum, seinem autonomen Potential zur Selbst-Organisation und Selbst-Erneuerung und seiner sozial-ökologischen Umwelt." Gemeinsam ist den neueren Definitionsversuchen eine ganzheitliche Sicht auf Gesundheit, die biologische, psychische und soziale Dimensionen der Gesundheit berücksichtigt. Fast alle Definitionen bemühen sich darum, dem Prozeßcharakter von Gesundheit gerecht zu werden und individuelle Gesundheit in ihrer Wechselwirkung mit der Umwelt zu beschreiben. Noack (1987) nennt folgende Bestimmungsmerkmale, die übereinstimmend in verschiedenen Gesundheitsmodellen genannt werden:

- Gesundheit als Abwesenheit von Symptomen, Krankheit oder Behinderung
- Gesundheit als positiv bewertete psychologische Erfahrung
- Gesundheit als Balance oder Gleichgewicht innerhalb der Person und mit der Umwelt
- Gesundheit als Kapazität oder Potential, persönliche Ziele zu verfolgen sowie Umwelt und soziale Anforderungen zu bewältigen
- Gesundheit als Prozeß zielgerichteter Handlung bzw. als Prozeß erfolgreicher Bewältigung.

Insgesamt unterscheiden sich die verschiedenen Definitionen von Gesundheit hinsichtlich ihres theoretischen Bezugsrahmens. System-, informations-, handlungs- und streßtheoretische Perspektiven finden sich vor allem in der Psychologie, rollen- und sozialisationstheoretische Perspektiven überwiegen in der Gesundheitssoziologie (Noack, 1993). Ungelöste Probleme existieren in folgenden Bereichen:

- Die verschiedenen Erklärungsansätze und Definitionen von Gesundheit sind – ähnlich wie Definitionen der Ressourcen – so allgemein formuliert, daß sie nur sehr schwer operationalisierbar und damit empirisch überprüfbar sind.[3]

- Alle Gesundheitsmodelle beinhalten die Annahme, daß körperliche, psychische und soziale Gesundheitsdimensionen miteinander verbunden sind. Zwar gibt es in der psychosomatischen Medizin Erklärungsansätze für die Ätiologie psychosomatischer Störungen, eine Ätiologie 'psychosomatischer Gesundheit' steht hingegen nach wie vor aus.

- Schwierigkeiten bereitet darüber hinaus die Frage, wie die Zeitdimension „in nicht trivialer, konstruktiver Weise einbezogen werden kann" (Noack, 1993, S.28). Dies bezieht sich sowohl auf die historische als auch die biographische Zeitperspektive, die in einem allgemeinen gesundheitsbezogenen Entwicklungsansatz berücksichtigt werden muß, wenn z.B. Entwicklung und Wandel von Ressourcen und Gesundheit erfaßt werden sollen.

- Eine weitere grundlegende Schwierigkeit besteht in der konzeptionellen und operationalen Abgrenzung von Ressourcen und Gesundheit sowie der Beschreibung ihrer Schnittstellen, die im folgenden ausführlicher thematisiert werden.

3.3.3   Schnittstellen von Ressourcen und Gesundheit

Vergleicht man die genannten Definitionen zu Ressourcen und zu Gesundheit, wird ein Zirkularitätsproblem erkennbar. Sowohl in der Definition der Ressourcen bei Frese (1994) als auch in der Definition von Gesundheit bei Badura (1993) werden Faktoren angesprochen, die es Menschen erlauben, mit Streß oder Problemen so umzugehen, daß hieraus weniger negative Folgen erwachsen. Gesundheitsaspekte werden verwendet, um Ressourcen zu definieren, und Ressourcen werden verwendet, um Gesundheit zu definieren. Auch in einem von Becker (1992) vorgestellten ‚Anforderungs-Ressourcen-Modell von Gesundheit und Krankheit' wird das Zirkularitätsproblem nicht gelöst. Interne und externe Ressourcen sind nach diesem Modell notwendig, um Gesundheit (Wohlbefinden) herzustellen. Gleichzeitig ist die Anwendung und Nutzung von Ressourcen zur Anforderungsbewältigung ein Indikator für Gesundheit.

---

[3] Udris et al. (1991) beschränkten beispielsweise trotz eines zugrunde gelegten positiven Gesundheitsbegriffes die Operationalisierung auf die Abwesenheit negativer Gesundheitsmerkmale: Gesundheit wurde hier pragmatisch operationalisiert als die Abwesenheit von Krankheit (abgesehen von banalen Erkältungskrankheiten) und Arztbesuchen (abgesehen von Vorsorgeuntersuchungen und Zahnarztbesuchen) sowie das Empfinden, seelisch und körperlich gesund zu sein für die Dauer der letzten fünf Jahre vor der Untersuchung.

Das Abgrenzungsproblem besteht vor allem bei der Unterscheidung zwischen *personalen* Ressourcen (wie Selbstbild oder Bewältigungskompetenzen) und der Gesundheit, da beide als Attribute der Person einzuordnen sind. In der Wohlbefindensforschung werden beispielsweise personale Ressourcen als positive Aspekte der Gesundheit angesehen. Nach Zapf (1991) werden hier als Wohlbefindensindikatoren vor allem Arbeits- und Lebenszufriedenheit, Selbstwirksamkeit und Aspekte der Kompetenzentwicklung erhoben. Kompetenzaspekte, wie die Fähigkeit zur Problemlösung oder Gefühlsregulierung, aber auch ein ausgeprägtes Selbstwirksamkeitsgefühl, werden aber andererseits auch als interne Ressourcen der Gesundheit bezeichnet (z.B. Antonovsky, 1979). Diese konzeptionellen Überschneidungen führen in der Forschungspraxis dazu, daß z.B. Selbstwirksamkeit in der einen Untersuchung als unabhängige, in der anderen Untersuchung als abhängige Variable betrachtet wird. Das bedeutet, daß ein derzeit ungelöstes grundlegendes Problem darin liegt, daß Ressourcen und Gesundheit nicht unabhängig voneinander definiert werden. Eine Ressource ist dadurch gekennzeichnet, daß sie trotz Streßbedingungen die Gesundheit erhält. Umgekehrt gilt: Gesund ist, wer über ausreichend personale Ressourcen verfügt und diese nutzt. Dieses Problem zeigt sich auch in dem Modell der Salutogenese von Antonovsky, das später ausführlicher dargestellt wird. Es ist daher zu fragen, wie Ressourcen und Gesundheit voneinander abgegrenzt werden können. Dies ist insbesondere deshalb von Bedeutung, weil Ressourcen als Vorbedingungen für Gesundheit gesehen werden. Werden Ursache (Ressourcen) und Wirkung (positive Gesundheit) nicht eindeutig voneinander abgegrenzt, können weder Zusammenhänge noch Wirkrichtungen abgebildet werden. Im Abschnitt ‚Handlungsregulationstheorie‘ wird eine Möglichkeit aufgezeigt, wie eine zirkuläre Definition vermieden werden kann.

3.3.4   Annahmen zum Zusammenhang von Arbeit und Gesundheit

Im Rahmen arbeitspsychologischer Ressourcenforschung wurden zahlreiche in der Arbeit liegende Ressourcen in Hinblick auf ihre gesundheitlichen Wirkungen untersucht. Dabei wurden ein direkter und ein moderierender Effekt von Ressourcen auf die Gesundheit ermittelt. Der moderierende Effekt ergibt sich dadurch, daß vorhandene Ressourcen dazu führen, daß mit Streßbedingungen besser umgegangen werden kann und dadurch die Streßreaktionen (Beeinträchtigungen) abgemildert werden können. Der Direkteffekt meint eine von Belastungen unabhängige positive Wirkung auf die Gesundheit (einen Überblick geben z.B. Frese & Semmer, 1991; Pfaff, 1989). Ressourcen haben somit in Hinblick auf die Gesundheit eine Doppelfunktion. Sie reduzieren Belastungsfolgen und wirken darüber hinaus positiv auf die Gesundheit, indem sie die Kompetenzentwicklung, das Selbstwertgefühl oder das allgemeine Wohlbefinden steigern. Damit kommt den Ressourcen im betrieblichen Gesundheitsgeschehen eine besondere Bedeutung zu.

Am häufigsten wurden soziale Unterstützung und verschiedene Kontrolldimensionen, v.a. Handlungsspielraum, als Ressourcen untersucht (z.B. Greif, Bamberg & Semmer, 1991; Karasek & Theorell, 1990; Pfaff, 1989).

Soziale Unterstützung kann allgemein definiert werden als „Transaktion von Ressourcen zwischen Mitgliedern eines sozialen Netzwerks mit dem (impliziten oder expliziten) Ziel der gegenseitigen Aufrechterhaltung bzw. Verbesserung des Wohlbefindens" (Udris, Kraft & Mussmann, 1991, S. 10). Soziale Austauschprozesse finden sowohl in formellen (Arbeitsplatz, Familie) als auch in informellen sozialen Netzen (Freundschaftsbeziehungen) statt. Von der sozialen Unterstützung werden zwei Wirkungsweisen auf die Gesundheit angenommen: eine direkte streßreduzierende Wirkung und eine indirekte Pufferwirkung, welche den Zusammenhang von Stressoren und Streßerleben mildert (Semmer, 1984). Einen detaillierten Überblick über die verschiedenen Wirkmechanismen, welche im Hinblick auf die soziale Unterstützung anzunehmen sind, geben z.B. Frese & Semmer (1991) sowie Leppin & Schwarzer (1997). Soziale Ressourcen am Arbeitsplatz lassen sich teilweise auf arbeitsorganisatorische Aspekte zurückführen. Das Ausmaß an Hilfsbereitschaft, die Art der Kommunikation untereinander und der zwischenmenschliche Kontakt sind wesentlich durch die Aufgabenteilung bestimmt. So kann Zeitdruck die Hilfsbereitschaft und Austauschprozesse innerhalb einer Arbeitsgruppe reduzieren. Aufgaben, die Kommunikation und Kooperation erfordern, aber auch informelle Kommunikation ermöglichen und fördern die Kommunikation innerhalb der Arbeitsgruppe. Darüber hinaus ermöglichen sie unmittelbare Leistungsanerkennung und persönliche Anerkennung und Wertschätzung (Bamberg & Metz, 1998).

Neben Untersuchungen zur sozialen Unterstützung gibt es mittlerweile zahlreiche arbeitspsychologische Untersuchungen, die den positiven Einfluß v.a. der *Kontrolle* auf die Gesundheit belegen. "Handlungs- bzw. Tätigkeitsspielraum, Freiheitsgrade, Kontrolle, Autonomie, Job decision latitude – so vielfältig die Terminologie und so nuancenreich die Konzepte auch sind: In der einschlägigen Literatur herrscht große Einmütigkeit, daß die Möglichkeit, Einfluß auf seine Angelegenheiten zu nehmen, über möglichst viele Aspekte seines Lebens – und somit auch seiner Arbeit – selbst zu entscheiden oder zumindest mit zu entscheiden, zu den Kriterien einer menschenwürdigen Lebensführung im allgemeinen wie einer persönlichkeitsförderlichen Arbeitsgestaltung im besonderen zu zählen ist" (Semmer 1990, S. 190).

Semmer (1984) unterscheidet einen faktischen und einen kognitiven Aspekt der Kontrolle. Der faktische Aspekt bezieht sich auf die tatsächliche Einflußnahme einer Person, die Dinge im Sinne eigener Ziele zu verändern. Der kognitive Aspekt bezieht sich auf die kognitive Beurteilung einer Situation in Hinblick darauf, ob sie durch eigenes Handeln und eigene Ziele beeinflußbar ist oder nicht (vgl. hierzu auch Oesterreich, 1981).

Auch bei der Kontrolle wurde überwiegend der moderierende Effekt auf die Gesundheit im Umgang mit Stressoren untersucht (Frese & Semmer 1991),

es konnten aber auch zahlreiche Direkteffekte, z.B. auf die Kompetenzentwicklung als ein Aspekt psychosozialer Gesundheit nachgewiesen werden.

Beide Ressourcen, Kontrolle als auch soziale Unterstützung, können der
Mikroebene zugerechnet werden. Damit lag der bisherige Forschungs-
schwerpunkt in der Untersuchung der Ressourcen in der unmittelbaren Arbeitsumgebung und der Arbeitsaufgabe. Gesamtbetriebliche Aspekte der
sozialen Unterstützung, wie z.B. betriebliche Fürsorgeangebote oder Merkmale der Kontrolle, wie z.B. betriebliche Beteiligungsmöglichkeiten, wurden
in ihrer Wirkung auf die Gesundheit bislang nicht systematisch erforscht.

Bezieht man die Ebenenklassifikation (Semmer, 1997) auf Ressourcen der
Erwerbsarbeit, lassen sich diese in folgender Weise zuordnen: Die wichtigste
situative Ressource auf der *Makroebene* ist die Berufstätigkeit an sich. Sie
hat eine gesundheitlich stabilisierende Funktion, wie arbeitspsychologische
und epidemiologische Untersuchungen zum Gesundheitszustand von berufs-
tätigen Frauen und Hausfrauen belegt haben, wie sich aber auch in der Literatur zu den gesundheitlichen Folgen von Erwerbslosigkeit zeigt (Resetka,
Liepmann, Frank, 1996). Der *Mesoebene* des Betriebs lassen sich betriebliche Partizipations- bzw. Beteiligungsmöglichkeiten, die Transparenz der
Informations- und Kommunikationsstrukturen, betriebliche Entwicklungs-
und Aufstiegsmöglichkeiten zuordnen. Als in der Arbeitsaufgabe liegende
Ressourcen der *Mikroebene* werden sowohl in der streß- als auch in der
handlungstheoretischen Forschung die folgenden Aspekte benannt (Ulich,
1998; Bamberg & Metz, 1998):

- *Vollständigkeit/Ganzheitlichkeit* beschreibt die hierarchische und die
  sequentielle Vollständigkeit. Die hierarchische Vollständigkeit bezieht
  sich darauf, möglichst alle Regulationsebenen anzusprechen. Die sequentielle Vollständigkeit erfordert zielbildende, planende, ausführende
  und kontrollierende Teiltätigkeiten miteinander zu verbinden (vgl. Abschnitt Handlungsregulationstheorie). Ganzheitliche Aufgaben erweitern
  individuelle Kompetenzen und entfalten darüber ihre gesundheitliche
  Wirkung. Je vollständiger Aufgaben sind, desto mehr objektive Kontrolle hat die arbeitende Person über die Zielformulierung und die konkreten Ausführungsbedingungen ihrer Tätigkeit, desto durchschaubarer,
  verstehbarer und beherrschbarer wird die Arbeitssituation für die einzelne Person.

- *Lern- und Entwicklungsmöglichkeiten* einer Aufgabe sind dann gegeben,
  wenn Aufgaben so gestaltet sind, daß immer wieder neue Problemlösun-
  gen erforderlich sind und dafür vorhandene Qualifikationen eingesetzt,
  aber auch neue Qualifikationen erworben werden müssen. Hacker (1991)
  spricht von evolvierend-vollständigen Tätigkeiten. Lern- und Entwicklungsmöglichkeiten sind bei Tätigkeiten mit hohem Entscheidungsspielraum grundsätzlich gegeben.

- *Anforderungsvielfalt* erfordert den Einsatz unterschiedlicher Fähigkeiten und Fertigkeiten und unterschiedlichen Wissens. Aufgaben sollten möglichst unterschiedliche Anforderungen an Körperfunktionen und Sinnesorgane stellen. Dadurch können einseitige Belastungen vermindert bzw. verhindert werden und gleichzeitig Anreize für individuelle Entwicklungsmöglichkeiten geschaffen werden (vgl. Volpert, 1990).

- *Autonomie* wird über Aufgaben mit hohen Entscheidungsspielräumen bzw. hohen Freiheitsgraden bezüglich der inhaltlichen, zeitlichen und räumlichen Strukturierung von Arbeitstätigkeiten hergestellt. Autonomie ist die Voraussetzung für die Wahrnehmung und Ausübung von Kontrolle (objektive und kognitive Kontrolle nach Mohr & Udris, 1997) und ermöglicht Einfluß der Arbeitenden auf die Arbeitssituation. Autonomie fördert darüber hinaus die Bereitschaft zur Verantwortungsübernahme (z.B. Frese, Erbe-Heinbokel, Grefe, Rybowiak & Weike, 1994) und steigert das Selbstwertgefühl.

- *Zeitspielräume* ermöglichen einen flexibleren Umgang mit Belastungen, streßfreies Nachdenken und selbstgewählte Interaktionen. Zeitspielräume sind verbunden mit hohem Entscheidungsspielraum, weil dieser sowohl inhaltliche als auch zeitliche Planungsaspekte beinhaltet.

- *Sinnhaftigkeit* einer Aufgabe ist dann gegeben, wenn der Arbeitende das eigene Tun in einen Sinnzusammenhang mit übergeordneten kollektiven Tätigkeitsvollzügen bringen kann, wenn die gesellschaftliche Nützlichkeit der eigenen Aufgabe und des Gesamtprodukts erkennbar, nachvollziehbar und akzeptierbar ist. Bei einer als sinnvoll erlebten Tätigkeit kann über Arbeitszufriedenheit hinaus Arbeitsfreude und Arbeitsstolz entwickelt werden, was sich wiederum positiv auf das Selbstbild auswirkt. Auch die Sinnhaftigkeit einer Aufgabe wird bei Aufgaben mit hohem Entscheidungsspielraum eher gegeben sein, als bei Aufgaben mit niedrigen. Je höher das Regulationsniveau einer Aufgabe ist, desto mehr Zieldimensionen müssen auch aus anderen Handlungsbereichen berücksichtigt werden, desto durchschaubarer werden andere Handlungsbereiche (ausführlich siehe Abschnitt ‚Handlungsregulationstheorie‘). Der übergeordnete Sinn der eigenen Tätigkeit ergibt sich in diesem Fall direkt aus der Ausübung der Tätigkeit.

- *Möglichkeiten zur Interaktion* können sich zum einen durch die Kooperationsanforderungen der Arbeitsaufgabe ergeben (aufgabenbezogene Kommunikation), zum anderen bietet die soziale Situation an sich Interaktionsmöglichkeiten (aufgabenunspezifische soziale Kommunikation). Ein Spezialfall sozialer Interaktion ergibt sich in der personenbezogenen Arbeit, da hier die soziale Interaktion Bestandteil der Arbeitsaufgabe ist (z.B. Brucks, 1998). Aufgabenbezogene Kommunikation ist eng verbunden mit der Höhe der Entscheidungsspielräume. Je höher die Entscheidungsspielräume, desto wahrscheinlicher wird Kommunikation über die Aufgabe und die Art ihrer Erledigung notwendig.

Betrachtet man zusammenfassend die Ressourcen der Mikroebene, fällt auf, daß sie alle unterschiedliche Aspekte einer gemeinsamen Grunddimension beschreiben. Ganzheitlichkeit, Lern- und Entwicklungsmöglichkeiten, Autonomie, Zeitspielräume und Sinnhaftigkeit sind bei Aufgaben mit hohem Entscheidungsspielraum vorhanden. Dem Entscheidungsspielraum kommt daher auf der Mikroebene eine zentrale Bedeutung zu. Zu den *sozialen Ressourcen* auf der Mikroebene gehören die soziale Unterstützung sowie eine offene Kommunikation/Konfliktbewältigung in der Arbeitsgruppe und direkt am Arbeitsplatz. Soziale Unterstützung kann sowohl vom Vorgesetzten als auch von Kollegen ausgehen. Die offene Kommunikation bezieht sich auf die unmittelbare Arbeitsgruppe. Bevor eine abschließende Bewertung bisheriger Theorieentwicklung und Forschung zum Thema Ressourcen erfolgt, soll das Konzept der Salutogenese ausführlicher dargestellt werden, da es sich derzeit um das prominenteste und am häufigsten rezipierte Modell handelt.

3.3.5   Das Konzept der Salutogenese

Antonovsky (1979) beschreibt Belastungen bzw. Stressoren als tägliche Ärgernisse (daily hassles), kritische Lebensereignisse (critical life events) oder als kulturelle und strukturelle Beanspruchungen (chronical life strain), die auf den Menschen einwirken können. Der Mensch reagiert auf diese Stressoren mit einem Spannungszustand. Ob dieser Spannungszustand einen pathologischen, neutralen oder 'heilsamen' Effekt nach sich zieht, hängt von der Effizienz der Spannungsbewältigung ab. Die Effizienz der Spannungsbewältigung wird maßgeblich dadurch bestimmt, ob und welche generalisierten Widerstandsquellen (General Resistance Resources (GRR) dem Individuum zur Verfügung stehen. „Eine generalisierte Widerstandsquelle (GRR) kann auf Seiten des Individuums, seiner Primärgruppe, einer Subkultur oder der Gesellschaft vorhanden sein. Ihre Wirksamkeit besteht darin, daß sie eine Vielzahl von Stressoren entweder zu vermeiden oder zu bekämpfen erlaubt und damit verhindert, daß ein Spannungszustand in einen Streßzustand übergeht" (Antonovsky, 1979, S. 102). Bezugnehmend auf den bisherigen Forschungsstand nennt Antonovsky als Beispiele für GRR soziale Unterstützungssysteme, Problemlösefähigkeit, Flexibilität und Weitsichtigkeit, Wissen und Intelligenz, aber auch materiellen Wohlstand sowie intakte soziale und gesellschaftliche Strukturen. Die aufgeführten GRR lassen sich in innere/personale und äußere/situative Widerstandsquellen unterscheiden. Zu den personalen GRR gehören vor allem Kompetenzen, z.B. Problemlösefähigkeit, Wissen und soziale Fertigkeiten; zu den situativen Ressourcen gehören der materielle Wohlstand, intakte Sozialstrukturen und eine funktionierende Gesellschaft. Als funktionale Gemeinsamkeit der verschiedenen subjektiven GRR bezeichnet Antonovsky (1987, S. 16f.) den ‚Kohärenzsinn' (Sense of Coherence), der sich aus den drei Komponenten Verstehbarkeit (comprehensibility), Handhabbarkeit (manageability) und Sinnhaftigkeit (meaningfulness) zusammensetzt. Mit *Verstehbarkeit* wird das Ausmaß bezeichnet, in dem man die aus der inneren und externen Umgebung stammenden Reize, mit denen man konfrontiert ist, als kognitiv sinnvoll und als Information wahrnimmt, die geordnet, konsistent, strukturiert und klar ist. *Handhabbarkeit* beschreibt das Ausmaß, in dem man wahrnimmt, daß die einem zur Verfügung stehenden Ressourcen geeignet sind, den Anforderungen durch die einstürmenden Reize zu entsprechen. *Sinnhaftigkeit* betrifft das „Ausmaß, in dem man das Gefühl hat, daß das Leben einen emotionalen Sinn hat, daß zumindest einige Probleme und Anforderungen, die das Leben einem auferlegt, es Wert sind, Energie einzusetzen, sich zu verpflichten und zu engagieren, und daß sie 'willkommene' Herausforderungen sind, anstatt daß sie einen bedrücken und man lieber ohne sie auskäme" (Antonovsky 1987, S.16 f). Damit ist der Kohärenzsinn „eine globale Orientierung, die ausdrückt, in welchem Umfang man ein generalisiertes, überdauerndes, jedoch dynamisches Gefühl des Vertrauens besitzt, daß (1) die Ereignisse in der eigenen inneren und äußeren Umwelt im Lebensverlauf strukturiert, vorhersehbar und erklärbar sind; daß (2) Ressourcen verfügbar sind, um den aus diesen Ereignissen stammenden Anforderungen zu entsprechen, und daß (3) diese Anforderungen herausfordernd sowie eines Einsatzes und Engagements wert sind" (Antonovsky, 1987, S.19).

Der Kohärenzsinn wird durch das Vorhandensein verschiedener GRR und durch verschiedene Lebenserfahrungen aufrechterhalten und gefördert. Er kann sich nur durch eine aktive Auseinandersetzung mit der Umwelt und den eigenen inneren Voraussetzungen, Kapazitäten und Kompetenzen entwickeln. Aber auch soziale Beziehungen, insbesondere das Vertrauen in verläßliche andere, spielen bei der Entwicklung des Kohärenzsinns eine entscheidende Rolle. Im 'Kohärenzsinn' werden verschiedene auch von anderen Autoren identifizierte Aspekte psychischer Gesundheit zusammengeführt und aufeinander bezogen. So finden sich enge Bezüge zu verschiedenen Kontrollkonzepten (z.B. 'Locus of control' von Rotter, 1966; gelernte Hilflosigkeit von Seligman, 1974; Kontrollüberzeugungen von Frese, 1989), zur Selbstkonzeptforschung (Filipp, 1979), Selbstwirksamkeit (Bandura, 1977) und zu Sinnfindungsmodellen (Frankl, 1973), aber auch zur Streß- und insbesondere zur Copingforschung (Semmer, 1994). Antonovsky selbst plädiert für weitere Forschung zur Validierung und Integration der verschiedenen Konstrukte, aber auch zur Differenzierung der unterschiedlichen theoretischen Modelle. In dieser Integration liegt eindeutig die Stärke dieses Modells.

3.3.5.1 Das 'Health Ease/Disease' Kontinuums Modell

Antonovsky beschreibt Gesundheit und Krankheit als Pole eines zweidimensionalen Kontinuums, das er als 'Health Ease/Disease' Kontinuum (HEDE-Kontinuum) bezeichnet. Eine Person kann sich auf diesem Kontinuum unterschiedlich positionieren und damit unterschiedliche Merkmalsausprägungen aufweisen:

- das Fehlen oder Vorhandensein von mehr oder weniger starken Schmerzen,

- das Fehlen oder Vorhandensein von mehr oder weniger großen funktionellen Beeinträchtigungen von Lebensaktivitäten, die von der betreffenden Person als für sie angemessen betrachtet werden,

- die von einem Gesundheitsexperten (z.B. Arzt) geäußerte, mehr oder weniger günstige oder ungünstige Prognose,

- sowie die vom Gesundheitsexperten für notwendig erachteten mehr oder weniger aufwendigen Maßnahmen präventiver oder kurativer Art (Bekker, 1982, S. 9).

Je nach Merkmalsausprägung kann ein Mensch zu einem bestimmten Zeitpunkt mehr oder weniger dicht an den Extrempolen Gesundheit und Krankheit positioniert werden. Bei Auftreten starker Schmerzen, einer starken Beeinträchtigung zentraler Lebensaktivitäten oder einer ungünstigen ärztlichen Prognose würde der Zustand am Extrempol Krankheit zugeordnet werden können; bei völliger Schmerzfreiheit, keinerlei Beeinträchtigungen der Lebensaktivitäten und infolge fehlender ärztlicher Prognose oder Empfehlung würde der Zustand dem Extrempol Gesundheit nahekommen.

Die Effizienz der Spannungsbewältigung entscheidet darüber, wo man sich auf dem HEDE-Kontinuum befindet. Gute Spannungsbewältigung führt zu einer Verschiebung Richtung Gesundheit, schlechte Spannungsbewältigung führt zum Streßsyndrom und damit in Richtung Krankheit. Die Effizienz der Spannungsbewältigung ist wiederum von den vorhandenen GGR abhängig. Damit entscheiden die generalisierten Widerstandsquellen darüber, wo man sich auf dem Kontinuum befindet. Hierbei ist zu betonen, daß in Antonovskys Modell sowohl personale als auch objektive Widerstandsquellen existieren. Das Vorhandensein sozialer Unterstützungssysteme, materieller aber auch organisatorischer Ressourcen entscheiden ebenso über den Gesundheitszustand wie der Kohärenzsinn.

3.3.5.2   Kritik am Konzept der Salutogenese

Die Stärke des Salutogenese-Konzeptes besteht in seiner integrativen Leistung hinsichtlich der personalen Ressourcen und in dem Versuch, Gesundheit und Krankheit in einem Kontinuumsmodell aufeinander zu beziehen und verschiedene Stadien von Krankheit/Gesundheit zu differenzieren. Allerdings weist das Modell auch einige Schwächen auf, die v.a. bei einer Anwendung im arbeitspsychologischen Kontext zu berücksichtigen sind:

Grundsätzlich ist zu fragen, an welchen Stellen Antonovskys Konzept tatsächlich über bereits vorhandene Modelle und Theorien hinausgeht. Seit mehreren Jahrzehnten existiert in der Streßtheorie die Erkenntnis, daß personale und situative Ressourcen das Streßgeschehen beeinflussen. Ein Vergleich streßtheoretischer Ressourcendefinitionen mit Antonovskys Definition der GRR zeigt, daß diese nahezu identisch sind; Antonovsky verwendet also lediglich eine andere Begrifflichkeit für ein und denselben Sachverhalt.

Im Salutogenese-Konzept wird die Bedeutung des 'sence of coherence' für die Gesundheit hervorgehoben. Die sozialen und strukturellen Entstehungsbedingungen für die Entwicklung eines 'Kohärenzsinns' werden aber nur unzureichend behandelt. Folgt man arbeitspsychologischen und soziologischen Forschungsergebnissen, liegt die Vermutung nahe, daß der 'Kohärenzsinn' wesentlich von situativen Ressourcen beeinflußt wird. Bezieht man dies wiederum auf die Konzeption von Gesundheit, müßte geschlußfolgert werden, daß der 'Kohärenzsinn' nicht eine Voraussetzung für, sondern einen Indikator von Gesundheit darstellt (z. B. Geyer, 1997; Karasek & Theorell, 1990).

Auch in bezug auf das HEDE-Kontinuum Modell gibt es starke Ähnlichkeit mit dem transaktionalen Streßmodell. Auch das transaktionale Streßmodell postuliert, daß der Umgang mit, beziehungsweise die Bewertung von einem Stressor darüber entscheidet, ob der Stressor gesundheitsschädigend wirkt oder nicht. Der Umgang mit dem Stressor ist wiederum abhängig von den situativen Bedingungen und individuellen Leistungsvoraussetzungen. Reichen die individuellen Ressourcen aus, wird die Reaktion auf den Stressor nicht zu einer gesundheitlichen Beeinträchtigung führen, reichen sie nicht aus, resultieren aus der Streßsituation negative Folgen. Die Positionierung auf dem HEDE-Kontinuum wird somit von Antonovsky im Grunde streßtheoretisch erklärt.

Für die Neuartigkeit des Konzepts spräche eine Verwendung von Gesundheitsindikatoren, die über die streßtheoretischen krankheitsbezogenen Indikatoren hinausgingen. Eigenständige Gesundheitsmerkmale, die über das 'Fehlen von ...' hinausgehen, und wie sie z.B. im Rahmen der Handlungsregulationstheorie vorgestellt wurden, fehlen jedoch im Salutogenese-Konzept. So ist es bemerkenswert, daß Antonovsky als Differenzierungsindikatoren für die Verortung auf dem HEDE-Kontinuum ausschließlich Krankheitsindikatoren bzw. ihre externe Diagnostizierbarkeit verwendet. Somit reduziert Antonovsky Gesundheit auf die Abwesenheit von Krankheit, ein positives Verständnis von Gesundheit fehlt. Auch Becker (1997) weist auf dem Hintergrund eigener Untersuchungen darauf hin, daß die scheinbar radikale Abwendung Antonovskys vom Risikofaktorenmodell hin zum Modell der Salutogenese vor allem auf Grund theoretisch-konzeptioneller Unschärfen fraglich ist.

3.3.6   Kritik an den Ressourcenkonzepten

Da die Ressourcenforschung als vergleichsweise jung bezeichnet werden kann, existieren zahlreiche offene konzeptionelle und methodische Fragen: Ein grundsätzliches konzeptionelles und ungelöstes Problem betrifft die Klassifikation bestimmter Arbeitsmerkmale als Ressource oder als Bela-

stung. Sind Ressourcen qualitativ eigenständige Merkmale der Person oder
der Situation, oder sind sie lediglich 'positive Ausprägungen von Stressoren'? So wird beispielsweise häufig das Vorhandensein eines Merkmals als
Ressource bezeichnet, ihr Nicht-Vorhandensein wird hingegen als Belastung
klassifiziert. Deutlich wird dies am Beispiel soziale Unterstützung oder am
Beispiel Erwerbstätigkeit. Fehlende soziale Unterstützung oder Erwerbslosigkeit werden als Stressoren klassifiziert, das Vorhandensein sozialer Unterstützung oder die Berufstätigkeit an sich werden als Ressourcen angegeben.
Das handlungsregulationstheoretische Modell, das im folgenden dargestellt
wird, weist hier Vorteile auf, da derartige Überschneidungen zumindest auf
der Ebene der aufgabenbezogenen Belastungen und Ressourcen durch unabhängige Konstruktentwicklungen vermieden wurden.

Führt die gesundheitliche ‚Doppelfunktion' von Ressourcen zu extrem positiver Gesundheit in dem Sinne, daß nicht nur wenige Beeinträchtigungen
vorliegen, sondern zusätzlich auch eigenständige positive Merkmale der
Gesundheit stark ausgeprägt sind? Für die betriebliche Gesundheitsförderung
wäre die Klärung dieser Frage von großer Wichtigkeit, da sich zum einen die
Programmatik der Gesundheitsförderung unmittelbar auf die Existenz und
die qualitativ eigenständige Wirkung von Ressourcen bezieht. Zum anderen
ist die Klärung dieser Fragen für die Interventionsgestaltung von Bedeutung.

Wie sind einzelne Ressourcen in Hinblick auf ihre gesundheitliche Wirkung
zu gewichten? Lassen sich Ressourcen identifizieren, die die Gesundheit
besonders stark beeinflussen und andere, die weniger bedeutsam sind? Sind
z.B. aufgabenbezogene Ressourcen der Mikroebene für die Gesundheit aufgrund ihrer unmittelbareren Wirkung und aufgrund ihres Einflusses auf andere Ressourcen bedeutsamer als Ressourcen der Makroebene? Lassen sich
herausragende Ressourcen für die Gesundheit identifizieren, wäre eine vorrangige Förderung bzw. Beeinflussung dieser Ressourcen anzustreben. Im
Kapitel 'Entwicklung der Fragestellung' werden diese Fragen noch einmal
aufgegriffen.

Gibt es analog zu den Mehrfachbelastungen 'Mehrfachressourcen'? Wirken
diese kumulativ, additiv oder kompensierend? In der Ressourcenforschung
wird zwischen personalen, situativen und sozialen Ressourcen unterschieden.
Unklar ist, ob und wie personale, situative und soziale Ressourcen konzeptionell zusammenhängen: Sind situative Ressourcen Voraussetzung für die
Ausbildung personaler Ressourcen? Sind personale Ressourcen Bedingungen
für oder Bestandteil von Gesundheit? Sind personale Ressourcen damit als
abhängige oder als unabhängige Variable zu betrachten? (Vgl. hierzu auch
den kommenden Abschnitt ‚Handlungsregulationstheorie'.)

Wie stark sind soziale Ressourcen wie soziale Unterstützung am Arbeitsplatz
objektiv durch Aufgabenzuschnitte und subjektiv über das Vertrauen in soziale Beziehungen determiniert?

3.3.7 Nutzen für die betriebliche Gesundheitsförderung

Trotz der zahlreichen ungelösten Fragen und der Kritik am Salutogenesemodell läßt sich der Nutzen der Ressourcenkonzepte für die betriebliche Gesundheitsförderung folgendermaßen zusammenfassen: Breiter Konsens herrscht hinsichtlich der positiven Bedeutung von Ressourcen für die Gesundheit, da direkte und moderierende Effekte in vielen Untersuchungen bestätigt werden konnten. Weiterhin können auf dem aktuellen Forschungsstand die Ressourcen der Mikroebene und hier vor allem die aufgabenbezogenen Ressourcen hervorgehoben werden. Hoher Entscheidungsspielraum, mit den Unteraspekten Zeitspielräume, Vollständigkeit, Autonomie, Lern- und Entwicklungsmöglichkeiten, Sinnhaftigkeit sowie die Anforderungsvielfalt, sollten in der betrieblichen Gesundheitsförderung vorrangig betrachtet und analysiert werden. Als wichtigste soziale Ressource wird die soziale Unterstützung genannt, wobei in der betrieblichen Praxis zu konkretisieren ist, auf welcher Ebene und in welcher Form soziale Unterstützung zum Ausdruck kommt. Neben den Ressourcen der Mikroebene ist es in der betrieblichen Gesundheitsförderung unverzichtbar, auch Ressourcen (und Belastungen) der Makro- und Mesoebene zu berücksichtigen, die ebenfalls einen wichtigen Einfluß auf die Gesundheit ausüben. Dies gilt insbesondere für eine betriebliche Gesundheitsanalyse, die den Anspruch erfüllen soll, ein umfassendes Bild des betrieblichen Gesundheitsgeschehens nachzuzeichnen.

3.4 Handlungsregulationstheorie

Es gibt zahlreiche Handlungstheorien, die sich in Hinblick auf ihre disziplinäre Einordnung, ihre Grundannahmen und im Detail auch in Hinblick auf ihren Gegenstand unterscheiden. Einen Überblick über die verschiedenen Ansätze gibt Lenk (1977). Im folgenden steht die Handlungsregulationstheorie (Volpert, 1974, 1987; Oesterreich, 1981; Hacker, 1980) im Mittelpunkt, eine in der Arbeitspsychologie entwickelte spezielle Richtung der Handlungstheorie. Ziel und Zweck der Handlungsregulationstheorie ist es, den Prozeß und die Struktur menschlichen Handelns zu erklären. Die Handlungsregulationstheorie steht in der Tradition der sowjetischen Tätigkeitspsychologie (Rubinstein, 1977; Leontjew, 1982) und kognitiver Theorien der Informationsverarbeitung (Miller, Galanter & Pribram, 1960). Während die Tätigkeitstheorie den Rahmen für die Einordnung von Handlungen bzw. Tätigkeiten in das psychische Gesamtgeschehen bildet und Handlungen in bezug auf übergeordnete Motive betrachtet, ermöglichte das Konzept der "TOTE Einheit" von Miller, Galanter & Pribram, die Generierung von Handlungen und damit die Handlungsstruktur näher zu bestimmen.

Dabei bezeichnet Handlung "... die kleinste psychologisch relevante Einheit willentlich gesteuerter Tätigkeiten von Individuen, Gruppen und Organisationen. Die Abgrenzung von Handlungen erfolgt durch das bewußte Ziel, das die mit einem Motiv für seine Realisierung verknüpfte Vorwegnahme des

Ergebnisses darstellt" (Hacker, 1994, S.275). Die Handlung wird als eine zentrale psychologische Kategorie betrachtet, da sie die wesentliche vermittelnde Kategorie zwischen Individuum und Umwelt darstellt und damit auch intrapsychische *Zustände* und *Prozesse* wie Emotionen und Kognitionen beeinflußt. Die Konzentration auf die menschliche Handlung bietet damit noch einen weiteren Vorteil. Sie betrachtet einerseits den Menschen als Subjekt, weil die subjektive Ausformung und Regulation der Handlung betrachtet wird. Gleichzeitig stellt sie durch den Umweltbezug subjektives Handeln in einen überindividuellen Zusammenhang, in dem die Handlungsbedingungen und -voraussetzungen eine zentrale Rolle spielen. Letzteres wird weiter unten bei dem Thema Bedeutung der Arbeit noch weiter erläutert.

Da die Handlungsregulationstheorie eine arbeitspsychologische Variante einer allgemeinen Handlungstheorie ist, steht die psychische Regulation von Arbeitätigkeiten und Handlungen im Mittelpunkt. Unter Regulation werden dabei „psychische Prozesse der Formung und Lenkung von Handlungen verstanden" (Volpert, 1987, S.5).

3.4.1   Grundannahmen der Handlungsregulationstheorie

Ausgangspunkt der Handlungsregulationstheorie ist somit der aktive und zielgerichtet handelnde Mensch, der versucht, bewußt auf seine Umwelt Einfluß zu nehmen und diese nach eigenen Zielen und Vorstellungen zu beeinflussen (Ducki & Greiner, 1992). Da sich aus den Grundannahmen der Theorie zum menschlichen Handeln die späteren Gestaltungsempfehlungen für eine gesundheitsgerechte und humane Arbeit ableiten, werden sie im folgenden noch einmal ausgeführt. Die beiden ersten Grundannahmen beschreiben wesentliche Strukturmerkmale, die beiden letzten Grundannahmen beziehen sich eher auf die Bedingungen des Handelns bzw. den Handlungskontext.

Menschliches Handeln ist zielgerichtet: Ziele bilden den Ausgangspunkt jeder Handlung und gleichzeitig die Grundlage für die Überprüfung von Handlungsergebnissen. In der Annahme der Zielgerichtetheit ist der Umweltbezug menschlichen Handelns enthalten. Der handelnde Mensch befindet sich in aktiver Auseinandersetzung mit seiner Umwelt und versucht, diese nach seinen Zielen zu verändern.

Ziele sind grundsätzlich bewußtseinsfähig, wenn auch nicht in jeder Situation bewußtseinspflichtig. Menschliches Handeln ist somit bewußtes Handeln. Die Zielgerichtetheit spielt in der handlungsregulationstheoretischen Sicht von Gesundheit eine Schlüsselrolle und wird im kommenden noch ausführlicher behandelt.

Menschliches Handeln ist auf äußere Gegenstände bezogen: Es bewirkt Veränderungen in der Umwelt, und diese Veränderungen wirken wiederum auf den Menschen zurück. Damit bestimmen wiederum die objektiven Umweltbedingungen menschliches Handeln. Dabei werden äußere Gegenstände nicht auf materielle Gegenstände reduziert, vielmehr kann es sich auch um andere Menschen, bestimmte Zustände oder "ideelle Gegenstände" handeln.

Menschliches Handeln ist in gesellschaftliche Zusammenhänge eingebunden: Alle Handlungsbedingungen des Menschen sind durch gesellschaftliche Entwicklung geschaffen und in soziale Zusammenhänge eingebunden. Individuelles Handeln trägt umgekehrt immer zur Erhaltung und Weiterentwicklung der menschlichen Gesellschaft bei (Leitner et al., 1993). Besonders für die Arbeit als eine spezifische Form menschlichen Handelns sind die gesellschaftlichen Zusammenhänge von besonderer Bedeutung (s.u. am Beispiel der "Partialisierung").

Menschliches Handeln ist ein hierarchisch-sequentieller Prozeß: Handeln läßt sich nicht auf eine beobachtbare Abfolge einzelner Verhaltensweisen reduzieren, sondern ist durch die Regulation komplexer Handlungsgefüge gekennzeichnet; es kann als hierarchisch-sequentieller Prozeß beschrieben werden. Diese Grundannahme ist für die Gestaltung von Arbeitsaufgaben von großer Bedeutung und wird aus diesem Grunde im folgenden ausführlicher dargestellt.

3.4.1.1   Hierarchisch-sequentielle Handlungsorganisation

Das wichtigste Strukturmerkmal einer Handlung ist die zyklische Einheit von Zielbildung, Planungs-, Ausführungs- und Kontrollprozessen sowie die Verschränkung verschiedener zyklischer Einheiten zu komplexen Handlungsgefügen. Ausgehend von einem Ziel wird ein Ist-Soll-Vergleich vorgenommen, der die Voraussetzung für die Generierung eines Handlungsplanes bzw. für eine spezifische Abfolge von Operationen ist, die den Ist-Zustand in den erwünschten Soll-Zustand überführen. Ziel und Operationen bzw. Transformationen sind durch Planungs- und Rückkopplungsprozesse miteinander verbunden, so daß bei erkennbaren Abweichungen vom Ziel die Regulation modifiziert werden kann.

Menschliche Handlungen bestehen nicht aus derartigen einfachen Handlungseinheiten, sondern besitzen sehr viel komplexere Strukturen. Allerdings setzen sich diese komplexen Strukturen aus diesen einfachen Einheiten zusammen.

Das Modell nimmt nun einen bestimmten zeitlichen Ablauf an, der in Abbildung 1 veranschaulicht wird. Zunächst wird das Ziel gebildet, dann der Plan generiert (absteigender Pfeil), dann werden die einzelnen Transformationen nacheinander abgearbeitet (gebogene Pfeile), und am Ende der erfolgten Transformationen findet eine Rückmeldung darüber statt, ob der erreichte Zustand dem erwünschten Soll-Zustand entspricht (aufsteigender Pfeil). Zyklisch heißt das Modell, weil die Handlung vom Ziel ausgeht und dort auch wieder endet.

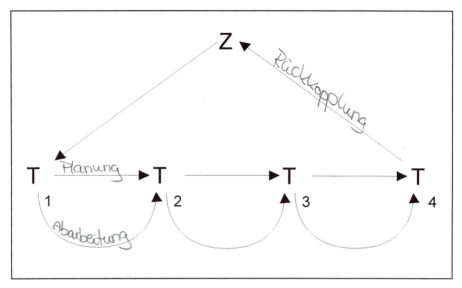

Abbildung 1: Zyklische Einheit

Jede Handlungseinheit ist Bestandteil einer 'Obereinheit' und besteht ihrerseits aus 'Untereinheiten'. Auf diese Weise entsteht eine komplexe Handlungsstruktur, die durch eine hierarchische Verschachtelung verschiedener zyklischer Einheiten, die zusammen eine Pyramidenstruktur ergeben, beschrieben werden kann (Abbildung 2).

So entstehen verschiedene Ebenen der Handlungsregulation. Je höher die Ebene ist, desto komplexer sind die Ziele zugehöriger Handlungseinheiten. Jede übergeordnete Einheit hat dieselbe Struktur. Es gibt ein übergeordnetes Ziel, das sich in mehrere Teilziele untergliedert.Jedes Teilziel wiederum hat noch einmal Unterziele, die soweit ausdifferenziert werden, bis tatsächlich einzelne Operationen sequentiell ausgeführt werden.

Die Pfeile nach oben bedeuten, daß für jeden Schritt geprüft wird, ob mit der Handlung das entsprechende Teilziel erreicht wurde oder nicht. Es wird jeweils geprüft, ob das Ziel auf der darüberliegenden Ebene mit der oder den Handlungen erreicht wurde. Je komplexer Handlungsgefüge sind, desto erkennbarer wird die Notwendigkeit von Planungs- und Kontrollprozessen. Um komplexe Zielstrukturen so zu entwickeln, daß verschiedene Handlungen tatsächlich aufeinander bezogen sind, ist die Entwicklung eines Plans notwendig.

Aus allgemein formulierten groben Oberzielen werden operative Unterziele abgeleitet, die zunehmend konkreter und damit handlungsleitend werden. Jede abgearbeitete zyklische Einheit wird daraufhin überprüft, ob sie zur nächst höheren Handlungsebene paßt.

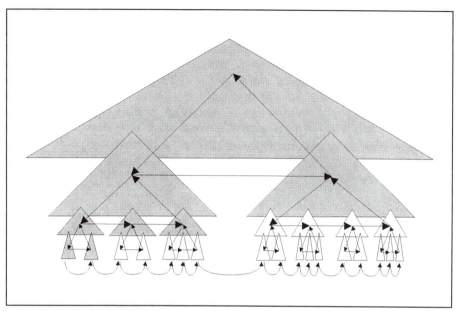

Abbildung 2: Das Modell der hierarchisch-sequentiellen Handlungsregulation (aus
Volpert, 1983a, S.43)

Kommt es dabei zu Abweichungen, "werden diese in einer Weise korrigiert,
die den erforderlichen Umweg möglichst gering und höhere Ziele möglichst
unverändert läßt. Es wird geprüft, ob eine Korrektur auf derselben Ebene
möglich ist, auf der die Abweichung festgestellt wurde. Ist dies nicht der
Fall, wird die Planung der jeweiligen Obereinheit (also auf der nächst höheren Ebene) revidiert. Höherrangige Ziele können damit u.U. sehr lange, also
auch bei häufigen Abweichungen auf unteren Ebenen aufrechterhalten werden" (Volpert, 1987, S. 16).

Mit dem Modell der hierarchisch sequentiellen Handlungsorganisation kann
zusammenfassend der Aufbau und Ablauf von Einzelhandlungen und Handlungsgefügen beschrieben werden. Der hierarchische Aspekt verweist auf die
Verschachtelung von einfachen Grundeinheiten zu komplexen Handlungsgefügen und auf die pyramidale Zielstruktur (orientierende Globalziele und
operative Unterziele). Der sequentielle Aspekt verweist auf die Abfolge einzelner Ausführungseinheiten, die nacheinander, also in einer Sequenz, erfolgen müssen.

3.4.1.2 Merkmale effizienten Handelns

Menschliches Handeln ist so organisiert, daß Ziele auch dann erreicht werden können, wenn sich Handlungsbedingungen ändern. Eine effiziente
Handlungsorganisation zeichnet sich nach Volpert (1974) vor allem durch

stabil-flexible Handlungsmuster aus. Stabil-flexibel handeln heißt, an Zielen festzuhalten und sich dennoch an veränderte Situationen anzupassen.

Die Stabilität wird durch die Zielhierarchien gewährleistet, Flexibilität wird durch eine variable Plangenerierung ermöglicht, die nicht von oben bis unten, sondern schrittweise oder 'einheitsweise' erfolgt. Nach jeder Handlungseinheit wird kontrolliert, ob das dazugehörige Ziel auf der nächst höheren Ebene erreicht wurde. Ist dies nicht der Fall, wird auf der Ebene, auf der die Abweichung erfolgt ist, nachreguliert.

Voraussetzung für diesen stabil-flexiblen Umgang mit sich ändernden Umweltbedingungen ist somit eine angemessene Verarbeitung von Rückmeldungen. Findet die Rückmeldung nicht angemessen statt, kommt es zu 'rigidem' oder 'instabilem' Handeln (Volpert, 1974, S. 48). Rigides Handeln hält an Zielen und Plänen fest, auch wenn diese unter aktuellen Bedingungen nicht realisiert werden können, instabiles Handeln ist dadurch gekennzeichnet, daß bei kleinsten Abweichungen auf unteren Handlungsebenen sofort übergeordnete Ziele aufgegeben oder in Frage gestellt werden.

Verbunden mit dem Merkmal der Stabilität-Flexibilität ist die Realitätsangemessenheit. Effizientes Handeln ist realistisch, was bedeutet, daß bei der Plangenerierung die Umweltbedingungen so berücksichtigt werden müssen, daß Ziele realistisch erreicht werden können. Unrealistische Zielvorgaben zwingen dazu, Ausführungspläne zu überarbeiten oder Ziele im Handlungsverlauf zu modifizieren. Das letzte Merkmal realistischen Handelns ist seine hierarchische Struktur. Stabil-flexibles Handeln wird nur durch die hierarchische Handlungsstruktur ermöglicht.

Ziele auf oberen Ebenen dienen der groben Orientierung und Ausrichtung komplexer Handlungsgefüge und sollen aus diesem Grunde nicht zu konkret, sondern eher allgemein bzw. vage formuliert sein. Je weiter unten in der Handlungspyramide die Ziele sind, desto konkreter und operativer müssen sie formuliert sein. Ändern sich Handlungsbedingungen, werden zunächst die operativen Unterziele modifiziert, Oberziele können in ihrer Allgemeinheit zunächst erhalten bleiben. Die Merkmale effizienten Handelns werden im Zusammenhang mit dem handlungsregulationstheoretischen Gesundheitsbegriff noch einmal aufgegriffen.

3.4.1.3   Ebenen der Handlungsregulation

Arbeitspsychologisch interessant ist nun die Frage, wie sich die Ebenen innerhalb der Handlungshierarchie unterscheiden lassen. Erforderlich dazu sind qualitative Unterscheidungskriterien, die sich auf die jeweiligen ebenenspezifischen Vorgänge beziehen. Hacker (1978) hat zu diesem Zweck ein 3-Ebenen-Modell entwickelt, in dem eine sensumotorische, eine perzeptiv-begriffliche und eine intellektuelle Regulationsebene unterschieden wurden. Aufbauend auf dieses 3-Ebenen-Modell hat Oesterreich (1981) ein 5-Ebenen Modell spezifiziert, in dem sich die jeweiligen Regulationsebenen nach der

direkten Erreichbarkeit der ebenenspezifischen Ziele und der damit verbundenen Antizipationsweite unterscheiden. Oesterreich unterscheidet folgende
von unten nach oben aufsteigenden Regulationsebenen:

- sensumotorische Regulationsebene
- Handlungsplanung
- Zielplanung
- Bereichsplanung
- Erschließungsplanung.

Entsprechend der verschachtelten pyramidalen Handlungsstruktur werden
auf der untersten Ebene der sensumotorischen Regulation keinerlei Zielent-
würfe vorgenommen, sondern lediglich Bewegungen ausgeführt, auf der
Ebene der Handlungsplanung müssen einzelne Handlungsschritte vorab anti-
zipiert und das Vorgehen geplant werden. Auf der Ebene der Zielplanung
wird eine grobe Abfolge von Zielen langfristig geplant und miteinander in
Beziehung gesetzt. Auf der Ebene der Bereichsplanung werden verschiedene
Handlungsbereiche koordiniert, indem mehrere Zielkomplexe aufeinander
bezogen und untereinander abgestimmt werden, und auf der Ebene der Erschließungsplanung werden neu zu erschließende Handlungsbereiche antizi-
piert und vorausschauend geplant (Oesterreich, 1981).

Während also auf höheren Regulationsebenen die generelle Richtung des
Handelns bestimmt und verschiedene Zielkomplexe abgewogen und miteinander in Beziehung gesetzt werden, werden auf unteren Regulationsebenen
Handlungswege geplant, das konkrete Vorgehen bestimmt und die beobachtbare Handlung ausgeführt (Leitner et al., 1993).

Das 5-Ebenen-Modell beansprucht ebenso wie das 3-Ebenen-Modell von
Hacker allgemeinpsychologische Gültigkeit. Im weiteren Verlauf wurden
aufbauend auf das 3-Ebenen-Modell von Hacker und das 5-Ebenen-Modell
von Oesterreich Arbeitsanalyseverfahren entwickelt, die es ermöglichen,
Arbeitstätigkeiten und die in ihnen enthaltenen Regulationserfordernisse
eindeutig den oben genannten Ebenen zuzuordnen (Tätigkeitsbewertungssystem (TBS) von Hacker, Fritsche, Richter & Iwanova, 1994; Arbeitsanalyseverfahren zur Ermittlung von Regulationserfordernissen in der Arbeitstätigkeit (VERA) von Oesterreich & Volpert, 1991; ausführlicher siehe Kapitel
Arbeitsanalyseverfahren). Damit wurden die Grundlagen zur psychologischen Bewertung und Gestaltung von Arbeitstätigkeiten gelegt.

3.4.1.4 Partialisierung des Arbeitshandelns

Die Arbeit als spezifische Form menschlichen Handelns stellt eine Vielzahl
von Handlungsforderungen bereit, an denen der Mensch seine individuelle
Handlungsstruktur und damit einen wichtigen Aspekt seiner Persönlichkeit
entwickeln kann. Je komplexer die Handlungsforderungen sind, desto vollständiger im Sinne Hackers (s.u.) sind die entsprechenden Handlungen. Die

zunehmende Standardisierung von Arbeitsprozessen und die damit verbundene Arbeitsteilung führt jedoch für viele Erwerbstätige zu Beschränkungen des Arbeitshandelns, die Volpert (1975) mit dem Begriff der 'Partialisierung' kennzeichnet. Dabei unterscheidet er die 'prinzipielle' und die 'spezifische' Partialisierung. Die prinzipielle Partialisierung bezieht sich auf die Arbeitsteilung in der warenproduzierenden Gesellschaft, die zur Unterscheidung von Berufsgruppen geführt hat, und die es schon vor der Herausbildung der Industriegesellschaft gegeben hat (z.B. Differenzierung in verschiedene Handwerke).

Die spezifische Partialisierung bezieht sich auf die individuelle Handlungsregulation und äußert sich darin, daß eine Person in ihrer Arbeitstätigkeit von höheren Regulationsebenen und damit von übergeordneten Planungs- und Entscheidungsprozessen abgeschnitten ist. Diese Form der Arbeitsteilung, die häufig auch mit tayloristischen Arbeitsstrukturen gleichgesetzt wird, führt nicht nur zur Trennung von Planung und Ausführung, von Denken und Tun, sondern auch dazu, daß die Handlungsausführung auf kleine, sich wiederholende Schritte eingeschränkt wird.

Geschick und Wissen werden so reduziert, die Arbeit wird sinnentleert und die Gleichförmigkeit der Arbeitsvollzüge nimmt zu (Leitner et al., 1993). Die Partialisierung ist je nach Arbeitsaufgabe unterschiedlich. Während sie für Erwerbstätige, die am Fließband stehen, extrem groß ist, ist sie für Werkstattplaner gering. Das genaue Ausmaß der Partialisierung zeigt sich in der Höhe der in der Arbeitsaufgabe enthaltenen Regulationserfordernisse.

3.4.1.5   Zusammenfassung

Aus der Handlungsregulationstheorie lassen sich Qualitätskriterien konkreter Handlungen ableiten (Volpert, 1987, S. 18), die besonders für die Beurteilung von Arbeitsbedingungen wichtig sind. Hacker (1980) beschreibt den 'Idealtyp' einer Handlung als vollständige Handlung, die folgendermaßen gekennzeichnet ist. Vollständige Handlungen beinhalten

- eine selbständige Setzung relativ komplexer Ziele, die ihrerseits in einen größeren Sinnzusammenhang von höheren Zielen eingeordnet werden können,

- sie enthalten darüber hinaus eigenständige Handlungsvorbereitungen,

- selbständige Ziel-Mittel-Entscheidungen und eine situationsangemessene Antizipationsweite.

Ergänzend dazu gehören zu einer vollständigen Handlung angemessene Rückmeldungen über mögliche Abweichungen bzw. die Zielerreichung. Es kann angenommen werden, daß vollständige Handlungen hoch effizient sind und im Sinne einer Weiterentwicklung von Persönlichkeitsmerkmalen persönlichkeitsförderlich wirken (Volpert, ebenda). Die Vollständigkeit von Handlungen wird durch die Bedingungen bestimmt. Die Partialisierung führt zu Einschränkungen der Arbeitsbedingungen und bestimmt damit das Ausmaß der Vollständigkeit von Handlungen.

3.4.2 Annahmen zu Gesundheit und Krankheit

Auf dem Hintergrund dieses allgemeinen Handlungsmodells haben Ducki und Greiner (1992) Annahmen zu einem arbeitspsychologischen Gesundheitsmodell formuliert, in dem der Handlungsaspekt im Mittelpunkt steht. Gesundheit wird beschrieben als die Fähigkeit zum dauerhaften Erhalt und zur Weiterentwicklung der individuellen Handlungsstruktur. *Def.*

Angenommen wird ein Gesundheitspotential, das allen Menschen gegeben ist und vom einzelnen mehr oder weniger ausgeschöpft wird. Dieses Potential begründet sich in dauerhafter Lernfähigkeit und in der aktiven Auseinandersetzung mit der Umwelt. Gesundheit wird verstanden als dauerhafte Entwicklung von Handlungsfähigkeit. Eine entwickelte Handlungsfähigkeit zeigt sich u.a. in der Fähigkeit

- langfristige Ziele zu verfolgen,
- stabil-flexibel mit Umweltbedingungen umzugehen und
- körperliche Prozesse und Handlungen zu integrieren.

Wie in der vorangegangenen Darstellung des allgemeinen Handlungsmodells deutlich wurde, haben Ziele verschiedene wichtige Funktionen. Ziele dienen gleichzeitig als Antrieb oder motivationale Basis des Handelns. Sie lenken das Handeln vor allem bei der Auswahl geeigneter Wege und Mittel, sie geben Orientierung und dienen dem Vergleich für die Handlungskontrolle (Hacker, 1994).

Ziele gehören zwingend zu einer vollständigen Handlungsstruktur. Langfristige Ziele sind ein Ausdruck einer komplexen Handlungsstruktur, weil Regulationen auf verschiedenen Ebenen erforderlich sind, um langfristige Ziele zu erreichen. Mit dem Begriff der Langfristigkeit ist hierbei sowohl ein zeitlicher als auch inhaltlicher Aspekt angesprochen.

Langfristigkeit bedeutet einerseits, daß Ziele über einen längeren Zeitraum hinweg verfolgt werden und daß sie andererseits in der Handlungshierarchie auf übergeordneten Ebenen, im 5-Ebenen-Modell von Oesterreich auf der Ebene der 'Erschließungsplanung', angesiedelt sind. Damit ist das Verfolgen langfristiger Ziele ein Ausdruck von individuellen Lern- und Entwicklungsprozessen, die in jedem Fall zu einer Erweiterung der individuellen Handlungskompetenz führen.

Die Fähigkeit, langfristige Ziele zu verfolgen, ist zwar bei jedem Menschen als Möglichkeit vorhanden, jedoch kann angenommen werden, daß diese Fähigkeit sich auch unter Umständen nicht entfalten oder verkümmern kann. Dies ist der Fall, wenn durch restriktive Lebens- und Arbeitsbedingungen die Regulation auf höheren Ebenen über längere Zeit verhindert wird. Partialisierte Arbeitsbedingungen beschränken somit die Lern- und Entwicklungsfähigkeit des Individuums und schränken seine psychische Gesundheit ein.

Stabil-flexibel

Mit der Fähigkeit, stabil-flexibel mit Umweltbedingungen umzugehen, ist das zentrale Merkmal effizienten Handelns angesprochen. Angelehnt an handlungstheoretische Überlegungen zu psychischer Gesundheit (Bense, 1981; Frese & Schöpfthaler-Rühl, 1976) wird ein stabil-flexibler Umgang mit wechselnden Umweltbedingungen als ein positiver Aspekt von Gesundheit betrachtet (vgl. auch Schröder, 1996).

Rigides bzw. überflexibles Handeln, wie es von Volpert beschrieben wird, ist ein Zeichen eingeschränkter Handlungsfähigkeit. Insbesondere rigide Handlungsstrategien werden in der klinischen Psychologie häufig als Symptom psychischer Krankheiten beschrieben. So beschreibt z.B. Beck (1972) die Depression als generalisierte Schemata einer negativen Sicht von sich selbst, von der Umwelt und der Zukunft, die sich auch bei einer objektiven Änderung der Umweltereignisse nicht ändert.

Stabil-flexibles Handeln wird bei Ducki & Greiner (1992) als zweiter Aspekt von Gesundheit betrachtet. Der dritte Aspekt von Gesundheit, die Integration körperlicher Prozesse und Handlungen, knüpft an Volperts Überlegungen zum ‚Prinzip des leiblichen In-der-Welt-Seins‘ an (Volpert, 1990) und ist genaugenommen eine Ausdifferenzierung des zweiten Aspekts, der den homöostatischen Aspekt dieses Gesundheitsmodells hervorhebt.

körperliche Prozesse u. Handlungen

Handeln verändert die persönlichen Leistungsvoraussetzungen, indem z.B. Energiereserven verausgabt werden. Individuelle Leistungsvoraussetzungen sind nicht immer gleichmäßig vorhanden, sondern ändern sich im Tagesverlauf oder durch Krankheit. Gesundheitsbewußtes Handeln zeichnet sich dadurch aus, daß derartige Leistungsschwankungen angemessen im Handeln berücksichtigt werden, indem z.B. im Verlauf längerer Handlungsprozesse Pausen eingelegt werden.

Dies erfordert, daß Körpersymptome, wie z.B. auftretende Müdigkeit, frühzeitig realisiert und Änderungen der Leistungsvoraussetzungen in die Handlungsplanung integriert werden müssen. Auch hier haben Lebens- und Arbeitsbedingungen einen wichtigen Einfluß.

Ob die individuellen Leistungsvoraussetzungen angemessen berücksichtigt werden können oder nicht, ist wiederum davon abhängig, ob die jeweiligen Umgebungsbedingungen dies zulassen. Akkord- oder taktgebundene Arbeit und geringe Handlungsspielräume verhindern eine den individuellen Leistungsvoraussetzungen angepaßte Pausengestaltung.

Dies führt dazu, daß körperliche Symptome nicht angemessen in die Handlungen integriert werden und somit Leistungsreserven aufgebraucht und häufig überbeansprucht werden, was zu einer Chronifizierung von bestimmten Symptomen führen kann (chronische Müdigkeit). Das dargestellte handlungsregulationstheoretische Verständnis von Gesundheit zeichnet sich durch folgende Vorteile aus:

- Es ist aufgrund der Betonung von Lern- und Entwicklungsprozessen ein dynamisches Modell.

- Es ermöglicht, Gesundheit positiv zu beschreiben, und nicht nur über die Abwesenheit von Krankheit zu definieren sowie konkrete Operationalisierungen von Gesundheit abzuleiten.

- Durch die Bezugnahme zu den Merkmalen effizienten Handelns (stabil-flexibler Umgang mit Umgebungsbedingungen) ist es ein offenes Modell. Auf der Basis stabiler Grundstrukturen können aktuelle auftretende Veränderungen integriert werden.

- Es verbindet körperliche und psychische Dimensionen von Gesundheit.

- Durch seine starke Referenz zur Arbeitswelt ist es im Rahmen der betrieblichen Gesundheitsförderung besonders geeignet, um den Zusammenhang von Arbeitsbedingungen und Gesundheit zu behandeln.

- Defizite des Modells sind vor allem darin zu sehen, daß andere Aspekte der Gesundheit, z.B. emotionales Wohlbefinden oder kognitive Selbstbeurteilungen, bislang ausgeklammert blieben.

3.4.3 Annahmen zum Zusammenhang von Arbeit und Gesundheit

Betrachtet man nun den Zusammenhang von Arbeitsbedingungen und Gesundheit, rückt die Arbeitsaufgabe als Schnittstelle zwischen Individuum und Organisation in den Mittelpunkt der Betrachtung. Wie schon erwähnt, stellen sich die Handlungsforderungen in der Arbeit als Arbeitsaufgaben dar. Die konkrete Aufgabengestaltung und das Ausmaß der Arbeitsteilung entscheiden damit wesentlich über ihre gesundheitliche Wirkung.

3.4.3.1 *Regulationserfordernisse/Anforderungen*

Zunächst können Arbeitsaufgaben danach beurteilt werden, welche Regulationschancen sie dem Menschen stellen, d.h. welche Anforderungen sie an selbständige Zielbildung und Plangenerierung stellen. Hohe Regulationserfordernisse sind gegeben, wenn verschiedene Arbeitsbereiche aufeinander abgestimmt werden müssen, oder wenn Arbeitssysteme neu installiert werden müssen. Mittlere Regulationserfordernisse liegen vor, wenn selbständig geplant werden kann, wie bei der Aufgabenerledigung vorzugehen ist. Eine Arbeitsaufgabe beinhaltet geringe Regulationserfordernisse, wenn jeder Handgriff vorgegeben ist und die Vorgehensweise bei der Aufgabenerledigung keinerlei Spielräume zuläßt. Das Ausmaß der Regulationserfordernisse einer Aufgabe kann mit dem bedingungsbezogenen Arbeitsanalyseverfahren VERA (Volpert, Oesterreich, Gablenz-Kolakovic, Krogoll, & Resch, 1983, Oesterreich & Volpert, 1991) bestimmt werden. Die Erfordernisse einer gegebenen Arbeitsaufgabe sind jeweils der höchsten, für die psychische Regulation gerade noch benötigten Stufe zuzuordnen.

Die gesundheitsförderliche Wirkung hoher Regulationserfordernisse konnte u.a. in einer Längsschnittuntersuchung nachgewiesen werden. Hohe Regulationserfordernisse wirken sich bei entsprechender Qualifikation positiv auf das Selbstbewußtsein und die Freizeitgestaltung aus (ausführlicher am Ende des Abschnitts).

Eng verbunden mit den Regulationserfordernissen sind zwei weitere gesundheitsförderliche Aspekte der Arbeitsaufgabe, sogenannte *Kooperations- und Kommunikationserfordernisse* (Oesterreich, 1998). Entsprechend der Höhe der Regulationserfordernisse können auch Kooperations- und Kommunikationserfordernisse unterschiedlich umfang- bzw. inhaltsreich sein. Arbeitstätigkeiten mit geringen Regulationserfordernissen erfordern in der Regel wenig oder keine Kooperation und Kommunikation.

Tätigkeiten mit höheren Regulationserfordernissen, besonders im Bereich sozialer Arbeit, aber auch in der industriellen Gruppenarbeit, erfordern ein höheres Maß an Kommunikation und Kooperation. Von Kommunikations- und Kooperationserfordernissen kann, ähnlich wie bei den Regulationserfordernissen, eine gesundheitsförderliche Wirkung angenommen werden, weil sie die soziale Handlungsfähigkeit durch eine Erweiterung kommunikativer Kompetenz entwickelt. Regulationschancen der Arbeitsaufgabe können auch als aufgabenbezogene Ressourcen bezeichnet werden.

3.4.3.2   Regulationsbehinderungen

Belastungen werden unterschieden in Regulationshindernisse und Regulationsüberforderungen. Regulationshindernisse treten punktuell auf, z.B. bei einer bestimmten Arbeitsoperation (Maschinenbestückung), Regulationsüberforderungen wirken – unabhängig von einzelnen Arbeitsoperationen – kontinuierlich über den Tag.

Regulationshindernisse sind somit Faktoren der Arbeit, die sich bei der Erledigung der Aufgaben in den Weg stellen und das Handeln behindern. Sie erfordern zusätzlichen Aufwand, zwingen die arbeitende Person, Umwege zu gehen oder auch risikoreich zu handeln. (Derartige Belastungen sind zum Beispiel Blockierungen durch Materialstau oder Lieferverzögerungen, Unterbrechungen oder schlecht funktionierende Arbeitsmittel).

Ein ständig hoher Zeitdruck durch Mengenvorgaben oder monotone Arbeitsbedingungen sind Beispiele für kontinuierlich wirkende Regulationsüberforderungen. Entstehen sie bei der Bearbeitung eines bestimmten Arbeitsinhalts, werden sie als aufgabenimmanente Regulationsüberforderungen bezeichnet, sind sie ergonomisch bzw. umgebungsbedingt verursacht, werden sie als aufgaben*un*spezifische Überforderungen bezeichnet.

Zu den aufgabenunspezifischen Überforderungen zählen auch die Umgebungsbelastungen. Sie betreffen z.B. die klimatischen Verhältnisse, die Schadstoffbelastung der Luft, Lärm, Beleuchtung oder Fragen der räumlich-ergonomischen Gestaltung. Von den Umgebungsbedingungen ist prinzipiell jeder betroffen, der sich an dem entsprechenden Arbeitsort aufhält, unabhängig von seiner konkreten Tätigkeit. Ungünstige Umgebungsbedingungen haben in der Regel langfristige Folgen für die Gesundheit und erhöhen das Krankheitsrisiko.

Sie können sich aber auch kurzfristig (im Verlauf eines Arbeitstages) beeinträchtigend auf das Wohlbefinden, die Konzentration und die Qualität der Arbeit auswirken (so zum Beispiel, wenn durch eine starke Lärmbelastung Zurufe nicht verstanden und dadurch vermehrt Fehler gemacht werden). Regulationshindernisse können für den Produktionsbereich mit dem bedingungsbezogenen Arbeitsanalyseverfahren RHIA (Verfahren zur Ermittlung von Regulationshindernissen in der Arbeit (Leitner, Volpert, Greiner, Weber & Hennes, 1987) ermittelt werden. Eine Version für Bürotätigkeiten hat die Analyse der Regulationserfordernisse integriert (Leitner et al., 1993).

Das Auftreten derartiger psychischer Belastungen in der Arbeit ist arbeitsorganisatorisch oder umgebungsbedingt und im Prinzip vermeidbar. Die belastende Wirkung der beschriebenen Behinderung ergibt sich nicht unmittelbar aus den störenden Ereignissen oder Überforderungen selbst, sondern durch die betrieblichen Einschränkungen des Umgangs mit ihnen. In der Regel ist das Arbeitsergebnis, das erzielt werden muß, ebenso festgelegt wie der Weg, die Mittel und die zur Verfügung stehende Zeit, um es zu erreichen.

Treten Hindernisse auf, bleibt meist nichts anderes übrig, als zusätzliche Arbeitsschritte auszuführen und Umwege einzuschlagen oder schneller zu arbeiten. Gäbe es diese Einschränkungen nicht, könnte man sich beim Auftreten solcher Ereignisse mehr Zeit lassen, in Ruhe ein anderes Vorgehen überlegen oder sogar durch betriebliche Veränderungen die Störungsursache beseitigen. Wären solche Umgangsweisen möglich, würden die genannten Ereignisse auch nicht psychisch belasten.

Die Auswirkungen von Regulationshindernissen und Regulationserfordernissen auf die Gesundheit konnte in einer Untersuchung an 222 Büroangestellten belegt werden. Es handelt sich um eine Längsschnittstudie mit insgesamt drei Erhebungszeitpunkten im Abstand von einem Jahr.[4] Untersucht wurden Sachbearbeitungstätigkeiten unterschiedlicher Komplexität in Industrieverwaltungen verschiedener Branchen mit dem Analyseinstrument RHIA/VERA-Büro (Leitner et al., 1993). Aufgabenbezogene psychische Belastungen wurden quantifiziert über den zu leistenden Zusatzaufwand (Minuten/Woche), über Zeitdruck (Zeitanteil des möglichen 'Ruhenlassens' an der Gesamtarbeitszeit) und monotone Arbeitsbedingungen (Dauer in Stunden pro Monat). Regulationserfordernisse wurden über die VERA Stufe erfaßt.

---

[4] Forschungsprojekt AIDA (Anforderungen und Belastungen in der Arbeit) an der TU Berlin im Auftrag des Bundesministeriums für Forschung und Technologie, Förderschwerpunkt 'Arbeit und Technik' Förderkennzeichen 01 HK 9260)

Die Gesundheit wurde mit Hilfe eines standardisierten Fragebogens zum Befinden und eines speziellen Verfahrens zur Ermittlung der Langfristigkeit von Freizeitaktivitäten erhoben. Als Befindensindikatoren wurden Krankheiten, psychische Befindensbeeinträchtigungen nach Mohr (1986), Lebenszufriedenheit und Selbstwirksamkeit erhoben. Im Längsschnitt konnten folgende Zusammenhänge zwischen den Arbeitsmerkmalen und dem Befinden ermittelt werden: Belastungen (Zusatzaufwand) führen zu erhöhten psychosomatischen Beschwerden (.40),[5] zu erhöhter Gereiztheit/Belastetheit (.36) und zu erhöhter Deprimiertheit (.28), zu stärkeren Krankheiten (.23) und zu einem schlechteren Lebensgefühl (-.39). Diese Zusammenhänge bleiben auch dann signifikant, wenn man den Einfluß des Prädiktors zum Zeitpunkt t1 aus dem Prädiktor zum Zeitpunkt t2 herauspartialisiert (siehe Leitner, 1993).

- Unbedeutende, nicht signifikante Zusammenhänge zeigen sich zwischen Belastungen und den Positiv-Indikatoren Selbstwirksamkeit (.01) und Lernen in der Freizeit (.01).

- Anforderungen (erfaßt über die VERA-Stufe) korrelieren zeitverzögert bedeutsam mit Ängstlichkeit (-.21), mit Selbstwirksamkeit (.16) und Lernen in der Freizeit (.33). Keine bzw. nur sehr geringe und nicht signifikante Korrelationen ergeben sich zwischen Anforderungen und psychosomatischen Beschwerden (-.12), Gereiztheit/Belastetheit (.09) und Deprimiertheit (-.12).

Interessant ist an dieser Untersuchung zweierlei: Zum einen liefert der Längsschnitt deutliche Hinweise auf eine verursachende Wirkung von Arbeitsbedingungen auf die Gesundheit (ausführlich zum Auswertungsdesign siehe Leitner, 1993). Zum anderen weisen die Ergebnisse darauf hin, daß Belastungen durch Regulationshindernisse tatsächlich anders auf die Gesundheit wirken als die gesundheitsförderlichen Regulationserfordernisse. Belastungen führen zu Befindensbeeinträchtigungen, während hohe Regulationserfordernisse positiv auf die Gesundheit wirken. Sie fördern das Gefühl der Selbstwirksamkeit, führen zu langfristigen, anspruchsvolleren Freizeittätigkeiten und reduzieren Ängstlichkeit.

3.4.4   Nutzen für die betriebliche Gesundheitsförderung

Die Theorie liefert konkrete Hinweise zur Bestimmung positiver Merkmale von Gesundheit als auch gesundheitsförderlicher und -beeinträchtigender Merkmale der Arbeit. Während hohe Regulations- als auch Kommunikations- und Kooperationserfordernisse gesundheitsförderlich wirken, beeinträchtigen Regulationshindernisse, Regulationsüberforderungen und Umge-

---

[5] Berichtet werden die zeitverzögerten Korrelationskoeffizienten zwischen den Arbeitsbedingungen zum Zeitpunkt t1 und dem Befindensindikator zum Zeitpunkt t2 (ein Jahr später). Bei r>.12 ist p<.05; bei r>.16 ist p<.01 und bei r>.20 ist p=.001.

bungsbelastungen die Gesundheit. Ein Vorteil dieses theoretischen Modells liegt darin, daß Ressourcen (hier Regulationserfordernisse), Belastungen und Gesundheit unabhängig voneinander definiert werden können, woraus sich eindeutige Zuordnungen von Merkmalen als abhängige oder unabhängige Variable ergeben. Nach diesem Modell sind z.B. positive Selbstwirksamkeitserfahrungen und Lernen in der Freizeit Gesundheitsmerkmale und gehören damit eindeutig auf die Seite der abhängigen Variablen (vgl. kritische Diskussion der Ressourcenkonzepte).

Das Modell ermöglicht eine theoretisch fundierte Klassifizierung von Belastungen und Ressourcen. Allerdings beschränkt sich das Modell auf aufgabenbezogene Belastungen und Ressourcen der Mikroebene. Soziale Merkmale der Arbeit bleiben ausgeklammert, ebenso wie Merkmale, die sich der betrieblichen Meso- oder der Makroebene zuordnen ließen. Da Semmer (1997) in seiner Ebenenklassifikation die Faktoren der Mikroebene handlungsregulationstheoretisch begründet und damit integriert, bietet es sich auch aus theoretischen Gründen an, die Ebenenklassifikation zu verwenden.

Da die Handlungsregulationstheorie die Arbeitsaufgabe in den Mittelpunkt der Betrachtung stellt, eignet sie sich besonders für eine verhältnisorientierte betriebliche Gesundheitsförderung, in der die Arbeitsbedingungen (und die Arbeitsorganisation) gesundheitsgerecht gestaltet werden sollen.

Bezogen auf die Arbeitsaufgabe lassen sich für eine gesundheitsförderliche Arbeitsgestaltung daraus differenzierte Empfehlungen ableiten. So reicht es im Sinne der Handlungsregulationstheorie nicht aus, einen Arbeitsplatz möglichst belastungsarm zu gestalten. Um von Gesundheitsförderung zu sprechen, ist es erforderlich, Arbeitsaufgaben mit möglichst hohen Regulationserfordernissen und Kommunikations- bzw. Kooperationserfordernissen zu schaffen.

Bevor ein abschließendes Gesamtfazit zu diesem Kapitel gezogen wird, sollen erste Überlegungen dazu vorgestellt werden, wie die Defizite des handlungsregulationstheoretischen Gesundheitsmodells und die Defizite des Modells der Salutogenese durch eine Verbindung beider Konzepte vermieden werden können. Da die Beantwortung dieser Frage nicht zum Schwerpunkt dieser Arbeit gehört, aber gleichzeitig die Instrumentenentwicklung beeinflußt hat, können an dieser Stelle nur erste konzeptionelle Überlegungen dargestellt werden.

3.4.5 Verbindung mit dem Ansatz der Salutogenese

Am handlungsregulationstheoretischen Gesundheitsmodell wurde als Hauptkritikpunkt die Ausblendung kognitiver und emotionaler Aspekte der Gesundheit genannt. Dieser Aspekt wird im Modell der Salutogenese, in der Konzeption des 'Kohärenzsinns' ausführlich beschrieben. Allerdings werden diese hier nicht der Gesundheit, sondern den Ressourcen zugeordnet. Versteht man nun abweichend von Antonovsky den 'Kohärenzsinn' mit seinen Subdimensionen 'Verstehbarkeit, Handhabbarkeit und Sinnhaftigkeit' nicht als eine Voraussetzung *für*, sondern als einen Indikator *von* Gesundheit, kann ein Modell von psychischer Gesundheit entworfen werden, das Handlungsaspekte und kognitiv-emotionale Aspekte miteinander in Beziehung setzt. In Bezugnahme auf handlungsregulationstheoretische und ressourcentheoretische Konzeptionen kann der Zusammenhang zwischen einer entwickelten Handlungsfähigkeit und dem 'Kohärenzsinn' folgendermaßen beschrieben werden:

Folgt man der handlungstheoretischen Sichtweise von Volpert (1983b), sind Gefühle zum einen Resultat des Handelns, zum anderen sind sie als 'Handlungsbegleiter' Bestandteil der Handlungsregulation.[6] Unter Bezugnahme auf Nitsch (1982), Leontjew (1982) und Vroom (1964) werden unter Gefühlen Aktivierungs- und Bewertungsvorgänge verstanden, „welche sich sowohl auf die Erreichungswahrscheinlichkeit des Ziels als auch auf die Eingebundenheit dieses Ziels in allgemeinere Handlungs- und Motivationszusammenhänge beziehen" (Volpert, 1983b, S. 198). Positive Gefühle stellen sich in diesem Verständnis dann ein, wenn die Erreichenswahrscheinlichkeit eines Ziels hoch eingeschätzt wird und das aktuelle Handeln in übergeordnete Motivationszusammenhänge eingefügt werden kann. Damit wird zunächst ein sehr enger Bezug zwischen individuellen Zielen, Motiven und Gefühlen postuliert, der über das Handeln hergestellt wird.

In dieser Definition von Gefühlen kann der 'Kohärenzsinn' als eine besondere *Gefühlsqualität* betrachtet werden, die Subdimensionen Verstehbarkeit, Handhabbarkeit und Sinnhaftigkeit können als spezielle *Gefühlsdimensionen* bezeichnet werden.

Der 'Kohärenzsinn' als besondere Gefühls*qualität* meint, daß sich dieser 'globale' Gefühlszustand nur als Gesamtergebnis zahlreicher konsistenter Handlungserfahrungen entwickeln und herstellen läßt, die dadurch gekennzeichnet sind, daß gesetzte Ziele erreicht wurden und diese Ziele Bestandteile übergeordneter Motivationszusammenhänge waren. Die Bezeichnung der Subdimensionen Verstehbarkeit, Handhabbarkeit und Sinnhaftigkeit als spezielle Gefühls*dimensionen* meint, daß sich die Gefühle der Handhabbarkeit und Verstehbarkeit auf die Gefühlsdimension 'Erreichbarkeit von Zielen' beziehen dürfte, während sich das Gefühl der Sinnhaftigkeit nur in bezug auf übergeordnete Motivationszusammenhänge herstellen läßt.

Damit beschreibt der 'Kohärenzsinn' als positiver Gesundheitsindikator eine spezielle Gefühlsqualität, die sich sowohl auf aktuelles Handeln und auf

---

[6] Volperts Überlegungen beschränken sich auf eine spezielle Fragestellung, nämlich auf das Verhältnis von Emotion und Handeln zueinander, insofern wird hier nur ein Teilausschnitt von Emotionen behandelt. Beständigere Emotionen gegenüber Personen oder Objekten bleiben hier ausgeklammert (Volpert, 1983).

aktuelle Zielzustände bezieht als auch auf übergeordnete Motivationszusammenhänge. Der 'Kohärenzsinn' begleitet im Sinne der handlungstheoretischen Definition das Handeln und wird gleichzeitig grundlegend über das Handeln hergestellt. So kann das Gefühl der Verstehbarkeit sich durch das aktive handelnde Durchdringen des jeweiligen Handlungsgegenstandes entwickeln. Das Gefühl der Beeinflußbarkeit stellt sich her durch die Übereinstimmung des Ziels und des Handlungsergebnisses. Die Sinnhaftigkeit des eigenen Tuns und der Umwelt bestimmt sich wesentlich aus den individuellen Zielperspektiven und ihren übergeordneten Motiven.

Damit bildet sich der 'Kohärenzsinn' in der individuellen Handlungsregulation und in der aktiven handelnden Auseinandersetzung mit der Umwelt. Je entwickelter die Handlungsfähigkeit ist, desto eher kann sich ein generelles Gefühl der Beeinflußbarkeit und Verstehbarkeit entwickeln, da in unterschiedlichen Handlungsbereichen und auf unterschiedlichen Ebenen Erfahrungen gesammelt und ausgewertet werden können. Als erste empirische Belege für diese Annahme können die berichteten Untersuchungsergebnisse von Geyer (1997) herangezogen werden (siehe 3.3.5.2). Auch das Gefühl der Sinnhaftigkeit wird sich eher bei einer entwickelten Handlungsfähigkeit einstellen, da langfristige Ziele Hinweise auf eine entwickelte Motivstruktur sein können (vgl. hierzu Leontjew; 1982, Frankl, 1973).

Gleichzeitig beeinflußt aber der 'Kohärenzsinn' im Sinne einer 'spiralförmigen Weiterentwicklung' die Handlungen der Person. Je ausgeprägter der 'Kohärenzsinn', desto wahrscheinlicher werden Handlungen ausgeführt, die wiederum die Weiterentwicklung des 'Kohärenzsinns' positiv beeinflussen.

Ob und wie Handlungen reguliert werden, hängt maßgeblich von den Handlungsforderungen ab, die in der Arbeitswelt hauptsächlich in Form von Arbeitsaufgaben und ihren jeweiligen Regulationserfordernissen existieren. Deren Höhe dürfte also nicht nur die Fähigkeit langfristige Ziele zu verfolgen beeinflussen, sondern auch den 'Kohärenzsinn'. Folgt man der Logik der Handlungsregulationstheorie, müßte der 'Kohärenzsinn' vor allem von der Höhe der Regulationserfordernisse beeinflußt werden, nicht jedoch von den Regulationsbehinderungen, bzw. von aufgabenbezogenen Belastungen. Neben dem Einfluß aufgabenbezogener Ressourcen ist aber auch vorstellbar, daß situative Ressourcen der Mesoebene wie z.B. Partizipations- und Beteiligungsangebote oder die Informationskultur eines Betriebes die Entwicklung eines 'Kohärenzsinns' positiv beeinflussen.

Psychische Gesundheit kann demnach positiv als dauerhafte Entwicklung von Handlungsfähigkeit beschrieben werden, die sich in langfristigen Zielsetzungen, in einem stabil-flexiblen Umgang mit Umweltbedingungen und in einer Berücksichtigung individueller Leistungsvoraussetzungen bei der Handlungsregulation zeigt. Eine entwickelte Handlungsfähigkeit spiegelt sich intrapsychisch in Gefühlen der Verstehbarkeit, Handhabbarkeit und Sinnhaftigkeit, die als Kohärenzsinn zusammengefaßt werden können. Psychische Gesundheit wird wesentlich durch das Vorhandensein von Ressourcen bedingt, die als vielfältige Handlungs- und Wahlmöglichkeiten beschrieben werden können. Mit den hier vorgestellten Überlegungen sollen erste Möglichkeiten einer Integration von handlungsregulationstheoretischen und salutogenetischen Theoriebausteinen aufgezeigt werden. Für eine weitergehende Konkretisierung wäre es dringend erforderlich, das Verhältnis von Handlung, Kognition und Emotion weiter zu spezifizieren. Klärungsbedarf besteht insbesondere in Hinblick auf die Frage, ob und wie kognitive und emotionale Anteile im Konzept des Kohärenzsinns zu unterscheiden und ggf. aufeinander zu beziehen sind.

3.5   Fazit

In diesem Kapitel werden arbeitspsychologische und arbeitswissenschaftliche Theorien und Modelle dargestellt, die den Zusammenhang von Arbeit und Gesundheit thematisieren. Es gibt starke Bezüge der Modelle untereinander. So sind die Ressourcenkonzepte Weiterentwicklungen der Streßtheorie. Streßtheoretische Autoren der neueren Zeit beziehen sich auf die Handlungsregulationstheorie. Autoren des Belastungs-Beanspruchungs-Konzepts verweisen auf die Nähe zu streßtheoretischen Grundannahmen. Im handlungsregulationstheoretischen und im streßtheoretischen Konzept von Arbeitsbelastungen werden die im Belastungs-Beanspruchungs-Konzept detailliert beschriebenen und untersuchten Umgebungsbelastungen integriert.

Trotz der Überschneidungen werden konzeptionell und praktisch unterschiedliche Schwerpunkte gesetzt. Während das Belastungs-Beanspruchungs-Konzept vor allem die gesundheitlich schädigenden Wirkungen von vorwiegend physikalisch-chemischen Belastungsfaktoren untersucht und zu belegen versucht, stehen in streß- und handlungstheoretischen Konzepten eher die psychosozialen Faktoren der Arbeit und ihre Auswirkungen auf psychische Regulationsprozesse im Mittelpunkt. Der wohl wichtigste Unterschied der Konzepte betrifft die Ressourcen. Während das Belastungs-Beanspruchungs-Konzept keine Aussagen zu den Ressourcen und ihren positiven gesundheitlichen Auswirkungen machen kann, haben streß- und handlungsregulationstheoretische Konzeptionen hier eigenständige Modelle entwickelt. Die zu Beginn dieses Kapitels aufgeworfenen Fragen lauteten:

1. Was leisten die jeweiligen Theorien hinsichtlich der genaueren Beschreibung und Abgrenzung der Begriffe Belastungen, Ressourcen und Gesundheit? Wie wird ihr Zusammenhang spezifiziert?

2. Welche Konsequenzen lassen sich aus den theoretischen Modellen und dem aktuellen Forschungsstand hinsichtlich der Auswahl relevanter Untersuchungsmerkmale für die betriebliche Gesundheitsanalyse ziehen? Welche gesundheitsrelevanten Merkmale der Arbeit müssen berücksichtigt, welche Gesundheitsindikatoren sollten in betrieblichen Gesundheitsanalysen verwendet werden?

Zu 1)   Dieser Arbeit wird die handlungsregulationstheoretische Unterscheidung von Belastungen als Regulationsbehinderungen und Ressourcen als Regulationschancen als auch das handlungsregulationstheoretische Gesundheitsverständnis zugrundegelegt. Dieses Modell bietet als einziges der dargestellten Modelle die Möglichkeit, Belastungen *und* Ressourcen *und* Gesundheit weitgehend überschneidungsfrei zu beschreiben und damit zirkuläre Argumentationen zu vermeiden.

Ressourcen sind in der Konzeption der Handlungsregulationstheorie komplexe Denk- und Planungserfordernisse, die sich dem Handelnden z.B. in Form von Arbeitsaufgaben stellen. Erweitert man diese Überlegungen, so könnten Ressourcen verstanden werden als die Vielfalt von Chancen, bzw. als Wahl- und Handlungsmöglichkeiten, über die eine Person verfügt.

Belastungen sind Regulationsbehinderungen, die entweder als Regulationshindernisse zu Zusatzaufwand oder zu riskantem Handeln führen oder die als Regulationsüberforderungen kontinuierlich über den Tag ihre Wirkung entfalten.

Gesundheit hat mehrere Dimensionen (vgl. Bradburn, 1969; Greiner, 1998; Karasek & Theorell, 1990). Gesundheit wird positiv beschrieben als entwickelte Handlungsfähigkeit. Entwickelte Handlungsfähigkeit zeigt sich in der Fähigkeit zur langfristigen Zielverfolgung und in einer stabil-flexiblen Handlungsregulation. Entwickelte Handlungsfähigkeit geht einher mit einem ausgeprägten Kohärenzsinn. Positive Indikatoren von Gesundheit sind somit langfristige Ziele und Gefühle der Verstehbarkeit, Durchschaubarkeit und Sinnhaftigkeit. Indikatoren, die diese positive Dimension von Gesundheit erfassen, werden im folgenden ‚Positiv-Indikatoren der Gesundheit' genannt.

Darüber hinaus gehört zu umfassender Gesundheit auch die Abwesenheit von Beeinträchtigungen. Somit kann die Beeinträchtigungsfreiheit als eine weitere Dimension der Gesundheit bezeichnet werden. Da die Beeinträchtigungsfreiheit das ‚Nicht-Vorhandensein' von Zuständen beschreibt, kann diese Dimension als eine neutrale Dimension von Gesundheit beschrieben werden. Je geringer Gesundheitsbeeinträchtigungen ausgeprägt sind, desto gesünder kann eine Person auf dieser neutralen Dimension bezeichnet werden. Indikatoren beeinträchtigter Gesundheit sind z.B. körperliche Beschwerden und psychische Befindensbeeinträchtigungen. Indikatoren, die das Ausmaß von Gesundheitsbeeinträchtigungen erfassen, werden im folgenden als ‚Indikatoren von Gesundheitsbeeinträchtigungen' bezeichnet. Den theoretischen Modellen entsprechend lassen sich folgende Annahmen zum Zusammenhang von Belastungen, Ressourcen und Gesundheit formulieren:

- Belastungen hängen mit Gesundheitsbeeinträchtigungen (körperlichen und psychischen Beeinträchtigungen) und nicht (bzw. nur sehr gering) mit Positiv-Indikatoren der Gesundheit zusammen.

- Ressourcen hängen mit Positiv-Indikatoren der Gesundheit zusammen (entwickelte Handlungsfähigkeit und ausgeprägter Kohärenzsinn) und negativ mit Gesundheitsbeeinträchtigungen.

Zu 2)   Die zweite Frage betrifft die Frage der Merkmals- bzw. Indikatoren-auswahl für eine betriebliche Gesundheitsanalyse. Zusammenfassend lassen sich als wichtige Ergebnisse für die Analyse in der betrieblichen Gesund-heitsförderung festhalten: In Hinblick auf Gesundheit ist gemäß der Theorien darauf zu achten, daß sowohl positive Gesundheitsindikatoren als auch Krankheits- und Beeinträchtigungsindikatoren verwendet werden. Darüber hinaus sollten sowohl körperliche als auch psychosoziale Gesundheitsindi-katoren verwendet werden. Zu den theoretisch wichtigen Indikatoren psy-chosozialer Gesundheit gehören eine entwickelte Handlungsfähigkeit und Aspekte eines ausgeprägten Kohärenzsinns. Auf der Seite der Organisation und der Arbeitsbedingungen müssen Belastungen und Ressourcen der *ge-samten* Organisation berücksichtigt werden, auch wenn aufgrund der For-schungslage vermutet werden kann, daß aufgabenbezogene und soziale Mi-krofaktoren für die Gesundheit von besonderer Bedeutung sind.

Auf der Mikroebene können hohe Regulationserfordernisse, wie sie im Rah-men der Handlungsregulationstheorie beschrieben werden, als *zentrale* ge-sundheitsförderliche Aspekte der Arbeitsaufgabe herausgestellt werden, da andere situative und mit großer Wahrscheinlichkeit auch soziale Ressourcen durch sie bedingt sind. Betrachtet werden muß weiterhin die jeweilige Kom-bination von Belastungen und Ressourcen, wenn man das gesundheitliche Geschehen eines Betriebes, einer Abteilung oder an einem Arbeitsplatz diffe-renziert betrachten will. Dies gilt es vor allem methodisch und auswertungs-technisch zu berücksichtigen. Rückblickend auf die verschiedenen Theorien und Forschungsergebnisse, lassen sich zusammenfassend folgende Gesund-heitsmerkmale (Tabelle 2) benennen, die bei einer betrieblichen Gesund-heitsanalyse berücksichtigt werden sollten.

Tabelle 2: Überblick über theoretisch relevante Gesundheitsindikatoren

Positiv-Indikatoren der Gesundheit	Indikatoren für Gesundheitsbeeinträchtigungen	
- Indikatoren entwickel-ter Handlungsfähigkeit: z.B. langfristige Ziele - Indikatoren des 'sense of coherence': z.B. Selbstwirksamkeit - Indikatoren allgemeinen Wohlbefindens: z.B. Arbeitszufriedenheit, Arbeitsfreude, Arbeits-stolz	- Skelett-/ Mus-kelerkrankungen - Atemwegser-krankungen - Herz-/ Kreislauf-erkrankungen - Erkrankungen der Verdauungs-organe - Hautprobleme	- Gereiztheit/ Belastetheit - Ängstlichkeit - Depressivität - Psychosomati-sche Be-schwerden

Als für die Gesundheit relevante Arbeits- und Organisationsmerkmale lassen sich Ressourcen und Belastungen (Tabelle 3) auf unterschiedlichen betrieblichen Ebenen benennen.

In jedem Abschnitt dieses Kapitels wurde bereits auf *Defizite* der einzelnen Theorien hingewiesen. In Hinblick auf die Erklärung und Beschreibung von Gesundheit zeigt sich beispielsweise, daß kein Modell allein in der Lage ist, den Zusammenhang von Arbeit und Gesundheit umfassend zu erklären. Es wurde ein möglicher Weg aufgezeigt, wie zwei theoretische Modelle miteinander in Beziehung gesetzt werden können, um der Komplexität von psychischer Gesundheit etwas besser gerecht werden zu können.

Defizite weisen alle dargestellten Theorien in Hinblick auf eine konsistente theoretische Beschreibung von Belastungen und Ressourcen der Meso- und Makroebene auf. Die in Tabelle 3 aufgeführten Indikatoren wurden bislang diesen Ebenen pragmatisch zugeordnet, auch wenn sich für einen Teil der Merkmale die Positionierung theoretisch begründen läßt. Dies trifft vor allem für die aufgabenbezogenen Merkmale der Mikroebene zu. Die Positionierung einzelner Merkmale als Mesofaktoren ließe sich z.B. in Anlehnung an die Organisationsklimaforschung (Staehle, 1991; Rosenstiel, 1993; Conrad & Sydow, 1984) begründen. Eine einheitliche theoretische Begründung für die Zuordnung der Merkmale zu den Ebenen steht derzeit jedoch aus. Aus diesem Grund sind die in der Tabelle aufgezeigten Ressourcen und Belastungen der Meso- und Makroebene als vorläufig und nicht vollständig zu betrachten.

Weiterhin gab es in diesem Zusammenhang bislang keine Untersuchungen dazu, inwieweit die Belastungen und Ressourcen der Mesoebene unabhängig von Belastungen und Ressourcen der Mikroebene sind, oder ob sie sich auch gegenseitig bedingen. So könnte angenommen werden, daß Aufstiegs- und Entwicklungsmöglichkeiten innerhalb eines Betriebs vor allem denjenigen offenstehen, die qualifizierte Arbeit leisten. Qualifizierte Tätigkeiten sind wiederum durch höhere Regulations- und Kommunikationserfordernisse gekennzeichnet, so daß persönliche Entwicklungschancen im Betrieb u.U. maßgeblich durch die aufgabenbezogenen Ressourcen beeinflußt sein könnten. Methodisch betrifft dies das Problem der Kontrolle von Drittvariablen.

Inhaltlich führt dies zu der offenen Frage, ob sich bestimmte Einzelbelastungen oder Ressourcen finden lassen, die im Vergleich zu den anderen eine besonders dominante Rolle im betrieblichen Gesundheitsgeschehen spielen. Die bisherige Forschung legt es nahe, den Regulationserfordernissen eine solche dominante Rolle zuzuschreiben. Ob dies aber auch zutrifft, wenn man nicht nur Mikrofaktoren, sondern auch Meso- und Makrofaktoren berücksichtigt, ist ungeklärt.

Daraus ergibt sich die Frage nach der jeweiligen gesundheitlichen Relevanz der Einzelfaktoren. Welche Vorhersagekraft besitzen einzelne Belastungen und Ressourcen, wenn sie in Kombination miteinander auf die Gesundheit

einwirken? Im empirischen Teil dieser Arbeit werden diese Fragen aufgegriffen und weiterverfolgt.

Tabelle 3: Überblick über Ressourcen und Belastungen

	Mikroebene	Mesoebene	Makroebene
Ressourcen			
in der Arbeit lie-gend	hohe Regulationser-fordernisse: ❐ Ganzheitlichkeit ❐ Lernmöglichkeiten ❐ Autonomie ❐ Zeitspielräume ❐ Sinnhaftigkeit ❐ Kooperations-/ Kommunikationser-fordernisse ❐ Anforderungsviel-falt	❐ Aufstiegsmög-lichkeiten ❐ allgemeine, abtei-lungsübergreifende organisatorische Bedingungen ❐ Möglichkeiten zur Mitbestimmung und Partizipation ❐ transparente Infor-mations- und Kom-munikationsstruk-turen	❐ Berufsarbeit selbst ❐ außerbe-triebliche Unterstüt-zungs-systeme
sozial	❐ Soziale Unterstüt-zung ❐ Offene Kommuni-kation	❐ gutes Betriebsklima ❐ betriebliche Fürsorge ❐ betriebliche Aner-kennungssysteme	
Belastungen			
in der Arbeit lie-gend	Regulationshindernisse: ❐ Unterbrechungen ❐ motorische u. in-formatorische Erschwerungen Regulationsüberforde-rungen: ❐ Monotonie ❐ Zeitdruck ❐ Umgebungs-bedingungen	❐ gesundheits-beeinträchtigende Arbeitszeiten, z.B. Überstunden, Schichtarbeit ❐ unzureichende ab-teilungsübergrei-fende Arbeitsorga-nisation	❐ Arbeitsplatz-unsicherheit ❐ Kollision von An-forderungen in Beruf und Familie
sozial	❐ Fehlende soziale Unterstützung ❐ Konflikthafte Ar-beitsbeziehungen ❐ Restriktives Füh-rungsverhalten	❐ Schlechtes Be-triebsklima	

4 METHODIK

Wie bereits aufgezeigt wurde, ist die Arbeits- und Organisationspsychologie als angewandte Wissenschaft aufgefordert, für eine wissenschaftliche Praxis gegenstandsangemessene Methoden bereitzustellen, um ein möglichst umfassendes Abbild der Gesundheit und gesundheitsrelevanter Arbeitsbedingungen zu liefern. Dies soll eine Bewertung der Ist-Situation ermöglichen und zu gesundheitsförderlichen Interventionsvorschlägen führen (vgl. Bamberg et al., 1998; Frieling, 1993). Sofern die Analyse überprüfbare, reproduzierbare und verläßliche Daten liefern soll, sind bestimmte methodische und theoretische Anforderungen zu erfüllen (vgl. z.B. Frieling, 1993; Dunckel, 1997).

Im vorangegangenen Kapitel wurde auf dem Hintergrund relevanter arbeitswissenschaftlicher Theorien begründet, welche Merkmale und Untersuchungseinheiten für eine betriebliche Gesundheitsanalyse relevant sind. Damit wurde der Forderung nach einer theoretischen Fundierung geeigneter Methoden und Verfahren nachgekommen (z.B. Frieling, 1990; Oesterreich & Volpert, 1987). In diesem Kapitel stehen methodische und praxisrelevante Anforderungen im Mittelpunkt, die an Analyseinstrumente in der betrieblichen Gesundheitsförderung zu stellen sind. Auf dem Hintergrund theoretischer, methodischer und praxisrelevanter Anforderungen werden dann verschiedene Analysemethoden und -instrumente ausgewählt, die im Rahmen einer betrieblichen Gesundheitsanalyse zum Einsatz kommen können.

Zunächst wird jedoch die Funktion und Aufgabe der betrieblichen Gesundheitsanalyse konkretisiert, da die Anforderungen, die an Analyseinstrumente zu stellen sind, eng mit dem Ziel der Analyse verknüpft sind (Frei, 1981).

4.1 Funktion und Aufgabe

(Arbeits-)analytische Methoden können als eine spezielle Art der Problemlösung bezeichnet werden und erhalten ihre Bedeutung immer erst im jeweiligen Untersuchungskontext. Methoden stellen die Vermittlung zwischen Theorie, Empirie und Praxis dar und müssen dem jeweiligen Gegenstand und dem Ziel einer Untersuchung angepaßt werden (Dunckel, 1997).

Eine betriebliche Gesundheitsanalyse dient in erster Linie der Vorbereitung von Interventionen: Sie soll begründete Hinweise auf geeignete Interventionsschwerpunkte liefern, und sie soll möglichst auch Aussagen darüber liefern, wie und mit welchen Methoden interveniert werden soll (Abschnitt 4.1.1). In Hinblick auf ihre aktivierende und motivierende Funktion ist sie aber gleichzeitig selbst schon Intervention. Das heißt, daß es eine weitere Funktion der Analyse ist, die Gesundheit der Beschäftigten z.B. im Sinne der

Kompetenzerweiterung positiv zu beeinflussen (Abschnitt 4.1.2). Abschließend dient eine betriebliche Gesundheitsanalyse der Evaluation, also der
Überprüfung erfolgter Interventionen in Hinblick auf ihre Wirkungen und
ihren Nutzen (Abschnitt 4.1.3).

4.1.1   Analyse zur Interventionsvorbereitung

Um Hinweise auf Interventionsschwerpunkte liefern zu können, ist zunächst
eine Erhebung der aktuellen Situation erforderlich. Die Ergebnisse werden in
einem zweiten Schritt bewertet, um aus der Bewertung in einem dritten
Schritt Ziele für die Intervention abzuleiten. *Was* in einer umfassenden Gesundheitsanalyse untersucht werden sollte, wurde im vorangegangenen Kapitel dargestellt. *Wie* die Arbeitsbedingungen in Hinblick auf die Gesundheit
zu bewerten sind, ist abhängig von den zugrunde gelegten Bewertungskrite-
rien.

4.1.1.1   *Bewertung als Voraussetzung gesundheitsförderlicher Intervention*

Für die gesundheitliche Bewertung von Arbeitstätigkeiten liegen arbeitswissenschaftliche Kriterien vor, die von Hacker & Richter (1980) in einem hier-
archischen System zusammengefaßt wurden, welches von unten nach oben
die Bewertungsebenen '(1) Ausführbarkeit, (2) Schädigungslosigkeit, (3)
Beeinträchtigungsfreiheit und (4) Persönlichkeitsförderlichkeit' beinhaltet.[7]
Der hierarchische Aufbau der Bewertungsebenen bedeutet, daß *im Bewertungsprozeß vor* der Beurteilung der nächst höheren Ebene geprüft werden
sollte, ob die Mindestanforderungen der darunterliegenden Ebene erfüllt
sind. Ist dies nicht der Fall, sollte die Intervention zunächst darauf gerichtet
sein, diese Mindestanforderungen zu erfüllen, bevor man sich der nächsten
Bewertungsebene zuwendet. Die folgende Tabelle zeigt das System zur Bewertung von Arbeitstätigkeiten nach Hacker und Richter (1980).

In diesem Bewertungssystem vereinigen sich arbeitsmedizinische und arbeitspsychologische Erkenntnisse. Während die Ebenen der Ausführbarkeit
und Schädigungslosigkeit v.a. Unfallgefahren, Umgebungsbelastungen und
ergonomische Fragen betreffen, ist für die Beurteilung der Beeinträchtigungsfreiheit einer Tätigkeit auch eine Analyse psychischer und sozialer
Belastungen erforderlich. Um die Persönlichkeitsförderlichkeit einschätzen
zu können, ist darüber hinaus eine Analyse der Arbeitsanforderungen und der
Regulationserfordernisse notwendig. Insofern liegt ein Vorteil dieses Be-
wertungssystems darin, daß 'salutogene' und 'pathogene' Beurteilungsdi-

---

[7] Das Bewertungssystem von Hacker und Richter nimmt Bezug auf das Bewertungssystem von
Rohmert (1972), der als Bewertungsebenen 'die Ausführbarkeit, die Erträglichkeit, die Zumutbarkeit und die Zufriedenheit' unterscheidet. Eine Kritik an diesem Modell findet sich
bei Ulich, 1998.

mensionen enthalten sind. Der salutogenen, gesundheits*förderlichen* Beurteilungsdimension entspricht die Ebene der Persönlichkeitsförderlichkeit, den pathogenen Dimensionen gehören die Bewertungsebenen 'Ausführbarkeit, Schädigungslosigkeit' und 'Beeinträchtigungsfreiheit' an.

Tabelle 4: Bewertungssystem von Arbeitstätigkeiten nach Hacker und Richter (1980)

	Bewertungs-ebene	Unterebenen		beispielhafte Kriterien
4	Persönlich-keits-förderlich-keit	⇨ Weiterentwicklung... ⇨ Erhaltung... ⇨ Rückbildung...	...von Fähigkeiten/ Fertigkeiten	Zeitanteile für selbständige Verrichtungen, schöpferische Verrichtungen, erforderliche Lernaktivitäten
3	Beeinträchti-gungsfreiheit	⇨ ohne bzw. mit zumutbaren Beeinträchtigungen ⇨ bedingt zumutbare Beeinträchtigungen ⇨ nicht zumutbare Beeinträchtigungen (funktionelle Störungen)		Negative Veränderungen psychophysiologischer Kennwerte (EEG, EKG) Befindensbeeinträchtigungen
2	Schädi-gungs-losigkeit	⇨ Gesundheitsschäden ausgeschlossen ⇨ Gesundheitsschäden möglich ⇨ Gesundheitsschäden hoch wahrscheinlich		MAK Werte Arbeitsunfähigkeit Berufsunfähigkeits-Morbidität Unfälle/ASAO
1	Ausführbar-keit	⇨ uneingeschränkte Ausführbarkeit ⇨ bedingte, eingeschränkte Ausführbarkeit ⇨ zuverlässige Ausführbarkeit nicht gewährleistet		Anthropometrische Normen Sinnesphysiologische Normwerte

Das Bewertungssystem weist ferner auf eine interdisziplinäre Arbeitsteilung hin. Die Schaffung ausführbarer Arbeitsbedingungen ist meist eine Angelegenheit von Ingenieuren, Produktionsplanern und Entwicklern (Frieling & Sonntag, 1987) und gehört im engeren Sinne nicht zur Aufgabe der betrieblichen Gesundheitsförderung. Die Bewertung möglicher Schädigungen gehört zum engeren Aufgabengebiet des Betriebsarztes und des betrieblichen Arbeitsschutzes. In das Handlungsfeld der betrieblichen Gesundheitsförderung und auch der Arbeits- und Organisationspsychologie fällt die Prüfung und Schaffung beeinträchtigungsfreier und persönlichkeitsförderlicher Arbeitsbedingungen. Es zeigt sich damit, daß eine umfassende Betrachtung gesundheitsrelevanter Arbeitsbedingungen nur in multidisziplinärer Abstimmung erfolgen kann.

In Hinblick auf den Analyse- und den Interventionsprozeß hat das Bewertungssystem folgende Vorteile. Der Interventionsprozeß kann anhand der Kriterien in zwei Richtungen strukturiert werden. Die bisher im betrieblichen Arbeits- und Gesundheitsschutz übliche Maßnahmengewichtung erfolgte von unten nach oben aufsteigend. In dieser Logik haben Interventionsmaßnahmen zur Gewährleistung der Schädigungslosigkeit Vorrang vor Maßnahmen zur Reduzierung von Beeinträchtigungen oder zur Förderung der Persönlichkeit.

Aus der Perspektive der Gesundheits*förderung* ist jedoch eher eine Strukturierung des Interventionsprozesses von oben nach unten wünschenswert. So können Maßnahmen daraufhin gewichtet werden, ob sie mehrere Bewertungsebenen gleichzeitig berühren, ob sie also z.B. persönlichkeitsförderlich wirken *und gleichzeitig* Schädigungen oder Beeinträchtigungen reduzieren. Sind solche Maßnahmen vorstellbar, hätten diese in einer Maßnahmengewichtung erste Priorität.

Das Bewertungsschema strukturiert den Analyseprozeß in der Weise, daß Aussagen zu allen Bewertungsdimensionen gemacht werden müssen. Es zeigt sich schon an dieser Stelle, daß ein einzelnes Instrument kaum in der Lage sein dürfte, zu allen Dimensionen differenzierte Hinweise zu geben. Kommen verschiedene Analyseverfahren zum Einsatz, können die Ergebnisse, die mit den einzelnen Verfahren erzielt werden, den Bewertungsebenen zugeordnet werden, bis sich ein vollständiges Bild ergibt.

Diese Strukturierung der Analyse ist sehr hilfreich, da sich die Praxis der betrieblichen Gesundheitsförderung häufig darauf beschränkt, Analysen durchzuführen, die lediglich Aussagen zu den unteren drei Ebenen machen können. Betriebsärztliche Begehungen oder Befragungen der Beschäftigten haben beispielsweise häufig ‚nur' das Ziel, pathogene, gesundheitsbeeinträchtigende Strukturen zu ermitteln. Auf eine 'salutogene' Analyse der Persönlichkeitsförderlichkeit wird meistens verzichtet, womit ein zentrales Spezifikum der Gesundheitsförderung in der Analyse vernachlässigt wird.

Dies hat wiederum weitreichende Auswirkungen auf spätere Interventionen, denn wo keine Defizite ermittelt wurden, kann auch kein Handlungsbedarf erkannt werden. Das heißt, die meisten Verfahren sind auf die Analyse pathogener Anteile der Arbeit beschränkt und ermöglichen folglich keine über Prävention hinausgehenden gesundheitsförderlichen Interventionen.

Um daher gesundheitsförderliche Interventionen durchführen zu können, ist eine Analyse gesundheitsförderlicher Merkmale erforderlich. Das von Hakker und Richter (1980) vorgelegte Bewertungssystem gewährleistet somit, den Blick auch auf diese gesundheitsförderlichen Anteile der Arbeit zu richten.

4.1.1.2   Hinweise auf die Interventionsart und -methode

Aus einer Bewertung der gesundheitlichen Situation sind Hinweise auf mögliche Interventionsschwerpunkte ableitbar, eine konkrete Empfehlung in Hinblick auf die Art der Intervention oder die Interventionsmethode ergibt sich jedoch nicht automatisch, sondern ist abhängig von dem eingesetzten Analyseverfahren. Welches Verfahren welche Interventionsempfehlungen impliziert, wird im folgenden noch ausgeführt (Abschnitt 4.3).

Aus den meisten Analysen, insbesondere Screenings und Schwachstellenanalysen, lassen sich keine eindeutigen Hinweise ableiten, welche Interventionen erforderlich sind, um bestimmte Situationen zu verändern. In den meisten Fällen bleibt die Entscheidung, wie weiter zu verfahren ist, dem Wissen und der Qualifikation der Akteure überlassen (Bamberg & Metz, 1998). Eine Ausnahme stellen theoriegeleitete psychologische Arbeitsanalyseverfahren dar, aus denen auf unterschiedlichem Konkretheitsniveau Interventionsvorschläge abgeleitet werden können (siehe Abschnitt 4.3.2.1).

4.1.1.3   Ermittlung von Interventionsbedingungen

Im Rahmen der Interventionsvorbereitung ist es ein weiteres Ziel, durch die Analyse die Interventionsspielräume und -bedingungen, die im jeweiligen Betrieb gegeben sind, zu ermitteln. Hier steht die Frage im Mittelpunkt, welche Gestaltungsspielräume im Betrieb grundsätzlich vorhanden sind und welche Abstimmungserfordernisse in bezug auf andere betriebliche Aktivitäten (z.B. Qualitätssicherung) bestehen. So sind folgende Fragen zu klären:

- Welche Konzepte der Arbeitsorganisation werden derzeit realisiert?
- Welche technischen und organisatorischen Änderungen sind betrieblicherseits geplant bzw. akzeptiert?
- Welcher Aufwand (materiell/finanziell) ist vertretbar?
- Welche anderen betriebsweiten Aktivitäten finden statt, die die Gesundheit der Beschäftigten beeinflussen?

Vorrangiges Ziel ist es hier, die Aktivitäten der betrieblichen Gesundheitsförderung in das betriebliche Gesamtsystem zu integrieren, insofern kann diese Analyse auch als *Schnittstellenanalyse* bezeichnet werden. Eine Schnittstellenanalyse ist besonders für den Erfolg verhältnisändernder Interventionen unverzichtbar, da hier in der Regel zahlreiche Überschneidungen mit anderen betrieblichen Verantwortungsbereichen zu berücksichtigen sind. Da der Schwerpunkt dieser Arbeit in der Analyse gesundheitsrelevanter Arbeitsbedingungen liegt, wird im folgenden auf die Ermittlung von Interventionsspielräumen und -bedingungen nicht weiter eingegangen.

4.1.2   Analyse als Interventionsbestandteil

Nach Laaser, Hurrelmann und Wolters (1993) sind in den Gesundheitswissenschaften mit dem Begriff 'Intervention' „... alle gezielten Veränderungen von sozialen Verhältnissen gemeint, die auf eine Beeinflussung der Gesundheit bzw. des Gesundheitsverhaltens von Menschen durch Veränderung seiner Rahmenbedingungen zielen. Zugleich sind hiermit alle direkten (u.a. auch verhaltensmedizinischen) Angebote für die Einleitung von Verhaltensänderungen beim einzelnen gemeint" (ebenda, S. 178).

Spätestens seit den bekannten und mittlerweile kritisch diskutierten Hawthorne-Studien von Mayo u.a. ist bekannt, daß bereits eine systematische Untersuchung von Arbeitsbedingungen, durch Befragung oder Beobachtung, Effekte vor allem in den sozialen Beziehungen verursacht (neuere kritische Anmerkungen hierzu vgl. Greif, 1993). Dieses Wissen wurde in den vierziger Jahren von Lewin und Mitarbeitern im Rahmen gruppendynamischer Organisationsgestaltung aufgegriffen und zielgerichtet im ‚survey-feedback' eingesetzt. Dieses Verfahren, das als Partizipations- und Motivationsinstrument entwickelt wurde, sieht vor, daß "empirische Daten im Sinne der herkömmlichen Sozialforschung erhoben werden, jedoch dann nicht an die Experten, sondern an die Betroffenen selbst weitergeleitet werden, die auf der Grundlage der so erhaltenen Informationen ihre Situation selbst zu modifizieren versuchen" (Gebert, 1993, S. 484). Nach Gebert bestätigen zahlreiche Untersuchungen, daß die Motivation der Organisationsmitglieder im Anschluß an survey-feedback-Prozesse erkennbar zunimmt. Während die Analyse nicht unbedingt als geplante und beabsichtigte Intervention erfolgt, ist das Feedback der Analyseergebnisse in der Regel immer eine intendierte zielgerichtete Intervention. So wird beispielsweise die Prozeßevaluation häufig als ein Beratungsbestandteil in betrieblichen Veränderungsprozessen herangezogen (vgl. Westermayer & Liebing, 1992).

4.1.2.1   Beteiligungsorientierte Analyseverfahren

Beteiligungsorientierte Analyseverfahren zeichnen sich dadurch aus, daß Analyse, Bewertung und Gestaltung hier als ein einheitlicher Prozeß und nicht als getrennte Schritte durchgeführt werden (Schüpbach, 1993). Kommen solche Analyseverfahren zum Einsatz, kann die Analyse selbst bereits als gesundheits*förderliche* Intervention bezeichnet werden, da Kompetenzen der Beschäftigten abgefordert und gleichzeitig erweitert werden. Beschäftigte analysieren hier selber als Experten ihre konkrete Situation, der externe Experte hat in diesen Verfahren eine moderierende, strukturierende und begleitende Funktion. Das Wissen und die Sichtweise der Beschäftigten entscheiden somit maßgeblich über die Inhalte der Analyse und ihre Ergebnisse. Beteiligungsorientierte Analyseverfahren eröffnen Veränderungsperspektiven, die gemeinsam erarbeitet werden und die voraussetzen, daß man die eigene Situation als veränderbar und entwicklungsfähig begreift.

Bamberg und Metz (1998) nennen als typische Beispiele beteiligungsorientierter Analyseverfahren die subjektive Tätigkeitsanalyse (Ulich, 1981), die kollektive Tätigkeitsanalyse (Neubert & Thomczyk, 1986) sowie verschiedene Aktivierungs- und Stimulationsmethoden wie z.B. die Zukunftswerkstatt.

Die Verfahren unterscheiden sich hinsichtlich des Aufwands, im konkreten Vorgehen und in der Teilnehmerzusammensetzung. So erfolgt die subjektive Tätigkeitsanalyse unter Ausschluß der Beschäftigten, während die kollektive Arbeitsanalyse diese in die Analyse einschließt. Gemeinsam ist jedoch allen Verfahren, daß die Beschäftigten als Experten ihrer Arbeitsbedingungen diese selbständig analysieren und Lösungsmöglichkeiten erarbeiten (Bamberg & Metz, 1998).

Speziell für die betriebliche Gesundheitsförderung entwickelte beteiligungsorientierte Analyseverfahren mit einem starken Interventionscharakter sind *Gesundheitszirkel*. Gesundheitszirkel sind zeitlich begrenzte betriebliche Arbeitsgruppen, die dazu dienen, Belastungen und Ressourcen am Arbeitsplatz zu ermitteln, Ursachen zu analysieren und Lösungsvorschläge zu entwickeln. Welche Belastungen und Ressourcen im Mittelpunkt der Analyse stehen, kann nicht vorab festgelegt werden. Die Teilnehmer des Zirkels wählen die Arbeitsbedingungen aus, die sie als belastend oder als unterstützend erleben. Man unterscheidet heute zwei „klassische" Zirkelansätze: das 'Düsseldorfer Modell' und das 'Berliner Modell' (Westermayer & Bähr, 1994).

Unterschiedlich sind in beiden Modellen die Teilnehmerzusammensetzung und die organisationale Verankerung des Zirkels. Während sich im „expertenorientierten" Düsseldorfer Modell ein Zirkel aus drei bis fünf gewählten Beschäftigten, dem Betriebsarzt, dem Betriebsrat, dem Betriebsleiter, einer Sicherheitsfachkraft oder einem Ergonomen und einem Moderator zusammensetzt, bildet sich ein Gesundheitszirkel nach dem Berliner Modell aus Mitarbeitern einer Hierarchieebene und einem externen Moderator.

Im Berliner Modell wird der Gesundheitszirkel durch ein Steuergremium, den sogenannten Arbeitskreis Gesundheit ergänzt, in dem ein Vertreter der Werksleitung, der Betriebsarzt, ein Vertreter der Personalabteilung, der Arbeitssicherheit und des Betriebsrates vertreten sind. Vorteil des Düsseldorfer Modells ist, daß die Umsetzung der erarbeiteten Lösungsvorschläge unmittelbarer erfolgen kann, weil alle relevanten Entscheider und Fachexperten an der Ausarbeitung der Lösung beteiligt waren. Der Nachteil dieser Konzeption liegt darin, daß bei dieser Teilnehmerzusammensetzung nur solche Probleme behandelt werden, die über die Hierarchieebenen hinaus „unstrittig" sein dürften. Belastungen durch Führungsdefizite werden bei Anwesenheit der Führungsebene wohl kaum von den Beschäftigten offen thematisiert werden.

Der Vorteil des Berliner Modells liegt darin, daß die Teilnehmer sich im Zirkel offen über alle Belastungen äußern können. Der Nachteil liegt in der verzögerten Umsetzung der erarbeiteten Lösungsvorschläge, weil zunächst das Votum des Arbeitskreises Gesundheit abgewartet werden muß (genauer zu den beiden Modellen vgl. Westermayer & Bähr, 1994). Ein spezielles Zirkelkonzept wird noch am Ende dieses Kapitels ausführlicher dargestellt.

Bamberg & Metz (1998) weisen darauf hin, daß eine Reihe von Voraussetzungen erfüllt sein müssen, um die Beschäftigten tatsächlich zur kritischen und konstruktiven Auseinandersetzung mit ihrer Arbeitssituation anzuregen:

- „Analyse, Bewertung und Entwurf von Sollzuständen haben kollektiv zu erfolgen,
- Problembewußtsein und Transparenz der Problembearbeitung sind dafür erforderlich,
- als Gegenstand oder Inhalt der Analyse und Gestaltung sollten bedeutsame Aspekte der Arbeitstätigkeit gewählt werden,
- die Adressaten sollten die Ergebnisse nutzen können, damit eine Orientierung an den objektiven Interessen der Beschäftigten gewährleistet ist,
- Pläne für die Veränderung der Situation sind so zu entwerfen, daß sie sich nicht nur auf isolierte Aspekte beziehen,
- es ist zu gewährleisten, daß die Methoden prinzipiell wiederholt einsetzbar sind“ (ebenda, S.179).

Insgesamt ist zu berücksichtigen, daß sich der gesundheitsförderliche Effekt von Gesundheitszirkeln zunächst nur auf die Beschäftigten, die an dem Zirkel teilnehmen, beschränkt. Erarbeitet ein Gesundheitszirkel grundsätzliche Vorschläge zur Erweiterung von Handlungs- und Entscheidungsspielräumen und werden diese auch umgesetzt, erweitert sich die prospektive Wirkung über den Kreis der Zirkelteilnehmer hinaus. Innerhalb eines gesamten Betriebs kann die Wirkung beteiligungsorientierter Verfahren zwar als sehr intensiv, aber eher als eng umgrenzt beschrieben werden.

Sollen viele oder alle Beschäftigte eines Betriebs erreicht werden, sind schriftliche Befragungen durchzuführen. Befragungen haben unter bestimmten Voraussetzungen ebenfalls eine intervenierende Funktion. Werden Befragungen durch eine intensive Information über Ziele und Hintergründe vorbereitet und die Ergebnisse der Befragung an die Beschäftigten rückgemeldet, kann auf diese Weise für anstehende Maßnahmen und Veränderungen aktiviert und motiviert werden.

In diesem Sinne können breit angelegte Befragungen Voraussetzungen für zukünftige gesundheitsförderliche Maßnahmen schaffen, indem sie Aufmerksamkeit für die Sache herstellen, indem sie eine Auseinandersetzung anregen und dadurch Veränderungsbereitschaft herstellen. Schriftliche Befragungen können eine Breitenwirkung entfalten, da alle Beschäftigte erreicht werden können.

Grundsätzlich ist für die erfolgreiche Anwendung beteiligungsorientierter Analyseverfahren ein fundiertes methodisches Wissen auf der Seite der Ak-

teure erforderlich, das sich auf die Gestaltung betrieblicher Veränderungs-
prozesse, Dynamik, Erfolgsbedingungen und Risiken bezieht (vgl. Frei et al.,
1993; Stein & Westermayer, 1996).

4.1.2.2 Klassifikationen von Interventionen

Interventionen in der betrieblichen Gesundheitsförderung können danach
unterschieden werden, ob sie verhaltens- oder verhältnisorientiert (Liepmann
& Felfe, 1997; Schröder, 1996) ausgerichtet sind bzw. ob sie korrektiv, prä-
ventiv oder prospektiv orientiert sind (Ulich, 1998). Eine alternative Bezeichnung für verhaltens- und verhältnisorientierte Strategien ist die Unterscheidung in personen- und bedingungsbezogene Interventionen (ausführlich
siehe Ducki, 1998c).

Während die erste Unterscheidung nach Ansatzpunkten differenziert, klassifiziert die zweite nach dem Wirkungsgrad der Intervention. Nach Ulich sind
korrektive Interventionen solche, die erkannte Mängel korrigieren, präventive Interventionen nehmen gesundheitliche Schädigungen und psychosoziale
Beeinträchtigungen in der Phase der Planung von Arbeitssystemen vorweg
und versuchen, diese durch geeignete Gestaltung von Arbeitsabläufen gar
nicht erst entstehen zu lassen. Prospektive Interventionen schaffen, über die
Vermeidung von gesundheitlichen Gefährdungen hinausgehend, Möglichkeiten der Persönlichkeitsentwicklung, z.B. durch die Erweiterung von Tä-
tigkeitsspielräumen, die durch die Beschäftigten in unterschiedlicher Weise
genutzt werden können (Ulich, 1998, S.146).

Prospektive Strategien schließen damit präventive und korrektive Interventionen ein. Für die betriebliche Gesundheits*förderung* sind besonders die
prospektiven Strategien von Bedeutung, da nur durch sie gewährleistet wird,
daß die Persönlichkeit und die Kompetenzen der Beschäftigten weiterentwickelt und nachhaltige Veränderungen eingeleitet werden können.

4.1.3 Analyse als Voraussetzung für Evaluation

Abschließend ermöglicht eine Analyse der Ausgangssituation eine Evaluation erfolgter Interventionen. Evaluation, verstanden als „systematische Erfah-
rungsaufbereitung mit dem Ziel der Bewertung von Handlungsalternativen"
(Wottawa, 1986, S. 705), ist erforderlich, wenn Wirksamkeit und Nutzen
erfolgter Interventionen überprüft werden sollen. Man unterscheidet die Er-
gebnis- und die Prozeßevaluation voneinander. Während bei der Ergebnise-
valuation eine abschließende Beurteilung nach zuvor festgelegten Kriterien
im Vordergrund steht, wird in der Prozeßevaluation der gesamte Problemlö-
seprozeß von der Zielentstehung bis zur Maßnahmenumsetzung und ihren
Ergebnissen betrachtet. Evaluation übernimmt hier eher eine intervenierende
Beratungsfunktion, um die Maßnahme durch prozeßbegleitende Rückmeldung zu optimieren (Felfe, 1992).

In beiden Evaluationsformen ist jedoch eine genaue Dokumentation und Analyse der Ausgangslage notwendige Voraussetzung.

Besonders unter dem Gesichtspunkt der Qualitätssicherung bekommt eine wissenschaftliche Evaluation in der betrieblichen Gesundheitsförderung zunehmende Bedeutung, auch wenn sie bislang in der Praxis viel zu selten realisiert wird (vgl. Badura & Ritter, 1998). Bei der Konzipierung einer wissenschaftlich fundierten Evaluation ist jedoch unbedingt der zuvor erwähnte intervenierende Aspekt der Analyse zu berücksichtigen. Da die Analyse selbst häufig schon Bestandteil des Treatments ist, sind die Ergebnisse der Ausgangsanalyse genau genommen keine 'treatmentfreien' Ergebnisse. Eine Aussage über die Wirksamkeit einer Maßnahme, die z.B. über einen Vorher-Nachher-Vergleich vorgenommen wird, ist damit nur eingeschränkt möglich.

4.1.4 Zusammenfassung

Betrachtet man zusammenfassend die Funktion und Aufgabe betrieblicher Gesundheitsanalysen, ergeben sich folgende Spezifizierungen für die Auswahl geeigneter Instrumente:

Zur Ist-Analyse gehört eine Bewertung der Arbeitsbedingungen hinsichtlich ihres pathogenen *und* salutogenen Potentials. Die betriebliche Gesundheitsanalyse muß Aussagen zur Ausführbarkeit, Schädigungslosigkeit, Beeinträchtigungsfreiheit und Persönlichkeitsförderlichkeit der Arbeit machen. Es sollten konkrete Interventionsvorschläge begründbar und ableitbar sein. Um prospektive Interventionen ableiten zu können, ist eine Ressourcenanalyse erforderlich.

Die betriebliche Gesundheitsanalyse soll Interventionsspielräume als auch ihre Bedingungen aufzeigen. Aufgrund der aktivierenden Breitenwirkung sollten Befragungen Bestandteil einer umfassenden betrieblichen Gesundheitsanalyse sein.

Aufgrund der Programmatik der Gesundheitsförderung und des gesundheitsförderlichen Charakters sollten möglichst beteiligungsorientierte Analyseverfahren (Gesundheitszirkel) zum Einsatz kommen. Eine betriebliche Gesundheitsanalyse dient der Evaluation erfolgter Maßnahmen.

4.2   Grundlagen

In den verschiedenen Grundlagendisziplinen der betrieblichen Gesundheitsförderung gibt es eine Vielzahl von Analysemethoden und Instrumenten zur Diagnose von Arbeit und Gesundheit. Arbeitsmediziner haben ein breites Analyserepertoire zur Ermittlung der unterschiedlichen physikalisch-chemischen Risikofaktoren (Konietzko & Dupuis, 1989), Arbeitspsychologen verfügen über zahlreiche Instrumentarien zur Arbeitsanalyse (einen Überblick gibt Dunckel, 1999).

Westhoff (1993) gibt einen Überblick über die Vielzahl von Instrumenten zur Erfassung psychischer Gesundheit. Die Diagnoseinstrumente unterscheiden sich je nach Ziel und Fragestellung grundlegend hinsichtlich ihrer Merkmalsdimension, ihres Konkretheitsniveaus und ihres Umfangs. Es stellt sich die Frage, *welche* Analysemethoden und Instrumente *aus arbeitspsychologischer Perspektive* geeignet sind, um den Gesundheitsstatus einer Organisation angemessen zu erfassen und zu analysieren. Hierbei gilt es zu berücksichtigen, daß es nicht *eine* Analysemethode in der betrieblichen Gesundheitsförderung gibt, „vielmehr ist es erforderlich, anwendungsspezifisch erforderliche Parameter zu formulieren und – soweit möglich – aus der Vielzahl bestehender Verfahren auszuwählen" (Frei, 1981, S.26).

Grundsätzlich können die für betriebliche Gesundheitsanalysen in Frage kommenden Instrumente danach unterschieden werden, ob ihr Gegenstand die Arbeit oder die Gesundheit der Beschäftigten ist. Da in der Arbeits- und Organisationspsychologie Gesundheitsanalysen vorwiegend im Rahmen von Arbeitsanalysen durchgeführt wurden, die der Erforschung und der Verbesserung der Arbeitsbedingungen zur Reduzierung negativer Beanspruchungsfolgen dienten, wird im folgenden der Forschungs- und Entwicklungsstand von Arbeitsanalysen als Grundlage betrieblicher Gesundheitsanalysen dargestellt.

4.2.1   Arbeitsanalysen

Arbeitsanalysen sind zunächst „systematische Beschreibungen eines Arbeitssystems, einer Arbeitssituation, des Arbeitsablaufs sowie der spezifischen Anforderungen an den arbeitenden Menschen" (Staehle, 1991, S. 636f.). Da eine Arbeitssituation eine Vielzahl sozialer und technischer Bezüge enthält, können zahlreiche unterschiedliche Dimensionen untersucht werden. Entsprechend groß ist auch die Menge bereits entwickelter Arbeitsanalyseverfahren, die unterschiedlichen Zwecken dienen kann (einen Überblick liefert Dunckel, 1999).

In dieser Gesamtstrategie kommen Instrumente mit unterschiedlichem Auflösungsgrad zum Einsatz. Es können Screenings, Schwachstellenanalysen und Detailanalysen unterschieden werden, die in der Reihenfolge zunehmender Konkretheit zum Einsatz kommen sollten (z.B. Nohl, Junkind-Butz & Schweres, 1987).

Gegenstand *psychologischer* Arbeitsanalysen ist die konkrete Arbeitstätigkeit als psychisch regulierte Tätigkeit. Untersucht wird der Prozeß, die psychische Struktur und die Regulation menschlicher Arbeitstätigkeiten im Zusammenhang mit ihren Bedingungen und Auswirkungen (Frei, 1981).

Psychologische Arbeitsanalysen bleiben damit nicht bei einer Beschreibung von Abläufen und technischen Gegebenheiten stehen, sondern untersuchen die „Tiefenstruktur" (Schüpbach, 1993) und die Wirkung der Tätigkeit auf den Menschen und sind daher in der Lage, Aussagen über die persönlichkeitsförderliche oder beeinträchtigende Wirkung der Arbeit zu machen und Anhaltspunkte für eine menschengerechte Gestaltung der Arbeit zu liefern.

Aufgabenanalysen ermitteln die Handlungsforderungen und -behinderungen, die sich durch die Aufgabenstellung und ihre Ausführungsbedingungen ergeben und eignen sich daher besonders für die Analyse der Tiefenstruktur der Arbeit. Psychologische Aufgabenanalysen sind in der betrieblichen Gesundheitsförderung besonders bedeutsam, da die Gesundheitsförderlichkeit einer Arbeit abhängig ist von den Aufgabenmerkmalen und den Arbeitsinhalten.

Allerdings gilt es zu berücksichtigen, daß eine Aufgabenanalyse zwar einen sehr bedeutsamen, gleichzeitig aber nur sehr kleinen Ausschnitt gesundheitsrelevanter Arbeitsbedingungen erfaßt. Bedingungen, die nach Semmer (1997) der Meso- oder Makroebene des Betriebes zugeordnet werden, können mit Aufgabenanalysen nicht erfaßt werden. Das bedeutet, daß neben Aufgabenanalysen auch Analyseinstrumente zum Einsatz kommen müssen, die gesundheitsrelevante Merkmale der Arbeit auf der Meso- und Makroebene erfassen können.

Soll ein ganzer Betrieb analysiert werden, ist eine komplexe Arbeitssystemanalyse erforderlich, in der verschiedene Instrumente in einer schrittweise vertiefenden Gesamtstrategie zum Einsatz kommen (Hacker & Matern, 1980; Strohm & Ulich, 1997). Schüpbach (1993) unterscheidet folgende Ebenen der Analyse:

- Analyse der Betriebsorganisation (Analyse des soziotechnischen Gesamtsystems; Einbettung in das betriebliche Umfeld)
- Analyse der kollektiven Arbeitsorganisation (Analyse von Kooperation und Kommunikationsmöglichkeiten, Interaktion, Mensch und Technik)
- Analyse der individuellen Arbeitsgestaltung (Analyse der psychischen Regulationsgrundlagen sowie deren Bewertung).

Es läßt sich festhalten, daß für eine umfassende Analyse eine schrittweise vertiefende Analysestrategie erforderlich ist, die neben Aufgabenanalysen auch Analysen gesundheitsrelevanter Arbeitsmerkmale auf der Meso- und Makroebene enthalten sollte.

Im folgenden werden Anforderungen dargestellt, denen Methoden und Verfahren genügen müssen, wenn sie als wissenschaftlich fundierte Verfahren bezeichnet werden sollen.

4.2.2   Wissenschaftliche Anforderungen

4.2.2.1   Theoretische Fundierung

Auf die Notwendigkeit einer theoretischen Fundierung wurde bereits mehrfach hingewiesen. Aus diesem Grunde wird hier nur kurz der Vollständigkeit halber darauf eingegangen. Frei (1981) unterscheidet, ob die theoretische Fundierung pragmatisch erfolgt, oder ob es sich um eine wissenschaftliche theoretische Ableitung z.B. der Untersuchungsdimensionen handelt. Bei wissenschaftlichen Ableitungen müssen nach Frei die Grundlagentheorien (z.B. Streßtheorie, Handlungstheorie, Belastungs-Beanspruchungs-Modell) und ihr zugrunde liegendes Menschenbild expliziert werden.

Dunckel (1997) verweist darauf, daß bei der theoretischen Fundierung die wissenschaftstheoretischen Prinzipien wie Widerspruchsfreiheit und Ökonomie gelten, und betont, daß das Risiko sich widersprechender Theorien steigt, wenn einem Verfahren mehrere Theorien gleichzeitig zugrunde gelegt werden. Positiv formuliert heißt dies, daß bei der Verfahrensentwicklung möglichst wenige und konsistente Theorien herangezogen werden sollten.

Dies ist nicht nur für einzelne Verfahren und Instrumente von großer Wichtigkeit, sondern vor allem für die Entwicklung einer Gesamtstrategie. Werden verschiedene Analyseinstrumente eingesetzt, um gesundheitsrelevante Daten auf unterschiedlichen Ebenen einer Organisation zu ermitteln, sichert nur ein gemeinsamer theoretischer Bezugsrahmen die Vergleichbarkeit der Untersuchungsergebnisse und ihre eindeutige Interpretation (Ulich, 1998). Je vielfältiger die theoretischen Bezüge, desto schwieriger wird eine widerspruchsfreie Gesamtinterpretation der Ergebnisse.

4.2.2.2   Testgütekriterien

Nur wissenschaftlich abgesicherte Analyseverfahren gewährleisten die Qualität der Analyseergebnisse und damit verbunden die innerbetriebliche Akzeptanz der Ergebnisse, da nur so sichergestellt wird, daß die erzielten Ergebnisse nicht beliebig oder zufällig, sondern zuverlässig und gültig sind. Die zum Einsatz kommenden Analyseverfahren sollten daher auf Validität, Reliabilität und Objektivität überprüft und die Ergebnisse dieser Überprüfung nachvollziehbar veröffentlicht sein (Frieling, 1990; Oesterreich, 1992). Diese Forderung gilt in gleicher Weise für personen- und bedingungsbezogene Analyseverfahren.

4.2.2.3   Bedingungs- und personenbezogene Analyseverfahren

Die betriebliche Gesundheitsförderung unterscheidet bedingungs- und personenbezogene Interventionen. Bamberg und Metz (1998) weisen darauf hin, daß in der betrieblichen Gesundheitsförderung eine Kombination aus bedingungs- und personenbezogenen Ansätzen erforderlich ist. Auch Analyseverfahren können danach unterschieden werden, ob sie bedingungs- oder personenbezogen sind (Oesterreich & Volpert, 1987).

Mit bedingungsbezogenen Verfahren werden Merkmale der Situation, also beispielsweise der Arbeitssituation erhoben, und zwar abstrahierend von individuellen Besonderheiten. Für die Analyse der Arbeitstätigkeit bedeutet das, daß Merkmale der Arbeit erhoben werden, die für *alle* Personen, die diese Arbeitstätigkeit ausüben, gelten. Diese Merkmale werden auf einem theoretischen Hintergrund kategorisiert und in Hinblick auf ihre gesundheitlichen Wirkungen bewertet. Bedingungsbezogene Verfahren sind nur von hierfür geschulten Experten durchführbar, da arbeitswissenschaftliches Grundlagenwissen erforderlich ist, um die vorgefundenen Sachverhalte eindeutig zu klassifizieren und zu bewerten. Gleichzeitig kann eine bedingungsbezogene Analyse nicht als ‚expertokratische' Analyse bezeichnet werden, bei der das Wissen und die Erfahrung der Beschäftigten unberücksichtigt bliebe (Udris & Ulich, 1987). Auch in bedingungsbezogenen Verfahren wird das Wissen der Beschäftigten um Arbeitsvollzüge etc. erfaßt, allerdings werden aus den konkreten Hinweisen der Arbeitenden allgemeine Anforderungen abstrahiert (Dunckel, 1997). Bedingungsbezogene Analysen sind die Voraussetzung für Verhältnisprävention, weil durch sie ermittelt werden kann, welche Arbeitsbedingungen generell gesundheitsförderliche oder schädliche Wirkungen haben.

Personenbezogene Verfahren erfassen hingegen die interindividuellen Unterschiede zwischen den Personen. Untersucht werden hier explizit die *individuellen Besonderheiten* bestimmter Personen, die sich auf Vorgehensweisen, Kenntnisse und Leistungen, aber auch persönliche Wahrnehmungen und Bewertungen zur eigenen Arbeitstätigkeit beziehen können (Oesterreich & Volpert, 1987). In einem personenbezogenen Verfahren wird danach gefragt, welche Arbeitsbedingungen als belastend *erlebt* werden. Diese Einschätzung kann von Person zu Person unterschiedlich sein. Individuelle Sichtweisen, Wahrnehmungen und Bewertungen der Situation stehen hier im Mittelpunkt. Personenbezogene Analysen sind die Voraussetzung für Verhaltensprävention.

Im Rahmen dieser Arbeit soll das Begriffspaar bedingungs- und personenbezogen nicht nur auf Arbeitsanalyseverfahren angewendet werden, sondern auch auf Verfahren und Vorgehensweisen, die die Gesundheit der Beschäftigten erfassen. Bedingungsbezogene Analysen untersuchen die ‚objektiven' Merkmale der Arbeitssituation oder der Gesundheit. Ein ‚objektives' Merkmal der Arbeit ist z.B. der Handlungsspielraum einer Aufgabe, ein objektives Merkmal der Gesundheit kann eine ärztlich attestierte Arbeitsunfähigkeit sein.

Personenbezogene Analyseverfahren erfassen individuelle Einschätzungen der Arbeitsbedingungen und der Gesundheit. Personenbezogene Verfahren untersuchen damit individuelle Einschätzungen ‚objektiver' Aufgabenmerkmale wie zum Beispiel Handlungsspielraum sowie Selbsteinschätzungen individueller Gesundheit. Diese Unterscheidung impliziert noch keine Festlegung auf die Erhebungsmethodik: Sowohl bedingungs- und personenbezogene Verfahren können ihren Gegenstand mittels objektiver (Beobachtung) oder subjektiver (Fragebogen) Erhebungsmethoden erfassen.

In der betrieblichen Gesundheitsförderung sind *sowohl bedingungs- als auch personenbezogene Analyseverfahren* unverzichtbar. Nur wenn mittels bedingungsbezogener Analysen die für alle geltenden (objektiven) Anforderungen ermittelt wurden, können Aussagen über interindividuelle *Unterschiede* im Umgang mit diesen Bedingungen getroffen werden (Dunckel, 1997).

Eine Identifikation von Unterschieden erfordert den Vergleich interindividuell verschiedener Umgangsweisen mit gleichen oder ähnlichen Situationen. Situationen sind dann als gleich oder ähnlich zu bezeichnen, „wenn die psychischen Prozesse, die zu ihrer Bewältigung erforderlich sind, in ihren Strukturmerkmalen gleich oder ähnlich sind- wobei man sich auf ein ‚allgemeines Subjekt' bezieht und von individuellen Besonderheiten zunächst abstrahieren muß" (Oesterreich & Volpert, 1987, S. 55).

Bedingungsbezogene Analysen sind erforderlich, um verhältnispräventive Interventionsvorschläge ermitteln zu können. Personenbezogene Analysen sind die Voraussetzung für gezielte verhaltensbezogene Maßnahmen, da eine stabile und langfristige Verhaltensänderung nur unter Berücksichtigung des jeweils individuellen Hintergrundes erfolgen kann. Personenbezogene Verfahren sind darüber hinaus erforderlich, um Beschäftigte schon in der Analysephase zu beteiligen, um ihre Meinung zu erheben und bei der Interventionsgestaltung zu berücksichtigen und schließlich um zu aktivieren und zu motivieren.

4.2.2.4   *Expertenanalysen versus partizipative Analysen*

In der Praxis der betrieblichen Gesundheitsförderung wird häufig die Frage gestellt, ob (bedingungsbezogene) Analysen von arbeitswissenschaftlichen Experten überhaupt erforderlich sind, oder nicht sogar wegen ihres ‘entmündigenden' Charakters den Grundzielen und der Programmatik der betrieblichen Gesundheitsförderung zuwiderlaufen. Es wird argumentiert, daß partizipative Analysen wie z.B. Gesundheitszirkel ausreichend sind, da letztlich von den Beschäftigten nur das angenommen wird, was sie selbst auch als notwendig erachten. Es lassen sich jedoch sowohl wissenschaftliche als auch betriebspraktische Gründe nennen, die für den Einsatz bedingungsbezogener Analyseverfahren in der betrieblichen Gesundheitsförderung sprechen.

Die Forschung zum Zusammenhang von Arbeit und Gesundheit (Kapitel 3) hat belegt, daß geringe Regulationserfordernisse, geringe Komplexität und monotone Arbeitsbedingungen dazu führen, daß Fähigkeiten verkümmern, daß das Selbstvertrauen sinkt und sich bestimmte ‘Gewöhnungseffekte' über die Zeit einstellen können. Gesundheitsbeeinträchtigende und schädigende Bedingungen werden dann nicht mehr als belastend oder beeinträchtigend wahrgenommen.

Durch das reduzierte Selbstvertrauen entstehen resignative Abwehrhaltungen wie die Ablehnung von Kontrolle (Frese et al., 1994). Hinzu kommen resignative Anpassungseffekte, die auf eine richtige Einschätzung objektiv geringer Kontrollmöglichkeiten zurückzuführen sind (Kamrath & Wieners, 1993). Aber gerade die *gesundheitsförderlichen* Ressourcen liegen in den Arbeitsmerkmalen, die in einem solchen Fall von den Beschäftigten ausgeblendet oder sogar abgelehnt werden würden.

Würde man sich in der Analyse der betrieblichen Ausgangssituation ausschließlich auf die Sichtweise und Einschätzung der Beschäftigten reduzieren, könnten derartige Arbeitsbedingungen und ihre gesundheitlichen Effekte nicht erfaßt und demzufolge auch nicht in der Interventionsgestaltung berücksichtigt werden. Hier sind Expertenanalysen unverzichtbar.

Ein praktischer Grund für die Durchführung von bedingungsbezogenen Expertenanalysen liegt in der innerbetrieblichen Akzeptanz der Ergebnisse. Analyseergebnisse, die ausschließlich auf der Sichtweise der Beschäftigten und damit der Betroffenen beruhen, können in bezug auf ihre Repräsentativität besonders vom Management angezweifelt werden. Häufig wird den direkt Betroffenen eine verkürzte Sichtweise unterstellt, die gesamt- und überbetriebliche Notwendigkeiten nicht angemessen berücksichtigt. Mögliche Gründe für derartige Akzeptanzprobleme im Management sehen Pleiss und Oesterreich (1996) in dem "ausgeprägten Kontrollbedürfnis" des Managements, das zwar einerseits mehr Eigenverantwortung der Mitarbeiter einfordert, andererseits aber den eventuell damit einhergehenden Machtverlust befürchtet.

Das bedeutet, daß im innerbetrieblichen Aushandlungsprozeß ein wissenschaftlich abgesichertes Expertenurteil über die vorhandenen Arbeitsbedingungen eine fundierte und von den unterschiedlichen Beteiligten akzeptierte Entscheidungsgrundlage bieten kann. Ergänzt um partizipative Analysen, die die Perspektive der Beschäftigten in den Mittelpunkt stellen, ermöglichen sie eine umfassende Analyse des Gesundheitszustands der Beschäftigten und der hierfür relevanten Arbeitsbedingungen.

4.2.2.5 Erhebungsmethoden

Die am häufigsten verwendeten Erhebungsmethoden in der betrieblichen Gesundheitsförderung sind Fragebögen, Interviews und Fehlzeiten- bzw. Arbeitsunfähigkeitsanalysen.

Welche Erhebungsmethode zum Einsatz kommt, ist abhängig vom Ziel und vom Gegenstand der Untersuchung. Geht es beispielsweise in einer Schnittstellenanalyse um die Ermittlung von betrieblichen Interventionsspielräumen und -bedingungen (vgl. Abschnitt 'Funktion und Aufgabe der Analyse in der betrieblichen Gesundheitsförderung'), wird ein teilstrukturiertes Interview die geeignete Methode sein, da hier die Feldexploration im Mittelpunkt steht (Kriz & Lisch, 1988). Geht es um die Analyse gesundheitsrelevanter Arbeitsbedingungen aus der Perspektive der Beschäftigten oder um eine Bedarfsanalyse in einem bereits erkundeten Feld, ist die schriftliche Befragung die geeignete Erhebungsmethode.

Da Fragebögen aufgrund weiterer methodischer Probleme (systematische Antworteffekte, mangelnde Verbalisierbarkeit psychischer Regulationsvorgänge, Scheineffekte, die durch gemeinsame Methodenvarianz zustande kommen etc.) für Bedingungsanalysen nur eine eingeschränkte Aussagekraft besitzen, wird grundsätzlich die Kombination verschiedener Methoden empfohlen (Semmer & Greif, 1981; Dunckel, Zapf & Udris, 1991; Frese, 1991).

Die meisten Autoren plädieren für einen kombinierten Einsatz von Fragebögen, Interviews und Beobachtung. Allerdings bedarf es zuvor genauerer Überlegungen, welche Methode dem Untersuchungsgegenstand und der jeweiligen aktuellen Situation am besten entspricht (Dunckel, 1997).

4.2.2.6 Geltungsbereich

Der Geltungsbereich bzw. die Anwendungsbreite eines Verfahrens entscheidet darüber, ob der Einsatz in einem speziellen Betrieb geeignet ist oder nicht. Arbeitsanalysen werden je nach Aufgabenstellung für einzelne Arbeitstätigkeiten (Krankenpflegepersonal, Piloten), für Beschäftigte in ausgewählten Branchen oder für bestimmte branchenübergreifende Arbeitnehmergruppen (z.B. Manager, Industriearbeiter) durchgeführt (Frieling, 1990). In den letzten Jahren wurden beispielsweise zahlreiche Verfahrensversionen zur Ermittlung von aufgabenbezogenen Anforderungen und Belastungen für unterschiedliche Tätigkeitsbereiche (industrielle Tätigkeiten, für Büro- und Verwaltungstätigkeiten) entwickelt. Die Spezialisierung führt dazu, daß sich Frageformulierungen und Einstufungshilfen auf die jeweiligen Tätigkeitsgruppen ausrichten, was in der Regel die Genauigkeit der Verfahren erhöht (vgl. Frieling, 1987). Je spezieller ein Verfahren ist, desto eingeschränkter ist in der Regel der Aussagegehalt. In jedem Fall ist vor dem Einsatz eines Verfahrens zu prüfen, ob es für den jeweiligen Anwendungsbereich geeignet ist oder nicht.

4.2.2.7 Auflösungsgrad

Betrachtet man das Vorgehen in der betrieblichen Gesundheitsförderung als einen sequentiellen Mehr-Ebenen-Prozeß, der von sehr allgemeinen Beschreibungen des betrieblichen Krankheitsgeschehens bis zu einer differenzierten Problemeingrenzung und Ursachenanalyse reicht, werden Verfahren zur Analyse unterschiedlicher Ebenen im Gesamtprozeß benötigt. Um eine schrittweise vertiefende Analysestrategie zu entwickeln, müssen Instrumente miteinander kombiniert werden, die zunächst einen sehr groben und dann einen zunehmend differenzierenden Auflösungsgrad besitzen (vgl. Schüpbach, 1993). Zu Beginn des Prozesses werden Screeningverfahren zur Problemeingrenzung und Hypothesengenerierung benötigt, im weiteren Verlauf werden Verfahren zur Schwachstellenanalyse erforderlich, die erste Hinweise auf mögliche Ursachen geben können. Detailanalysen auf der Ebene des konkreten Arbeitsplatzes und der Arbeitsaufgabe werden benötigt, um konkrete Interventionsvorschläge ableiten zu können.

4.2.2.8 Zusammenfassung

Zusammenfassend kann festgehalten werden, daß in der betrieblichen Gesundheitsförderung theoriegeleitete Analyseverfahren, die sowohl bedingungs- als auch personenbezogen sind, zum Einsatz kommen sollten. Expertenanalysen und partizipative Analysen sollten kombiniert werden.

Die eingesetzten Verfahren sollten valide und reliabel sein, die Erhebungsmethoden sollten dem Gegenstand und der Situation angemessen sein, und es sollten möglichst verschiedene Erhebungsmethoden zum Einsatz kommen. Bei nicht universell einsetzbaren Verfahren muß vor jedem betrieblichen Einsatz geprüft werden, ob das Verfahren für diesen Betrieb bzw. die jeweilige Untersuchungsgruppe konzipiert wurde (Geltungsbereich). Im Gesamtprozeß sollte bei der Kombination verschiedener Instrumente ein phasenspezifisch angepaßter Auflösungsgrad gewährleistet sein.

Neben diesen methodischen Anforderungen lassen sich die folgenden praxisrelevanten Anforderungen formulieren, die zum Teil generell gelten und sich teilweise aus den Besonderheiten des Handlungsfeldes der betrieblichen Gesundheitsförderung ergeben.

4.2.3 Praxisrelevante Anforderungen

Anforderungen der Praxis beziehen sich im wesentlichen auf die Angemessenheit der zum Einsatz kommenden Instrumente, wobei sich die Angemessenheit auf verschiedene Aspekte bezieht (vgl. Dunckel, 1997). Zum einen muß das Verfahren dem Ziel bzw. *Zweck der Analyse* angemessen sein. Das bedeutet, daß die Analysen zu konkreten Interventionsvorschlägen führen müssen. Zwar muß nicht jedes einzelne Verfahren konkrete Gestaltungshinweise geben, am Ende eines Analyseprozesses sollte jedoch in jedem Fall eine Aussage darüber gemacht werden können, welche Intervention geeignet ist, um die gesundheitliche Situation der Beschäftigten zu verbessern.

Darüber hinaus betrifft die Angemessenheit die *Stichprobenspezifität*. In der betrieblichen Gesundheitsförderung handelt es sich bei der Zielpopulation um 'arbeitsfähige' (also im Sinne der Reichsversicherungsordnung 'gesunde') Personen. Bei der Erfassung der Gesundheit ist daher zu berücksichtigen, daß die Mehrzahl der Personen keine eindeutigen klinischen Krankheitssymptome aufweist, sondern eher unter leichteren Beschwerden bzw. Befindlichkeitsstörungen leiden wird (vgl. Mohr, 1986).

Ein weiterer Aspekt der Angemessenheit der Analyse ist die *Zumutbarkeit.* Die Zumutbarkeit betrifft die Methode selbst, den Datenschutz und den zu erfassenden Inhalt. Psychophysiologische Messungen sind selten einsetzbar, weil es den 'Untersuchungspersonen' in betrieblichen Gesundheitsförderungsprojekten nicht zugemutet werden kann, sich an Geräte anschließen und z.B. Hirnströme messen zu lassen. Datenschutz muß gewährt bleiben, was bedeutet, daß bestimmte Daten nicht miteinander gekoppelt werden dürfen (Fragebogenergebnisse und ärztliche Diagnosen).

In der betrieblichen Praxis entscheidet häufig die *Handhabbarkeit* eines Verfahrens über seinen Einsatz. Die Handhabbarkeit eines Verfahrens wird maßgeblich durch seine Übersichtlichkeit und die Nutzeranleitung bestimmt. Für theoriegeleitete Verfahren sind Schulungen bzw. nachvollziehbare Schulungsunterlagen zur Verfügung zu stellen. Mit der Handhabbarkeit ist darüber hinaus auch die Frage der erforderlichen Vorkenntnisse und Qualifikationen angesprochen, um das Analyseverfahren sachgemäß anzuwenden.

In der betrieblichen Praxis ist die Frage nach der *Verfahrensökonomie* (und verbunden damit nach Kosten bzw. Aufwand und Nutzen) eine zentrale Frage. Während Screenings und Befragungen häufig als ökonomische Verfahren bezeichnet werden, sind psychologische Arbeitsanalyseverfahren eher zeitaufwendig (s.u.). Im Vergleich zu Screenings und Befragungen liegt der Vorteil von Arbeitsanalysen jedoch darin, daß die aus der Analyse ableitbaren Gestaltungsempfehlungen sehr differenziert und konkret sind. Insofern ist der Zeitaufwand immer nur in Relation zu den Ergebnissen der Analyse zu bewerten. So kann die Durchführung zeitaufwendiger Aufgabenanalysen dann sinnvoll und notwendig sein, wenn z.B. arbeitsorganisatorische Umstrukturierungen auf ihre gesundheitliche Wirkung hin bewertet werden und gesundheitsförderliche Aufgabenzuschnitte vorgenommen werden sollen. Eine Möglichkeit, Aufgabenanalysen ökonomisch durchzuführen, besteht darin, daß nur typische Arbeitsplätze oder sog. ‚Schlüsseltätigkeiten‘ (Strohm, 1997) ausführlich analysiert werden, um damit Aussagen für mehrere Arbeitsplätze machen zu können. Typische Arbeitsplätze sind dabei entweder solche, die für bestimmte Abteilungen oder Tätigkeitsgruppen repräsentativ sind, oder die besonders häufig vorhanden sind.

Aus der Besonderheit des Handlungsfeldes der betrieblichen Gesundheitsförderung ergibt sich weiterhin die Anforderung, daß Analyseinstrumente *interdisziplinäre Zugangsweisen* zum Gegenstand garantieren müssen. In diesem Handlungsfeld sind vor allem Kooperationen zwischen der Arbeits- und Organisationspsychologie, der Arbeitsmedizin, der Sicherheitstechnik und der Sozialepidemiologie erforderlich. Dies kann sich auf einzelne Instrumente beziehen, oder auch auf den Gesamtprozeß der Analyse.

Als wichtigste praxisrelevante Anforderungen lassen sich abschließend die Angemessenheit von Methoden und Instrumenten und interdisziplinäre Kooperationsfähigkeit bezeichnen. In der betrieblichen Gesundheitsförderung können Methoden und Instrumente als angemessen bezeichnet werden, wenn

- aus ihnen konkrete Interventionsvorschläge ableitbar sind,
- sie berücksichtigen, daß es sich bei Stichproben um arbeitsfähige („gesunde") Personen handelt,
- sie zumutbar sind und Datenschutz garantieren,
- sie handhabbar sind, indem Strukturierungs- und Orientierungshilfen gegeben werden,
- sie ökonomisch sind, das heißt, ein ausgewogenes Aufwand-Nutzen-Verhältnis aufweisen (zeitlicher Aufwand und Qualität des Analyseergebnisses).

4.2.4   Zusammenfassung

Betrachtet man zusammenfassend die theoretischen, methodischen und praxisrelevanten Anforderungen an die Analyse, lassen sich *prozeßbezogene Anforderungen* und *instrumentenbezogene Anforderungen* unterscheiden. Prozeßbezogene Anforderungen beziehen sich auf den gesamten Analyseprozeß und auf die Kombination verschiedener Instrumente in der Gesamtstrategie. So ist zum Beispiel die Forderung nach theoretischer Einheitlichkeit eine Anforderung, die sich auf die Kombination mehrerer Verfahren im Rahmen einer umfassenden Analysestrategie bezieht. Ähnlich ist es mit den Forderungen nach einer Kombination von bedingungs- und personenbezogenen Verfahren und verschiedenen Erhebungsmethoden. Auch die Interventionsorientierung bezieht sich auf die gesamte Analysestrategie, da es durchaus sinnvoll sein kann, zu Beginn einer Analyse die Ausgangslage nur zu beschreiben, ohne bereits Interventionsvorschläge zu machen, während es am Ende einer Analyse erforderlich ist, Konsequenzen für die Intervention ableiten zu können. Instrumentenbezogene Anforderungen beziehen sich auf einzelne Instrumente.

Tabelle 5: Instrumentenbezogene Anforderungen

Wissenschaftliche Anforderungen	- Theoretische Fundierung - Valide und reliable Instrumente - Passender Geltungsbereich
Praxisrelevante Anforderungen	Angemessenheit der Methoden und Instrumente hinsichtlich - Schlußfolgerungen für die Intervention - Stichprobenspezifität - Zumutbarkeit - Handhabbarkeit - Verfahrensökonomie

Die Tabellen fassen die genannten Anforderungen an die Analyse noch einmal zusammen. Es werden instrumentenbezogene (Tabelle 5) und prozeßbezogene Anforderungen (Tabelle 6) an eine Gesamtstrategie unterschieden. Die prozeßbezogenen Kriterien werden in Kapitel 4.4 wieder aufgegriffen. Die instrumentenbezogenen Kriterien dienen als Auswahlgrundlage für die im kommenden dargestellten Analyseverfahren.

Im kommenden Abschnitt werden Vorgehensweisen und Methoden vorgestellt, die auf der Grundlage der in diesem und im vorangegangenen Kapitel formulierten Auswahlkriterien im Rahmen betrieblicher Gesundheitsanalysen zum Einsatz kommen sollten. Im Anschluß daran wird eine Gesamtstrategie entworfen, in der die einzelnen Methoden und Instrumente kombiniert werden.

Tabelle 6: Prozeßbezogene Anforderungen

Wissenschaftliche Anforderungen	• Theoretische Einheitlichkeit bzw. Konsistenz bei Instrumentenkombinationen • Belastungen *und* Ressourcen der Arbeit • Beeinträchtigungen *und* Positivindikatoren der Gesundheit • Physiologische *und* psychosoziale Indikatoren der Gesundheit • Kombination bedingungs- und personenbezogener Verfahren • Kombination verschiedener Erhebungsmethoden • Experten- und beteiligungsorientierte Verfahren • Auflösungsgrad der Analyse in Abhängigkeit von der Analysephase (Screenings, Schwachstellenanalysen, Detailanalysen)
Praxisrelevante Anforderungen	• Ableitung von konkreten Interventionshinweisen • Ermöglichung interdisziplinärer Kooperation

4.3   Vorgehensweisen und Instrumente

Im folgenden werden einzelne Instrumente und Vorgehensweisen vorgestellt, die es erlauben, auf unterschiedlichen Konkretheitsstufen die Gesundheit und die Arbeitsbedingungen der Beschäftigten zu analysieren. Gemäß der Forderung nach theoretischer Einheitlichkeit und der in Kapitel 3 dargelegten theoretischen Schwerpunktsetzung wurde nach Verfahren und Konzepten gesucht, die auf handlungs- und streßtheoretischen Überlegungen zu Arbeit und Gesundheit beruhen und die die Merkmalsdimensionen erfassen, die am Ende von Kapitel 3.5 zusammenfassend dargestellt wurden.

Da eine betriebliche Gesundheitsanalyse verschiedene betriebliche Ebenen berücksichtigen muß, wurde es weiterhin erforderlich, nach Verfahren zu suchen, die möglichst auf einer *gemeinsamen* theoretischen Grundlage einen unterschiedlichen Auflösungsgrad besitzen. Es sollten Screeningverfahren und Detailanalysen in einer Gesamtstrategie zusammengeführt werden. Es sollten weiterhin möglichst valide und reliable bedingungs- und personenbezogene Instrumente mit unterschiedlichen Erhebungsmethoden ausgewählt werden. Darüber hinaus wurden die im vorangegangenen Kapitel dargestellten praxisrelevanten Anforderungen berücksichtigt.

Im Einzelfall konnten jedoch nicht immer alle Kriterien gleichzeitig erfüllt werden, so daß es erforderlich wurde, verschiedene Kriterien gegeneinander abzuwägen. Dies führte dazu, daß Analyseinstrumente und Vorgehensweisen ausgewählt wurden, die einen unterschiedlichen Entwicklungsstand, aber gemeinsame theoretische Bezugspunkte aufweisen. Einzelne Verfahren weisen eine sehr fundierte wissenschaftliche Erprobung auf (Verfahren zur Aufgabenanalyse), andere befinden sich erst in der Erprobung bzw. Entwicklung. Die Berücksichtigung von Konzepten und Instrumenten, die erst in der Entwicklung sind, begründet sich darin, daß es sich um Vorgehensweisen handelt, die gemeinsame theoretische Bezugspunkte aufweisen und speziell für Anwendungszwecke im Rahmen umfassender betrieblicher Gesundheitsförderungsprojekte entwickelt wurden.

Zunächst werden als Screenings betriebliche Gesundheitsberichte (Hauß, Schräder & Witt, 1991) und ein Schema zur strukturierten Betriebsbegehung (Kleindienst, 1996) vorgestellt. In Hinblick auf geeignete Befragungsinstrumente zur Schwachstellen- und Potentialanalyse wird dargestellt, daß derzeit kein Instrument vorliegt, das die zuvor formulierten Anforderungen hinreichend erfüllt, und aus diesem Grunde eine Neuentwicklung erforderlich wird, die Gegenstand des empirischen Teils dieser Arbeit ist. Anschließend werden ausgewählte arbeitspsychologische Verfahren zur Aufgabenanalyse (Oesterreich & Volpert, 1991; Leitner et al., 1993; Dunckel et al., 1993) vorgestellt. Als Beispiel für ein beteiligungsorientiertes Vorgehen, das sich ebenfalls zur Detailanalyse von Arbeit und Gesundheit eignet, wird ein Gesundheitszirkelkonzept vorgestellt (Ducki, Jenewein & Knoblich, 1998). Gesundheitszirkel werden in der Literatur eher der Intervention als der Analyse zugeordnet (Westermayer & Bähr, 1994). Da es jedoch zu den zentralen Aufgaben eines Gesundheitszirkels gehört, die aktuellen Belastungen (und Ressourcen) zu erfassen und in Hinblick auf ihre Ursachen zu analysieren, kann ein Gesundheitszirkel auch der Analyse zugeordnet werden.

Bei dem betrieblichen Gesundheitsbericht, der ebenfalls vorgestellt wird, handelt es sich nicht um ein theoriegeleitetes, wissenschaftlich erprobtes Analyseverfahren, sondern um eine an Praxisfragen orientierte spezielle Form der Datenaufbereitung. Daß diese spezielle Berichtsform hier dennoch aufgenommen wurde, hat zwei Gründe. Zum einen sind betriebliche Gesundheitsberichte in der Praxis derzeit weit verbreitet und stellen unter epidemiologischen Gesichtspunkten brauchbare Daten zur langfristigen Entwicklung und Veränderung des betrieblichen Krankheitsgeschehens dar (z.B. Hauß, Schräder & Witt, 1991). Zum anderen bieten Gesundheitsberichte die Möglichkeit, auf ‚objektive Daten' zur Beschreibung der Gesundheit zurückzugreifen. Das ist im Rahmen einer Gesamtstrategie von großem Vorteil, da mit ihnen die Ergebnisse, die mit anderen Instrumenten erzielt wurden, teilweise validiert werden können.

Die Verfahren und Vorgehensweisen werden in der Reihenfolge dargestellt, wie sie im Verlauf eines Analyseprozesses eingesetzt werden können. Im anschließenden Kapitel wird eine Analysestrategie entwickelt, die die einzelnen Verfahren aufeinander bezieht. Für jedes Verfahren wird kurz der Entstehungshintergrund geschildert, dann wird es in bezug auf die wissenschaftlichen und praxisrelevanten Anforderungen beschrieben. Abschließend wird eine Einschätzung des Nutzens des jeweiligen Instruments in der betrieblichen Gesundheitsförderung vorgenommen.

4.3.1   Screeningverfahren

Jäger (1995) kennzeichnet ein Screening innerhalb des diagnostischen Prozesses als ein Vorgehen, das einen überblicksartigen, eher groben Charakter hat. Screeningverfahren können auch als 'Breitband-Verfahren' bezeichnet werden. Das heißt, sie versuchen eine größere Bandbreite an Phänomenen überblicksartig zu erfassen. Der Vorteil solcher Verfahren liegt darin, daß sie eine breite Palette möglicher Schwachstellen oder Potentiale in Hinblick auf die jeweilige Fragestellung identifizieren. Dadurch kommt den Screeningverfahren innerhalb des diagnostischen Prozesses eine 'Filterfunktion' zu. Screeningverfahren werden sinnvollerweise zu Beginn eines umfassenden Analyseprozesses eingesetzt und sollten einen möglichst breiten, für die Fragestellung relevanten Merkmalsbereich erfassen. Als Mittel zur Schwachstellenanalyse und als Wegweiser zu differentiellen Analysen übernimmt das Screeningverfahren eine wichtige Funktion im Analyseprozeß.

4.3.1.1   Gesundheitsbericht

In betrieblichen Gesundheitsberichten werden Arbeitsunfähigkeitsdaten betriebsspezifisch aufbereitet. Datenhalter sind die Krankenkassen, die seit mehreren Jahren die Arbeitsunfähigkeitsdaten ihrer Mitglieder systematisch dokumentieren und epidemiologisch auswerten. Dabei gilt als „arbeitsunfähig im Sinne der gesetzlichen Krankenversicherung ein Versicherter, der infolge Krankheit seine Arbeit überhaupt nicht oder mit der Gefahr, in absehbarer Zeit seinen Zustand zu verschlechtern, fortsetzen kann" (Industriegewerkschaft Metall, 1995, S. 9f). Eine Arbeitsunfähigkeit wird ärztlich attestiert, indem eine Krankheit diagnostiziert wird. Die ärztliche Diagnose der Arbeitsunfähigkeit wird der Krankenversicherung mitgeteilt. Diese kann auf anonymisierter Basis die gemeldeten Arbeitsunfähigkeiten und die Diagnosen nach speziellen Fragen (Dauer oder Auftretenshäufigkeit) auswerten. Gesundheitsberichte der Krankenkassen enthalten in der Regel Aussagen zu folgenden *Gesundheitsmerkmalen:*

- soziodemographische Verteilung der Versicherten im Unternehmen (Alter, Geschlecht, Nationalität, Beruf, Stellung im Beruf, Tätigkeitsgruppen),
- Häufigkeit und Dauer der krankheitsbedingten Fehlzeiten,
- medizinische Diagnosen der Arbeitsunfähigkeitsfälle und
- Auffälligkeiten des Krankheitsgeschehens, die mit der Art der Tätigkeit der Versicherten im Zusammenhang stehen könnten.

Die Analyse der soziodemographischen Besonderheiten der Beschäftigten eines Betriebes dient der Aufklärung der durchschnittlichen Höhe des Krankenstandes. Ein Betrieb oder eine Abteilung mit einer überalterten Beschäftigtenstruktur oder mit einem hohen Anteil an Arbeitern im Vergleich zu Facharbeitern oder Angestellten wird einen höheren Krankenstand aufweisen als ein Betrieb mit einer jungen Belegschaft und/oder einem hohen Anteil an qualifiziertem Personal. Die Ermittlung derartiger soziodemographischer Effekte ist besonders bei Vergleichsanalysen innerhalb einer Branche oder einer Region, aber auch unterschiedlicher Abteilungen erforderlich.

Dauer und Häufigkeit der Arbeitsunfähigkeit liefern Informationen darüber, wie oft und wie lange Beschäftigte eines Unternehmens oder auch einer Abteilung krankheitsbedingt abwesend waren. Der durchschnittliche Krankenstand eines Unternehmens kann so ermittelt und einem Vergleich mit anderen Unternehmen zugänglich gemacht werden.

Für die betriebliche Gesundheitsförderung interessant ist vor allem die Information, welche Krankheiten mit welcher Häufigkeit im Betrieb auftreten und wie lange sie dauern. Hierzu werden die den AU-Fällen zugrunde liegenden ärztlichen Diagnosen in die Auswertung mit einbezogen. Die ärztlichen Diagnosen, die in den Gesundheitsberichten ausgewertet werden, werden nach dem ICD-10[8] in 17 Diagnosehauptgruppen unterschieden und systematisiert.

Im Sinne einer zunehmenden Verdichtung können im weiteren die Diagnosen mit der Dauer und der Häufigkeit der Arbeitsunfähigkeit und mit verschiedenen soziodemographischen Variablen in Verbindung gesetzt werden. Auf dieser Grundlage kann das betriebliche Krankheitsgeschehen genauer erfaßt werden.

Für die betriebliche Gesundheitsförderung von zentraler Bedeutung sind Auffälligkeiten des Krankheitsgeschehens, die mit der Art der Tätigkeit der Versicherten im Zusammenhang stehen könnten, da hier vor allem betriebliche Verursachungsfaktoren vermutet werden können. Nach Tätigkeiten un-

---

[8] ICD: International Classifikation of Diseases

terschiedene Arbeitsunfähigkeiten stehen damit häufig im Mittelpunkt der Gesundheitsberichte und regen die weitere Diskussion an. Die Tätigkeitsbeschreibungen, die den Kassen zur Verfügung stehen, sind allerdings oftmals zu grob und teilweise auch nicht auf dem aktuellen Stand, da sie nicht von allen Kassen fortlaufend aktualisiert werden (Hauß, Schräder & Witt, 1991).

Aus diesen Gründen ist es im weiteren Verlauf sinnvoll, die Kassendaten mit den differenzierteren und aktuellen betrieblichen Daten zur Fehlzeitenentwicklung zu kombinieren. So können dann z.B. genauere Aussagen über das Krankheitsgeschehen bestimmter Tätigkeitsgruppen in einzelnen Abteilungen oder Kostenstellen gemacht werden.

Wissenschaftliche Anforderungen

Gesundheitsberichte sind reine Dokumentationsverfahren, *testtheoretische Gütekriterien* können hier nicht geprüft werden. Der Gültigkeitsanspruch betrieblicher Gesundheitsberichte wird in der Praxis oft unter der Frage diskutiert, ob die ärztlichen Diagnosen denn das tatsächliche Krankheitsbild überhaupt angemessen abbilden, oder ob es sich nicht in vielen Fällen um sogenannte ‚Verlegenheitsdiagnosen‘ handelt. Eine wissenschaftliche Untersuchung zu dieser Frage steht derzeit aus.

Als spezifische methodische Kriterien, die an betriebliche Gesundheitsberichte zu stellen sind, nennen Hauß, Schräder & Witt (1991) die Aktualität der Daten, die Repräsentativität und inhaltliche Differenziertheit der Datenaufbereitung.

Hinsichtlich der *Aktualität* fordern die Autoren, daß die zugrunde gelegten Daten des Gesundheitsberichts nicht älter als ein Jahr sein sollten, um eine praxisbezogene Auswertung und Interpretation zu gewährleisten.

In bezug auf die *Repräsentativität* der Daten weisen die Autoren darauf hin, daß mindestens 50% einer Versichertengruppe der jeweiligen Bezugsgruppe in der Stichprobe vorhanden sein sollten. Gibt es beispielsweise im Datensatz der Krankenkasse nur eine geringe Anzahl von Facharbeitern, können keine Aussagen über das Arbeitsunfähigkeits-Geschehen dieser Beschäftigtengruppe gemacht werden.

Für die *inhaltliche Differenziertheit* wird gefordert, daß der Gesundheitsbericht die Arbeitsunfähigkeiten nach Dauer und Häufigkeit differenzieren und eine Sortierung nach den Hauptdiagnosegruppen ermöglichen sollte. Weiterhin sollte möglichst der Anteil der Langzeitkranken in den jeweiligen Bezugsgruppen ausgewiesen werden, um die Höhe des Krankenstandes zu relativieren. Als ‚Langzeit-AU‘ wird eine Arbeitsunfähigkeit, die länger als sechs Wochen andauert, bezeichnet. Langzeit-AU kann zu erheblichen Verzerrungseffekten des betrieblichen Krankenstandes führen, ihr Anteil schwankt in verschiedenen Untersuchungen zwischen 35% und 48%.

Die Bundesanstalt für Arbeitsschutz (1993) bemüht sich durch die Herausgabe von Standard- bzw. Musterberichten um eine Vereinheitlichung be-

trieblicher Gesundheitsberichte. Grundsätzlich sind betriebliche Gesundheitsberichte universell einsetzbar. Der hauptsächliche *Anwendungsbereich
sind Groß- und Mittelbetriebe.* In handwerklichen Klein- und Mittelbetrie-
ben, wo aus Datenschutzgründen eine betriebsbezogene Datenaufbereitung
nicht möglich ist, erstellen die Krankenkassen innungsbezogene Auswertungen und Gesundheitsberichte (vgl. IKK-Landesverband Brandenburg und
Berlin, 1995). Betriebliche Gesundheitsberichte sind im derzeitigen Ent-
wicklungstand als Experteninstrumente zu bezeichnen, da sie von Statistikern erstellt und von Gesundheitsexperten ausgewertet und interpretiert werden müssen.

Praxisrelevante Anforderungen

AU-Berichte machen keine Aussagen zu den arbeitsbedingten Ursachen der
Erkrankungen, sondern informieren lediglich über Krankheitsverteilungen
eines bestimmten Kollektivs (meistens Krankenkassenmitglieder eines Betriebes) in einem bestimmten Zeitraum (meist ein Jahr). Es lassen sich daher
nicht ohne weiteres Schlußfolgerungen zum AU-Geschehen für eine Ge-
samtpopulation eines Betriebes für größere Zeiträume ziehen, was den Aussagegehalt betrieblicher Gesundheitsberichte stark einschränkt (Hauß, 1995).
Damit sind weder die für Analyseverfahren in der betrieblichen Gesundheitsförderung geforderten Bewertungen möglich noch Interventionshinweise
ableitbar.

Die Frage nach der *Ökonomie* läßt sich nur in Beziehung zu den Ergebnissen
beantworten, die ein Verfahren liefert. Da die Erstellung von Gesundheitsberichten als derzeit noch sehr aufwendig zu bezeichnen ist, und die Ergebnisse
nur sehr eingeschränkt bzw. nur in Kombination mit weiteren Analysen
nutzbar sind, kann die Ökonomie dieses Dokumentationsverfahrens eher
negativ beurteilt werden. Allerdings gibt es Bestrebungen, ökonomische
Verfahren zu entwickeln. Die großen Kassen (z.B. AOK und BKK) stellen
mittlerweile sogenannte AU/PC Programmversionen zur Verfügung, die
Betrieben mit mindestens 50 Mitgliedern der jeweiligen Krankenkasse ein
AU-Profil erstellen, in dem Angaben über die Höhe des Krankenstandes, die
AU-Quote, die Anzahl der AU-Tage je hundert versicherte Mitarbeiter sowie
über die wichtigsten Krankheitsarten enthalten sind (Vetter, 1997).

Die Frage nach der *Handhabbarkeit* stellt sich hier nicht unmittelbar, da
Gesundheitsberichte nur von Statistikern erstellt werden können. Die von der
Bundesanstalt für Arbeitsschutz herausgegebenen Standards garantieren eine
praxistaugliche und handhabbare Ergebnisdarstellung. Unter Wahrung des
Datenschutzes ist das Verfahren als *zumutbar* zu bezeichnen.

Nutzen

Gesundheitsberichte dienen trotz ihrer Einschränkungen einer genaueren
Beschreibung des betrieblichen AU-Geschehens und geben grobe Hinweise
auf den gesundheitlichen Status der Mehrzahl der Beschäftigten eines Be-

triebes. Sie decken Besonderheiten in der soziodemographischen Struktur der Beschäftigten auf, die das Krankheitsgeschehen maßgeblich beeinflussen können. Im Rahmen der Interventionsvorbereitung können durch die Arbeitsunfähigkeitsanalysen Zielgruppen (z.B. Bereiche oder Abteilungen mit auffällig hohen Fehlzeiten oder außergewöhnlichen Diagnoseverteilungen) identifiziert werden. Gesundheitsberichte ermöglichen eine gemeinsame Betrachtung betriebswirtschaftlicher und gesundheitlicher Aspekte des Krankenstandes. Gesundheitsberichte können zur Evaluation eingesetzt werden, wobei zu berücksichtigen ist, daß sich Änderungen im Krankheitsgeschehen nur sehr zeitverzögert ergeben. Informationen über mögliche Ursachen für Krankheiten und Fehlzeiten können auf der alleinigen Grundlage der Gesundheitsberichte nicht ermittelt werden. Hierfür bedarf es einer Analyse der Arbeitsbedingungen. Die Ergebnisse dieses Grobscreenings sind somit nur unter Berücksichtigung der eingeschränkten Aussagekraft zurückhaltend zu interpretieren. In Zukunft werden sich voraussichtlich aufwandsärmere AU-Berichte in Form von Betriebsprofilen durchsetzen, die nur noch komprimierte Ergebnisdarstellungen enthalten.

Entstehungshintergrund

Ein in der arbeitsmedizinischen Praxis übliches Screening zur Problemeingrenzung und Schwachstellenanalyse ist die Arbeitsstättenbegehung (ASiG §§ 3 u. 6). Allerdings konzentrieren sich solche Begehungen meistens auf die Identifizierung arbeitsmedizinisch relevanter Gefährdungen und Risikokonstellationen. Im Mittelpunkt stehen hier chemisch-physikalische Gefahrenstoffe und Gefährdungen, sicherheitstechnische Fragen z.B. der Unfallgefährdung und ergonomische Gestaltungsfragen.

Arbeitspsychologische Fragen nach der konkreten Aufgabengestaltung oder nach vorhandenen psychosozialen Belastungen und Ressourcen werden nicht oder nur am Rande behandelt. In der betrieblichen Gesundheitsförderung interessieren aber sowohl arbeitsmedizinische als auch arbeitspsychologische Faktoren der Arbeit. Wissenschaftlich fundierte Verfahren oder Instrumente, die eine Arbeitsstättenbegehung und ihre Auswertung anleiten, fehlen derzeit. Für die betriebliche Gesundheitsförderung hat Kleindienst (1996) den Versuch unternommen, den Forderungen der betrieblichen Praxis nach Handhabbarkeit und Ökonomie Rechnung zu tragen, und ein Screeningschema entwickelt, mit dessen Hilfe eine arbeitswissenschaftlich fundierte Betrachtung gesundheitsrelevanter Merkmale der Arbeitssituation ermöglicht wird und das als eine Systematisierungsgrundlage von Betriebsbegehungen verwendet werden soll.

Wissenschaftliche Anforderungen

Theoretischer Hintergrund des Screeningschemas sind handlungs- und streßtheoretische Ansätze sowie Neuentwicklungen im Bereich der Arbeitsanalyse und der Arbeitsgestaltung, z.B. Strohm und Ulich (1997) und Baitsch und Marxt (1994). Der arbeitsmedizinisch-ergonomische Teil des Verfahrens basiert auf Gesetzen, Bestimmungen und Regelwerken des betrieblichen Arbeits- und Gesundheitsschutzes (z.B. GefStoffV, TRGS 900). Folgende strukturelle *Untersuchungsdimensionen* werden betrachtet:

- Allgemeine Informationen zum Betrieb,
- Stoffliche Umgebung,
- Ergonomie,
- Arbeitsorganisation,
- Sozialverfassung im Bereich und
- Arbeitsschutzmaßnahmen im Bereich.

Jede Dimension ist theoretisch begründet und untergliedert sich noch einmal in verschiedene Subdimensionen. So beinhaltet die Kategorie 'Allgemeine Informationen zum Betrieb' die Subkategorien:

- Personalstruktur (Alter, Geschlecht, Nationalität, Qualifizierung),
- Produkte/Produktlinien,
- Aufbauorganisation/Hierarchieebenen,
- Technischer Stand (Automatisierung, Computerisierung),
- Wirtschaftliche Situation des Unternehmens,
- Geplante Veränderungen/Umstrukturierungen,
- Sicherheit der Arbeitsplätze.

Die Hauptkategorie 'Sozialverfassung im Betrieb' unterteilt sich beispielsweise in die Beschreibungskategorien:

- Leitbilder/Unternehmenskultur,
- Managementkultur/Führungsstil,
- Betriebsklima,
- Beteiligung und Mitsprache der Arbeitnehmer,
- Personalentwicklung (Weiterbildungs- und Aufstiegsmöglichkeiten),
- Sozialleistungen des Betriebs (wie Kantine, Kinderbetreuung).

Die Hauptkategorie 'Arbeitsschutzsystem im Betrieb' weist folgende Beschreibungskategorien auf:

- Arbeitsschutzausschußsitzung,
- Bestellung von Sicherheitsbeauftragten,
- Maßnahmen zur technischen Sicherheit,
- Umsetzung der Gefahrstoffverordnung,
- Durchführung von technischen Messungen am Arbeitsplatz,
- Informationsveranstaltungen und Unterweisungen,
- Persönliche Schutzausrüstung,Organisation der Ersten Hilfe.

Das Screeningschema ist eine Neuentwicklung. Die Überprüfung der *Zuverlässigkeit und Validität* ist in Vorbereitung (Kleindienst i.V.). Als derzeitiger *Anwendungsbereich* werden industrielle Fertigungsbetriebe angegeben. Die Einsatzmöglichkeiten im Dienstleistungssektor oder in der Verwaltung sind noch zu prüfen (Kleindienst, 1996). Das Screeningschema ist ein *bedingungsbezogenes Verfahren*, das nur von arbeitswissenschaftlichen Experten angewendet werden kann. Die Erhebung von Informationen mittels des Screeningschemas erfolgt im Rahmen einer Betriebsbegehung.

Tabelle 7: Methoden, Ziele und erfaßte Merkmale des Screening-Schemas entlang des Begehungsablaufs (aus Ducki, 1998c)

Vorbereitung	1. Durchlauf: Überblick	2. Durchlauf: Typischer Arbeitsplatz	Auswertung der Betriebsbegehung
Methoden			
Dokumentenanalyse Expertengespräche	Beobachtung und Befragung	Beobachtungsinterview	
Ziel			
Überblick über den Gesamtbetrieb	Festlegung von typischen Arbeitsplätzen und Arbeitsrollen im Bereich; Festlegung des Ausmaßes der Arbeitsteilung im Bereich.		Schrittweise qualitative Auswertung: Gesamtorganisation, einzelne Bereiche, einzelne Arbeitsplätze
Hauptkategorien			
Allgemeine Informationen zum Betrieb Sozialverfassung im Betrieb Analyse von Krankenstand, Arbeitsunfällen und Berufskrankheiten Arbeitsschutzsystem im Betrieb Betriebliche Sozialverfassung	Produkte Personalstruktur Analyse von Krankenstand, Arbeitsunfällen und Berufskrankheiten auf Bereichsebene Allgemeine Arbeitsbedingungen: Zeitorganisation, Bezahlungsformen, Führungskultur	Physikalisch-chemische Umgebungseinflüsse Ergonomische Gestaltung von Arbeitsplatz und Arbeitsmitteln Arbeitsorganisation und Arbeitsaufgabe, Anforderungen und Belastungen	

Der Begehung vorangestellt ist eine Vorbereitungsphase, um die eigentliche Betriebsbegehung hypothesengeleitet vorzustrukturieren. Für die Begehung liegt ein Leitfaden vor, der Fragen für die einzelnen Kategorienbereiche enthält. Die Fragen richten sich an den Untersucher und können als orientierende Grundlage für die Gespräche mit den betrieblichen Funktionsträgern dienen.

Die Betriebsbegehung gliedert sich in die Überblicksphase und die Analyse der "typischen" Arbeitsplätze. In der Überblicksphase wird zunächst der gesamte Betrieb einmal durchlaufen (Tabelle 7). Danach folgt eine ausführliche Begehung einzelner Abteilungen. Dabei folgt die Begehung der Prozeßkette bzw. ausgewählten Prozeßketten (je nach Größe des Betriebes). In der Regel werden in der ersten Phase ein oder mehrere betriebliche Experten die Begehung begleiten und für Fragen zur Verfügung stehen (z.B. Meister, Betriebsrat, Produktionsleiter). In der zweiten Phase der Begehung werden Arbeitsplatzinhaber beobachtet und befragt.

In der abschließenden Auswertungs- und Interpretationsphase hat der Untersucher die Aufgabe, die Notizen systematisch auszuwerten und einer groben Gesamtbeurteilung zu unterziehen. Für jeden begangenen Bereich gibt es ein eigenes Auswertungsblatt, das die augenfälligen Belastungen und Ressourcen entlang der Hauptdimensionen erfragt. Besonders belastete Arbeitsplätze sollen hervorgehoben werden.

Praxisrelevante Anforderungen

Aufgrund seines theoretischen Hintergrundes und seiner expliziten Bezugnahme auf arbeitswissenschaftliche Bewertungsstandards, ermöglicht das Verfahren eine grobe Beurteilung gesundheitsrelevanter Aspekte der Gesamtorganisation und einzelner Arbeitsplätze. Das Verfahren liefert eine Schwachstellenanalyse, die weitere Analysen und mögliche Interventionen konkretisiert, insofern kann es als *interventionsorientierend* bezeichnet werden. Sowohl die Verfahrensmethode als auch die Frageformulierungen (soweit sie vorgegeben sind) sind als *zumutbar* zu bezeichnen. Das Verfahren ist durch den strukturierten Aufbau und die Übersichtlichkeit der Antwortblätter als *handhabbar* einzustufen. In Relation zu den erzielbaren Ergebnissen ist das Screening-Schema als *ökonomisch* zu bezeichnen.

Da sowohl arbeitsmedizinisches als auch arbeitspsychologisches Basiswissen erforderlich ist, um die zu erhebenden Indikatoren zu bewerten, ist es sinnvoll, daß Arbeitsmediziner und Arbeitspsychologen, ggf. auch in Zusammenarbeit mit einer Fachkraft für Arbeitssicherheit, die Begehung gemeinsam vornehmen. So kann das Screening-Schema auch als *Kooperations-Instrument* zur Strukturierung der Zusammenarbeit von Vertretern des betrieblichen Arbeitsschutzes und arbeitspsychologischen Experten innerhalb betrieblicher Gesundheitsprojekte genutzt werden.

Nutzen

Da Screenings dazu dienen, eine größere Bandbreite von Phänomenen *überblicksartig* zu erfassen, sollte sinnvollerweise das Screeninginstrument zu

Beginn eines Gesundheitsförderungsprojekts eingesetzt werden, nachdem ein Gesundheitsbericht vorliegt, der grobe Informationen über die Verteilung bestimmter Krankheiten im Betrieb gibt.

Die Begehung soll Hinweise darauf geben, in welchen Bereichen vertiefende Analysen, z.B. Arbeitsanalysen, erforderlich sind. Damit werden weitere Analysen und Interventionen strukturiert. Mit Hilfe der Betriebsbegehung verschaffen sich die Akteure der betrieblichen Gesundheitsförderung einen ersten grob strukturierten Überblick über gesundheitsrelevante Merkmale der Arbeitsbedingungen und der gesamtbetrieblichen Abläufe.

Die in der Begehung gesammelten Eindrücke können dann auf übergeordneter Ebene, z.B. im Arbeitskreis Gesundheit, mit anderen Analyseergebnissen abgeglichen und die weiteren Interventionsschritte geplant werden.

4.3.1.2 Befragungen zur Analyse von Zusammenhängen von Arbeit und Gesundheit

Während die bedingungsbezogene Begehung ausschließlich von Experten durchgeführt werden kann, können mit Befragungen auf breiter Basis die Sichtweisen und Einschätzungen der Beschäftigten erfaßt werden. Damit ergänzen Befragungen zum einen das Expertenurteil um die Sicht der Beschäftigten. Zum anderen erfüllen Befragungen auch die Funktion der Aktivierung und der Sensibilisierung für das Thema Gesundheit.

Eine Befragung kann sowohl bedingungs- als auch personenbezogen angelegt sein. Die Erhebungsmethodik ist personenbezogen (subjektiv). Jedoch ist es von der Art der Frageformulierung und vom Frageinhalt abhängig, ob der Gegenstand der Analyse die Bedingungen oder das subjektive Erleben bzw. individuelle Bewältigungsformen sind (vgl. auch Semmer, 1984). Befragungsinstrumente können somit nicht per se als bedingungs- oder personenbezogene Instrumente klassifiziert werden.

Befragungen, die nicht nur die Arbeitsbedingungen, sondern auch die Gesundheit erfassen, nehmen in einer umfassenden betrieblichen Gesundheitsanalyse darüber hinaus eine zentrale Stellung ein, da durch sie spezifische Zusammenhangskonstellationen zwischen Arbeit und Gesundheit ermittelt werden können.

Unterschiedliche Kombinationen von Belastungen und Ressourcen produzieren durch ihr Zusammenwirken spezielle gesundheitliche Effekte. Bislang liegen jedoch nur wenige gesicherte theoretische und empirische Erkenntnisse über ihre Wirkung vor (Dunckel, 1991).

In der betrieblichen Praxis kann davon ausgegangen werden, daß Betriebe, aber auch Abteilungen sich sowohl hinsichtlich der jeweiligen Ausprägung einzelner Arbeitsmerkmale als auch in der jeweiligen Kombination von Belastungen und Ressourcen unterscheiden. So kann es u.U. sein, daß zwei Abteilungen eines Betriebes gleiche oder ähnliche Umgebungsbelastungen aufweisen, sich aber hinsichtlich der Entscheidungsspielräume oder des sozialen Klimas stark unterscheiden.

Die jeweilige Kombination von Umgebungsbedingungen und Entscheidungsspielräumen und sozialem Klima wirkt sich mit großer Wahrscheinlichkeit unterschiedlich auf die Gesundheit der Beschäftigten aus. Aus diesen unterschiedlichen Wirkungen würden sich dann auch unterschiedliche Interventionen ableiten, die sich auf die gemeinsame Beeinflussung von Umgebungsbelastungen, Entscheidungsspielräumen und sozialem Klima beziehen.

Darüber hinaus können für einzelne Abteilungen oder Tätigkeitsgruppen oder auch den Betrieb Gesundheits-/Arbeitsbedingungsprofile ermittelt werden, die miteinander verglichen werden können. Über einen Vergleich von Unterschieden und Gemeinsamkeiten wird es möglich, Besonderheiten zu identifizieren. Dies wiederum führt zu einer vertiefenden Hypothesenbildung bezüglich der Ursachen von Krankheit und Gesundheit in den jeweiligen Bereichen.

Aus diesen Besonderheiten ergeben sich Anforderungen an ein Befragungsinstrument: Da es sich um eine erste Zusammenhangsprüfung handelt, ist es erforderlich, *möglichst umfassend* relevante Merkmalsdimensionen der Arbeit (Belastungen und Ressourcen auf der betrieblichen Mikro-, Meso- und Makroebene) *und der Gesundheit* (Positiv-Indikatoren, Beeinträchtigungsindikatoren, körperliche und psychosoziale Gesundheit) zu erfassen, um daraus das weitere Vorgehen ableiten zu können. Gleichzeitig muß das Instrument so ausgelegt sein, daß es einen vertretbaren Umfang aufweist und ökonomisch einsetzbar ist.

Im Kontext einer betrieblichen Gesundheitsanalyse muß die Schwachstellen- und Potentialanalyse mit anderen Analysen im Rahmen einer Gesamtstrategie kompatibel sein. Dies betrifft einerseits die theoretische Fundierung, andererseits die spezifische Auflösung einzelner Merkmalsdimensionen.

So müssen beispielsweise aufgabenbezogene Ressourcen und Belastungen auf einem mittleren Konkretheitsniveau erfragt werden, so daß die Ergebnisse dieser Analyse mit den Ergebnissen einer Begehung in Bezug gesetzt werden können und gleichzeitig eine Entscheidung zulassen, ob vertiefende Aufgabenanalysen erforderlich sind.

Derzeit liegt kein wissenschaftlich fundiertes Instrument zur Schwachstellen- und Potentialanalyse vor, das alle Merkmalsdimensionen in ökonomischer und gegenstandsangemessener Weise erfaßt. Wissenschaftlich entwickelte Instrumente, wie der Fragebogen des Instruments zur streßbezogenen Tätigkeitsanalyse (ISTA) von Semmer (1984), Fragebogen zur subjektiven Arbeitsanalyse (SAA) von Udris und Alioth (1980), oder der Fragebogen zur salutogenetischen subjektiven Arbeitsanalyse (SALSA) von Rimann und Udris (1997) haben auf ihrem jeweiligen Entwicklungshintergrund Schwerpunktsetzungen vorgenommen, so daß zwar einzelne relevante Belastungen und Ressourcen bzw. Gesundheitsmerkmale ermittelt werden, aber kein Verfahren alle für betriebliche Gesundheitsanalysen erforderlichen Merkmale erfaßt.

Tabelle 8: Beispielhafte Übersicht über Merkmalsbereiche des SALSA und des ISTA

SALSA (aus: Riman & Udris, 1997)	ISTA (aus: Semmer & Dunckel, 1991)
Positive Aufgabencharakteristika und ‚organisationale' Ressourcen	
Ganzheitlichkeit der Aufgabe	Handlungsspielraum
Qualifikationsanforderungen und Ver-antwortung	Komplexität
Qualifikationspotential der Arbeitstätig-keit	Variabilität
Ganzheitlichkeit der Aufgaben	Kooperation
Tätigkeitsspielraum	Kommunikation
Aufgabenvielfalt	Veränderungen in der Arbeitssituation
Partizipationsmöglichkeiten	
Persönliche Gestaltungsmöglichkeiten des Arbeitsplatzes	
Spielraum für persönliche und private Dinge bei der Arbeit	
Arbeitsbelastungen	
Überforderung durch Arbeitsaufgaben	Konzentration und Zeitdruck
Unterforderung durch Arbeitsaufgaben	Unsicherheit und Verantwortung
Belastendes Sozialklima (Kolleginnen, Kollegen)	Arbeitsorganisatorische Probleme
Belastendes Vorgesetztenverhalten	Einseitige körperliche Belastung
Belastungen durch ‚äußere' Tätigkeits-bedingungen (Lärm, etc.)	Umgebungseinflüsse
	Unfallgefährdung
Soziale Ressourcen	
Mitarbeiterorientiertes Vorgesetztenver-halten	
Soziale Unterstützung durch den Vorge-setzten	
Soziale Unterstützung durch Kollegen	

Unberücksichtigt bleiben besonders Belastungen und Ressourcen, die über das unmittelbare Arbeitsumfeld hinaus der gesamten Organisation zuzuordnen sind. Tabelle 8 zeigt beispielhaft für den ISTA und den SALSA, der eine Weiterentwicklung des SAA darstellt, welche Untersuchungsdimensionen mit dem jeweiligen Instrument erhoben werden können.

Die Tabelle macht deutlich, daß beide Instrumente zwar wesentliche Belastungen und Ressourcen erfassen, diese aber überwiegend Belastungen und Ressourcen der Mikroebene und des unmittelbaren Arbeitsumfeldes sind. Beide Instrumente sind theoretisch fundiert. Sie sind auf Reliabilität und Validität geprüft und können somit grundsätzlich auch im Rahmen einer umfassenden betrieblichen Gesundheitsanalyse eingesetzt werden. Allerdings können mit ihnen nur die dargestellten Ausschnitte gesundheitsrelevanter Arbeitsbedingungen erfaßt werden.

Bezugnehmend auf vorhandene Instrumente und auf die theoretischen Vorüberlegungen, wird daher im folgenden ein Fragebogeninstrument zur Schwachstellen- und Potentialanalyse entwickelt und empirisch überprüft, das den speziellen Anforderungen einer umfassenden betrieblichen Gesundheitsanalyse gerecht werden soll. Die Befragungsinstrumente SALSA und ISTA stellen im Rahmen dieser Entwicklungsarbeit eine wichtige Grundlage dar.

4.3.2   Verfahren und Methoden zur Detailanalyse

4.3.2.1   Verfahren zur Aufgabenanalyse

Als arbeitspsychologische Analyseverfahren zur Ermittlung aufgabenbezogener Belastungen und Ressourcen eignen sich besonders die drei Analyseverfahren:

1. Verfahren zur Ermittlung von Regulationserfordernissen in der Arbeit (VERA),
2. Verfahren zur Analyse psychischer Belastung in der Arbeit (RHIA) und
3. Verfahren zur Kontrastiven Aufgabenanalyse (KABA).

Die drei ausgewählten Verfahren werden im folgenden nur überblicksartig dargestellt, da es sich um Arbeitsanalyseverfahren handelt, die bereits in Kapitel 3 vorgestellt wurden. In Hinblick auf die *wissenschaftlichen Anforderungen* ist allen Verfahren eine *handlungstheoretische Grundlage* gemeinsam.

Während mit VERA gesundheitsförderliche Regulationserfordernisse einer Arbeitsaufgabe ermittelt werden, dient RHIA der aufgabenbezogenen Belastungsanalyse. KABA behandelt über VERA und RHIA hinausgehend weitere gesundheitsförderliche Arbeitsmerkmale (Kommunikation/Kooperation, körperliche Aktivität, Zeitspielraum, Kontakt, Variabilität, Strukturierbarkeit der Aufgabe).

VERA, RHIA und KABA nehmen zunächst eine Aufgabenabgrenzung nach genau vorgegebenen Kriterien vor. Für die so festgelegten Aufgaben werden dann die Höhe der Regulationserfordernisse (VERA) und das Ausmaß der Belastungen (RHIA) bestimmt. Gesundheitsförderliche Regulationserfordernisse und gesundheitsbeeinträchtigende Belastungen sind weitgehend überschneidungsfrei konzipiert.

Bei allen drei Verfahren handelt es sich um *bedingungsbezogene Verfahren*, die ausgewählte Aufgabenaspekte in Hinblick auf ihre gesundheitliche Wirkung analysieren. Alle drei Instrumente sind theoriegeleitete Beobachtungsinterviews, die alle bisher dargestellten wissenschaftlichen Anforderungen erfüllen. Sie sind auf *Validität, Reliabilität* und *Objektivität* überprüft und weisen gute statistische Kennwerte auf. In der Tabelle 9 werden nur Unterschiede der Verfahren, und nicht ihre soeben genannten Gemeinsamkeiten aufgeführt.

In Hinblick auf die *praxisrelevanten Anforderungen* ist allen Verfahren gemeinsam, daß sehr differenzierte Interventionsvorschläge ableitbar sind. Für alle Verfahren liegen ein Handbuch und Manual vor, die die Analyse anleiten und strukturieren, womit ihre *Handhabbarkeit* auch in nicht wissenschaftlichen Zusammenhängen gewährleistet ist. Für die sachgemäße Anwendung der Verfahren wird jedoch eine vorherige Schulung empfohlen.

Neben VERA, RHIA und KABA gibt es noch andere wissenschaftlich fundierte handlungs- bzw. streßtheoretische Verfahren zur Aufgabenanalyse, wie z.B. das Tätigkeitsbewertungssystem TBS (Hacker et al., 1994), das Tätigkeitsanalyseinventar TAI (Frieling et al., 1993) oder das (Beobachtungs-) Instrument zur streßbezogenen Tätigkeitsanalyse ISTA (Semmer, 1984), die sich grundsätzlich auch für betriebliche Gesundheitsanalysen eignen.

Tabelle 9: Übersicht über handlungsregulationstheoretische Instrumente zur Aufgabenanalyse (Beobachtungsinterviews)

	VERA (Oesterreich & Volpert, 1991)	RHIA (Leitner et al. 1987, 1993)	KABA (Dunckel et al., 1993)
	Wissenschaftliche Anforderungen		
Analyse-dimensionen	Regulationserfordernisse von Arbeitsaufgaben als aufgabenbezogene Ressource, Stufendifferenzierung von 1 (reine Ausführung nach genauen Vorgaben) bis 5 (maximaler Entscheidungsspielraum)	Regulationshindernisse (Unterbrechungen, informatorische Erschwerungen) und Regulationsüberforderungen (Monotonie, Zeitdruck, Umgebungsbelastungen)	Entscheidungs- und Zeitspielraum; Kommunikation, Kontakt, Strukturierbarkeit, Variabilität der Aufgabe, körperliche Aktivität und psychische Belastungen
Anwendungs-bereich	Drei Verfahrensversionen: Industriell gewerbliche Arbeitstätigkeiten Sachbearbeitung im Industriebüro Geistige Arbeit	Zwei Verfahrensversionen: Industriell gewerbliche Arbeitstätigkeiten Sachbearbeitung im Industriebüro	Büro und Verwaltung (adaptierte Kurzform für Produktion wird derzeit zur Veröffentlichung vorbereitet)
	Praxisrelevante Anforderungen		
Art der Ergebnisse	Beschreibung und Einstufung der vorhandenen Regulationserfordernisse, der Bedingungen, die erforderlich sind, um die Regulationserfordernisse zu erhalten und stufenweise zu erhöhen. Konkrete Gestaltungsempfehlungen	Quantifizierbare Belastungsmaße für Regulationsbehinderungen: (z.B. Höhe des zu leistenden Zusatzaufwands in Minuten/Tag, Anteil der Stunden/Tag monotoner Arbeit) Qualitative Beschreibung der Regulationsbehinderungen, ihrer Bedingungen und ihrer Lösungen. Konkrete Gestaltungsempfehlungen	Siehe RHIA und VERA, zusätzlich quantitative Ergebnisse und qualitative Beschreibungen zu den Merkmalen Zeitspielraum, Variabilität, Strukturierbarkeit, Körperliche Aktivität, Kontakt, Kommunikation.
Verfahrens-ökonomie	3-5 Std. (Beobachtung und Ausfüllen der Antwortblätter)	3-5 Std. (Beobachtung und Ausfüllen der Antwortblätter)	ca. 6-8 Std. pro Arbeitsplatz (Beobachtung und Ausfüllen der Antwortblätter)

4.3.2.2 Nutzen

Die dargestellten Arbeitsanalyseverfahren dienen in unterschiedlicher Weise dazu, das positive Gesundheitspotential und das Ausmaß der vorhandenen Beeinträchtigungen eines Arbeitsplatzes zu ermitteln. Da alle drei Verfahren spezielle Dimensionen der Arbeitstätigkeit untersuchen, sind sie v.a. für Detailanalysen im Prozeß der betrieblichen Gesundheitsförderung geeignet. Der Einsatz von arbeitspsychologischen Aufgabenanalyseverfahren wird daher in der Regel erst erfolgen, nachdem man sich mit Hilfe geeigneter Screenings und Schwachstellenanalysen einen Eindruck über die Gesamtsituation verschafft hat und die geplanten Interventionen in Richtung arbeitspsychologischer Arbeitsplatzgestaltung gehen.

Die aufgeführten Verfahren ermitteln sowohl gesundheitsförderliche als auch beeinträchtigende Merkmale der Arbeitstätigkeit und bieten dadurch eine Grundlage für weitergehende arbeitsgestalterische Maßnahmen zum Belastungsabbau und zur Ressourcenerweiterung.

Ein besonderer Vorteil von VERA, RHIA und KABA ist die Qualität der Gestaltungsvorschläge. Durch das differenzierte Erfassen der Aufgabe und ihrer einzelnen Bestandteile können sehr konkrete Vorschläge dazu gemacht werden, welche Aufgabenbestandteile hinzukommen müßten, um die Entscheidungsspielräume zu erhöhen. Durch das zugrundegelegte 10-Stufen-Modell der Handlungsregulation, können die Erhöhungsvorschläge "stufenweise erfolgen". Die Umstrukturierung ist damit von sehr geringen bis zu sehr weitreichenden Änderungen steuerbar. Diese Stufung der Gestaltungsmöglichkeiten ist auch im RHIA- und KABA-Verfahren enthalten.

Es ist hervorzuheben, daß im Zentrum der Analyse dieser Verfahren jeweils eine einzige Arbeitsaufgabe steht. Führt eine Person mehrere Aufgaben aus, muß für jede Aufgabe eine Aufgabenanalyse durchgeführt werden. Belastende oder gesundheitsförderliche Aspekte, die über die konkrete Arbeitsaufgabe und den Arbeitsplatz hinausgehen, können mit diesen Verfahren nicht erfaßt werden.

4.3.2.3 Beteiligungsorientierte Vorgehensweisen: Gesundheitszirkel

Beteiligungsorientierte Analysen stellen den Übergang zwischen Analyse und Intervention dar. Im folgenden wird ein spezielles Konzept für Gesundheitszirkel als eine beteiligungsorientierte Vorgehensweise in der Analyse dargestellt. Es wird hier in die Gesamtstrategie betrieblicher Gesundheitsanalysen aufgenommen, weil es explizit unter Bezugnahme auf die hier dargelegte Gesamtstrategie einer umfassenden betrieblichen Gesundheitsanalyse entwickelt wurde. Vom Vorgehen ist der Gesundheitszirkel so konzipiert, daß die Ergebnisse vorangegangener Analysen Eingang in die Zirkelarbeit finden.

Entstehungshintergrund und Grundkonzeption

Das folgende Zirkelkonzept ist kein wissenschaftlich erprobtes Verfahren, sondern wurde aus der betrieblichen Praxis heraus im Auftrag der ‚Gesellschaft für Betriebliche Gesundheitsförderung' entwickelt. Es basiert auf dem ‚Berliner Ansatz' von Gesundheitszirkeln (z.B. Westermayer, 1998) und wurde bereits in mehreren Betrieben erfolgreich durchgeführt. Eine ausführliche Beschreibung des Konzepts als auch der Ergebnisse, die erzielt werden können, findet sich bei Ducki, Jenewein und Knoblich (1998).

Ein Gesundheitszirkel setzt sich aus 8 bis 16 Beschäftigten eines Arbeitsbereiches zusammen. Unterschiedliche Hierarchieebenen können vertreten sein, allerdings sollten die Beschäftigten in keinem Weisungsverhältnis zueinander stehen. Ein Zirkel findet während der Arbeitszeit statt. Der Gesundheitszirkel setzt sich aus verschiedenen Phasen zusammen:

Die Einführungsphase (erste bis dritte Sitzung, jeweils vierstündig) dient zur Vermittlung von Basisinformationen und Grundkenntnissen zum Zusammenhang von Arbeit und Gesundheit sowie zur Erstellung einer Belastungs- und Ressourcenliste für die weitere Arbeit.

Die Arbeitsphase (vierte bis zehnte Sitzung, jeweils zweistündig) dient der Bearbeitung der ausgewählten Belastungen und der Entwicklung von Lösungsvorschlägen.

In der Abschlußphase (elfte Sitzung) wird die Umsetzung vorbereitet und der Zirkel beendet.

In der Umsetzungskontrolle (zwölfte Sitzung) wird der Stand der Umsetzung überprüft, und es werden weitere Vereinbarungen getroffen, um offene Themen abzuschließen.

Theoretische Bezugspunkte und praktische Umsetzung

Der Intervention liegen *handlungs- und streßtheoretische Erkenntnisse* zugrunde, die vor allem die Wissensvermittlung zum Thema Arbeit und Gesundheit strukturieren. Um den Zusammenhang von Arbeits*bedingungen* und Gesundheit zu verdeutlichen, werden handlungstheoretische Klassifikationen von Belastungen und Ressourcen in der Arbeit verwendet. Hier wird den Teilnehmern auch verdeutlicht, was aus handlungstheoretischer Sicht Ressourcen von Belastungen unterscheidet und warum Ressourcen als gesundheitsförderlich zu bezeichnen sind. Damit wird ein Zugang zu der gesundheitsförderlichen Bedeutung von Aufgabenmerkmalen wie Handlungs- und Entscheidungsspielraum eröffnet. Diese explizite Behandlung von aufgabenbezogenen Ressourcen wird in bisherigen Zirkelkonzeptionen stark vernachlässigt.

Die Kombination von streß- und handlungstheoretischen Konzepten ermöglicht, daß individuelle Befindlichkeiten, die durch Streß verursacht werden, erklärt und persönliche Umgangsweisen mit Streß thematisiert werden. Darüber hinaus wird aber eine „Entindividualisierung" durch die Betrachtung der Arbeitsbedingungen möglich. Die handlungstheoretische Klassifizierung von Belastungen in aufgabenimmanente oder aufgabenübergreifende Belastungen macht deutlich, daß erlebte Beanspruchung nicht auf individuelles Versagen, sondern häufig auf eine unzureichende Arbeitsorganisation zurückzuführen ist.

Bevor eine systematische Problemsammlung vorgenommen wird, wird über die bisherigen Analyseergebnisse berichtet. Die Befragungsergebnisse werden mit den Zirkelteilnehmern in Hinblick auf die Frage diskutiert, ob die ermittelten Hauptprobleme auch in ihrem Arbeitsbereich von Relevanz sind.

Ausgehend von dieser Diskussion wird in der zweiten Zirkelphase eine Themensammlung erstellt, die in den dann folgenden Sitzungen abgearbeitet wird. Neben Belastungen werden auch die Ressourcen dokumentiert, die nach Ansicht der Zirkelteilnehmer in ihrer Arbeit von Bedeutung sind. Themen, die behandelt werden, können sich auf Fragen der Arbeitsorganisation, des Betriebsklimas, des Informationsflusses, der materiellen Grundausstattung und auf Umgebungsbedingungen beziehen (einen Überblick geben Ducki, Jenewein & Knoblich, 1998).

Nach der Problem- und Ursachenanalyse folgt die Entwicklung von Lösungsvorschlägen. Hierbei stehen die sachlich notwendigen Schritte zur Änderung im Mittelpunkt. Mitbehandelt werden aber auch mögliche Hindernisse der Veränderungen, die sich auf Organisationsstrukturen, aber auch auf psychosoziale Aspekte beziehen können. Bei der Lösungssuche wird Bezug genommen auf zuvor erarbeitete Ressourcen und unterschieden, ob es sich um individuelle oder strukturelle Änderungen handelt. Damit werden sowohl personen- als auch bedingungsbezogene Änderungsvorschläge erarbeitet. Die bedingungsbezogenen Vorschläge werden nochmals unterschieden nach den betrieblichen Ebenen Arbeitsgruppe, Abteilung, gesamter Betrieb, um Vorschläge mit unterschiedlicher Reichweite in bezug auf ihre organisationale Wirkung zu erhalten. So wird auch auf der Ebene konkreter Interventionsvorschläge die Unterscheidung in Mikro-, Meso- und Makrofaktoren umgesetzt. Am Ende dieser Arbeitsphase liegen für jedes bearbeitete Problem ausführliche Problembeschreibungen, Ursachenanalysen und Lösungsvorschläge vor.

Es folgen verschiedene Informationsveranstaltungen mit Mitarbeitern des Arbeitsbereichs, mit Vorgesetzten und (soweit vorhanden) mit dem Arbeitskreis Gesundheit, in denen zunächst die Lösungsvorschläge diskutiert und dann das Vorgehen bei der Umsetzung der Zirkelergebnisse verbindlich festgelegt wird. Nach etwa sechs Monaten erfolgt eine abschließende Auswertungssitzung, in der die Zirkelarbeit und ihre Ergebnisse abschließend bewertet werden.

Die Umsetzungssicherung erfolgt durch themenbezogene ‚Koordinatorenteams'. Ihnen obliegt die Aufgabe, die Umsetzung der Lösungsvorschläge zu begleiten, zu überwachen und über den Stand der Umsetzung auf der Abschlußveranstaltung nach sechs Monaten zu berichten. Um sicherzustellen, daß übergeordnete und bereichsbezogene Veränderungen abgestimmt werden, setzte sich ein Koordinatorenteam aus einem Vertreter des Zirkels, einem Mitglied des Arbeitskreises Gesundheit und aus den Vorgesetzten der Arbeitsbereiche zusammen.

Evaluation

Eine Evaluation des Zirkelkonzepts erfolgte bislang nur in Hinblick auf die Fehlzeitenentwicklung. Es wurden die Fehlzeiten von ähnlichen Arbeitsbereichen miteinander verglichen, in denen ein Gesundheitszirkel stattgefunden hat bzw. in denen kein Gesundheitszirkel stattgefunden hat. Der Vergleich ergab, daß der Arbeitsbereich, in dem der Gesundheitszirkel stattfand, der einzige Bereich war, in dem die Fehlzeiten sanken, während sie in den anderen Bereichen stiegen (Ducki, Jenewein & Knoblich, 1998). Eine umfassende wissenschaftliche Evaluation auf der Basis eines experimentellen Designs steht derzeit aus.

Nutzen

Gesundheitszirkel weisen die für beteiligungsorientierte Analyseverfahren typischen Vorteile auf: Als partizipative Verfahren erweitern sie Kompetenzen der teilnehmenden Beschäftigten (und sind daher eine Gesundheitsförderungsmaßnahme). Sie fördern die innerbetriebliche Kommunikation und ergänzen Expertenanalysen (z.B. Gesundheitsberichte) um die Sichtweise und das Erfahrungswissen der Betroffenen, was besonders bei psychosozialen Belastungen wichtig ist. Sie schaffen breitere Akzeptanz für erarbeitete Lösungsvorschläge bei den Beschäftigten, da die Interventionsvorschläge von den Beschäftigten selbst entwickelt werden.

Das hier vorgestellte Zirkelkonzept weist darüber hinaus den Vorteil auf, daß handlungs- und streßtheoretische Klassifikationen von Belastungen und Ressourcen in die Zirkelarbeit hineingetragen werden und die Ergebnisse vorangegangener Analysen in die Zirkelarbeit integriert werden. Hinzu kommt, daß auch die Interventionsvorschläge unterschieden werden in Mikro-, Meso- und Makroebene.

Einschränkend ist festzuhalten, daß in Gesundheitszirkeln bestimmte Belastungsthemen nicht behandelt werden können. Auf das Problem von Gewöhnungseffekten wurde bereits hingewiesen, die jedoch in der Zirkelarbeit besonders wichtig werden. Geringe Anforderungen werden z.B. selten von Zirkelteilnehmern als ein gesundheitliches Problem erkannt. Einschränkungen können sich darüber hinaus durch die Teilnehmerzusammensetzung ergeben. Aufgrund fehlender Repräsentativität sind Gesundheitszirkel auf weitere Analysen angewiesen, die im Rahmen einer Gesamtstrategie möglichst vor der Durchführung von Gesundheitszirkeln erfolgt sein sollten.

4.3.3   Fazit

Die Darstellung der einzelnen Verfahren hat gezeigt, daß kein Verfahren allein in der Lage ist, die gesundheitliche Situation eines Betriebes umfassend zu analysieren, zu bewerten und gleichzeitig differenzierte Interventionsempfehlungen für jeden Einflußfaktor zu formulieren.

Es wurden sowohl bedingungs- als auch personenbezogene Instrumente mit unterschiedlichen Erhebungsmethoden berücksichtigt. Alle Verfahren (bis auf das Screeningschema) sind in Industrie und Verwaltung einsetzbar. Der Auflösungsgrad ist über die verschiedenen Instrumente und Vorgehensweisen gestuft, wie auch das Konkretheitsniveau der ableitbaren Interventionshinweise. Die Verfahren haben einen unterschiedlichen Entwicklungsstand, die Verfahren zur Aufgabenanalyse können als valide und reliable Instrumente bezeichnet werden. Alle Verfahren berücksichtigen die Besonderheiten arbeitsfähiger Personen (Stichprobenspezifität) und können als zumutbar und handhabbar bezeichnet werden. In Hinblick auf die Ökonomie der Verfahren ergibt sich ein heterogenes Bild. Dadurch, daß die einzelnen Instrumente unterschiedliche fachliche Hintergründe haben, ist eine interdisziplinäre Kooperation an verschiedenen Stellen möglich. Am deutlichsten ist die Zusammenarbeit beim Einsatz des Screeningschemas und der Betriebsbegehung gegeben. Auf diesen Punkt wird im folgenden noch bei der Darstellung der Gesamtstrategie eingegangen. Abschließend soll dargestellt werden, in welcher Weise die vorgestellten Einzelverfahren in einer Gesamtstrategie zusammengeführt werden können.

4.4   Gesamtstrategie

Wesentliche Grundlagen für den Entwurf der Gesamtstrategie stellen das Konzept der ‚qualitativen Krankenstandsanalyse‘ (Westermayer, 1994) und die MTO-Analyse von Strohm und Ulich (1997) dar. Westermayer gibt einen Überblick über verschiedene Analysemethoden und ihre Einsatzmöglichkeiten im Prozeß der betrieblichen Gesundheitsförderung und weist auf die Notwendigkeit einer Kombination von qualitativen und quantitativen Methoden sowie von Experten- und Erfahrungswissen hin.

Die qualitative Krankenstandsanalyse ist speziell auf den Prozeß einer verhältnis- und verhaltensorientierten Gesundheitsförderung ausgerichtet und stellt daher eine wichtige Orientierungsgrundlage für die folgenden Überlegungen dar.

Das Konzept der MTO-Analyse (Strohm & Ulich, 1997) ist eine arbeitspsychologische Mehr-Ebenen-Analyse, die dem Zweck dient, soziotechnische Systeme unter Berücksichtigung neuer Produktionstechnik human zu gestalten und zu optimieren. In der MTO-Analyse werden, ähnlich wie in der folgenden Gesamtstrategie, verschiedene Analyseinstrumente mit einem unterschiedlichen Auflösungsgrad miteinander kombiniert. Hauptgegenstand einer

MTO-Analyse ist jedoch nicht die Gesundheit der Beschäftigten, sondern der Entwurf eines umfassenden Konzepts der soziotechnischen Restrukturierung komplexer betrieblicher Systeme.

Eine *umfassende* betriebliche Gesundheitsanalyse macht eine Gesamtstrategie erforderlich, bei der Arbeit und Gesundheit auf unterschiedlichen Ebenen und mit unterschiedlichem Differenzierungsgrad erfaßt werden können. Hierfür bedarf es verschiedener Verfahren mit einem unterschiedlichen Auflösungsgrad, der sich zunehmend differenzieren und konkretisieren sollte. Dabei bezieht sich die Differenzierung auf die Analyseebene, die zunehmend ‚kleiner' werden sollte (Betrieb → Organisationseinheit → Abteilung → Arbeitsgruppe → Person). Die Konkretisierung bezieht sich auch auf die Intervention. Am Ende einer umfassenden Analyse sollten konkrete Interventionsvorschläge zur Verbesserung der gesundheitlichen Situation vorliegen.

Es wurden daraufhin Verfahren überprüft und ausgewählt, die als Screenings bzw. als Verfahren zur Schwachstellen- und Potentialanalyse und als Verfahren zur Detailanalyse der Forderung nach zunehmender Differenzierung und Konkretisierung Rechnung tragen.

Der betriebliche Gesundheitsbericht, das Screeningschema und das noch vorzustellende Fragebogeninstrument zur Schwachstellen- und Potential-analyse fokussieren zunächst den gesamten Betrieb. Darüber hinaus sind diese Instrumente jedoch auch so konzipiert, daß Differenzierung auf die nächst kleineren Organisationseinheiten (Abteilungen) möglich ist. So kann beispielsweise der Gesundheitsbericht, sofern er mit betrieblichen Daten in Beziehung gesetzt wird, nicht nur den gesamten Betrieb, sondern auch das AU-Geschehen für einzelne Abteilungen abbilden.

Das Screeningschema, das eine Betriebsbegehung anleitet, ist ausdrücklich als Mehr-Ebenen-Instrument ausgelegt. Zunächst erfolgen eine Dokumentenanalyse und Interviews mit betrieblichen Experten, durch die die gesundheitlichen Rahmendaten des gesamten Betriebes erfaßt werden sollen. Dann erfolgt eine Begehung des gesamten Betriebes, in der das durch Dokumentenanalyse und Interviews gewonnene Gesamtbild konkretisiert wird. Im zweiten Durchlauf werden einzelne Organisationseinheiten begangen und ggf. typische Arbeitsplätze eingehender in Hinblick auf Belastungen und Ressourcen betrachtet, wobei darauf hingewiesen wird, daß diese Betrachtung nicht eine Aufgabenanalyse ersetzt, sondern diese vorbereiten kann (Kleindienst, 1996).

Damit nimmt das Begehungsinstrument ausdrücklich Bezug auf vertiefende Detailanalysen. Da hier dieselben Beurteilungsdimensionen zugrunde gelegt werden, wie bei den Aufgabenanalysen, ist ein unmittelbarer theoretischer Bezug zu nachkommenden Analysen hergestellt.

Das Screeningschema zur Begehung, wie auch der betriebliche Gesundheitsbericht sind bedingungsbezogene Verfahren, da sie sich um die Erfassung und Dokumentation ‚objektiver' Arbeitsbedingungen (Screeningschema) und Merkmale der Gesundheit (Gesundheitsbericht) bemühen. Screeningschema und Gesundheitsbericht sind zudem nur von arbeitsmedizinisch und arbeitspsychologisch qualifizierten betrieblichen Experten durchführbar und daher ‚Expertenanalysen'. Sie sollten ergänzt werden durch eine gesamtbetriebliche Befragung der Beschäftigten, so daß die Expertenurteile mit den Einschätzungen der Beschäftigten in Beziehung gesetzt werden können. Die Befragung sollte sowohl die Gesundheit der Beschäftigten als auch die Arbeitsbedingungen erfassen.

Sind über die verschiedenen Screenings einzelne Arbeitsplätze oder Tätigkeiten als besonders gesundheitsgefährdend oder belastend identifiziert worden, sollten an diesen Arbeitsplätzen vertiefende Detailanalysen durchgeführt werden.

Als bedingungsbezogene Verfahren wurden handlungstheoretisch fundierte Instrumente zur Aufgabenanalyse vorgestellt. Mit ihnen können sowohl gesundheitsförderliche Ressourcen der Arbeitsaufgabe als auch gesundheitsbeeinträchtigende Belastungen und konkrete Interventionsvorschläge ermittelt werden. Diese Analysen können ebenfalls nur von geschulten Experten durchgeführt werden.

Als ergänzende personenenbezogene Analysemethode wurde ein Zirkelkonzept vorgestellt, mit dem ebenfalls Belastungen und Ressourcen identifiziert und konkrete Interventionsvorschläge erarbeitet werden können. Hier sind es die Beschäftigten eines speziellen Arbeitsbereichs, die sich mit ihren unmittelbaren Arbeitsbedingungen auseinandersetzen und ihre Sichtweise hinsichtlich möglicher Ursachen und Lösungen thematisieren.

Zur Entwicklung einer Gesamtstrategie für eine umfassende betriebliche Gesundheitsanalyse wurden somit auf einem handlungs- und streßtheoretischen Hintergrund verschiedene bedingungs- und personenbezogene Instrumente ausgewählt, die sich in den Analysedimensionen zunehmend differenzieren und in Hinblick auf die Intervention konkretisieren. Abbildung 3 zeigt die verschiedenen Instrumente und Methoden in einer Übersicht.

Durch den gemeinsamen theoretischen Rahmen und die unterschiedlichen Differenzierungsniveaus der erfaßten Merkmale ergibt sich insgesamt ein konsistentes und gleichzeitig differenzierendes Gesamtbild der gesundheitlichen Situation eines Betriebes, das je nach Fragestellung ausgewertet werden kann. So können Probleme der betrieblichen Arbeitsteilung, Ressourcen oder auch Belastungen über die verschiedenen betrieblichen Ebenen hinweg in ihrer Bedeutung für die Gesundheit erfaßt werden.

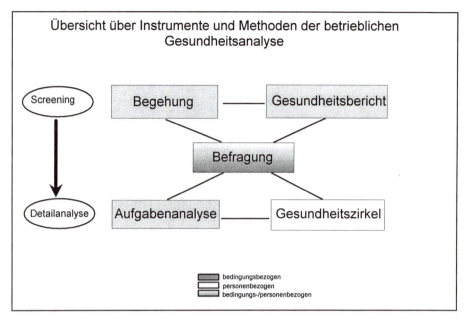

Abbildung 3: Instrumente und Methoden der betrieblichen Gesundheitsanalyse

Betriebliche Verteilungen diagnostizierter Krankheiten, wie sie im Gesundheitsbericht dokumentiert werden, können in Beziehung gesetzt werden zu
den Verteilungen subjektiv erlebter Beschwerden und Befindensbeeinträchtigungen, die durch eine Befragung identifiziert werden. Generelle Formen
der Arbeitsorganisation und der betrieblichen Sozialverfassung, die durch die
Begehung ermittelt wurden, können in Beziehung gesetzt werden mit Belastungen und Ressourcen an einzelnen Arbeitsplätzen. Die Verbindungslinien
zwischen den einzelnen Instrumenten und Vorgehensweisen machen deutlich, daß die Ergebnisse der jeweiligen Analyse sowohl in zunehmender Differenzierung als auch auf gleichem Differenzierungsniveau wechselseitig
berücksichtigt werden können.

Es gibt verschiedene Kombinationsmöglichkeiten der Instrumente, die vor
allem vom Ziel und der Fragestellung der Analyse abhängen. Es können eine
'Gesamtkombination' und eine 'modulare Kombination' unterschieden werden. Bei der Gesamtkombination kommen alle dargestellten Analyseverfahren zum Einsatz, um eine vollständige betriebliche Gesundheitsanalyse
durchzuführen. Hierbei können Auswertungen in Hinblick auf den ganzen
Betrieb, auf einzelne Abteilungen oder auf einzelne Beschäftigtengruppen
vorgenommen werden.

Aufgrund der gemeinsamen theoretischen Basis können aber auch einzelne
Verfahren miteinander kombiniert werden, so daß der Umfang und das Vorgehen der Analyse entsprechend der jeweiligen betrieblichen Ausgangslage
gestaltet werden kann. Eine betriebliche Gesundheitsanalyse muß somit nicht

zwingend aus einer Abfolge mehrerer sich zunehmend differenzierender Analyseschritte bestehen, sondern kann auch ausschnitthaft erfolgen, wobei dann auf den eingeschränkten Aussagegehalt der Ergebnisse hinzuweisen ist. Grundsätzlich ist beim modularen Einsatz zu berücksichtigen, daß nur die Aufgabenanalysen und die Gesundheitszirkel zu konkreten Interventionsvorschlägen in bezug auf das ‚Was' und das ‚Wie' führen. Aus den anderen Analysen sind zwar Ansatzpunkte für Interventionen ableitbar, was aber genau wie zu tun ist, um die Gesundheit zu fördern, kann nicht geschlußfolgert werden.

4.4.1   Fazit

Ziel und Ergebnis einer betrieblichen Gesundheitsanalyse ist die Verbesserung der Gesundheit der Beschäftigten, und zwar nicht nur im Sinne der Prävention, also der Verhinderung von gesundheitlichen Schäden und Beeinträchtigungen, sondern im Sinne der Förderung positiver Gesundheit. Bezug nehmend auf die vorangegangenen Kapitel wurde eine wissenschaftlich fundierte Strategie für eine umfassende betriebliche Gesundheitsanalyse aufgezeigt, in der verschiedene Instrumente und Methoden, die einen gemeinsamen theoretischen Bezugsrahmen aufweisen, systematisch miteinander in Beziehung gesetzt werden können. Der Nutzen dieser Gesamtstrategie liegt in folgenden Bereichen:

Sie erfaßt aus (arbeits- und organisationspsychologischer Perspektive) alle relevanten Merkmalsdimensionen und garantiert so ein umfassendes Bild der Gesundheit der Beschäftigten und der gesundheitsrelevanten Arbeits- und Organisationsbedingungen auf unterschiedlichen Differenzierungs- und Konkretheitsniveaus.

- Sie garantiert die Berücksichtigung pathogener und salutogener, gesundheits*förderlicher* Arbeitsbedingungen.

- Sie erlaubt Aussagen über beeinträchtigte *und* positive Gesundheit.

- Sie schafft die Grundlage für eine arbeitswissenschaftliche Bewertung der Bedingungen.

- Sie schafft die Voraussetzung für prospektive Interventionen.

Durch den Einsatz bedingungs- und personenbezogener Methoden berücksichtigt sie in gleicher Weise die Bedingungen und die individuellen Einschätzungen der betroffenen Personen. Damit liefert sie die Grundlage für Verhaltens- und Verhältnisprävention.

Durch die partizipativen Analyseelemente wird die Programmatik der Gesundheitsförderung in Hinblick auf das Menschenbild als aktives, eigenverantwortlich handelndes Subjekt realisiert.

Darüber hinaus werden partizipative Analyseelemente mit Expertenanalysen kombiniert. Dadurch wird eine Verbindung von Erfahrungs- und Expertenwissen gewährleistet, was die Qualität und den Erfolg späterer Interventionen positiv beeinflussen dürfte. Durch den Einsatz einzelner Instrumente (Gesundheitsbericht und Begehung) wird interdisziplinäre Kooperation in der Analyse ermöglicht.

Es ist nochmals zu betonen, daß die hier entworfene Gesamtstrategie in ihrer jetzigen Form Instrumente und Vorgehensweisen auf sehr unterschiedlichem Entwicklungsstand berücksichtigt und daher nur den Charakter eines ersten Entwurfes hat. Für einen abgesicherten Einsatz ist es erforderlich, diese aufgezeigte Perspektive einer wissenschaftlichen Prüfung zu unterziehen. Dies bezieht sich sowohl auf die Überprüfung einzelner Verfahren als auch auf die Prüfung ihrer Kompatibilität. Bevor jedoch die gesamte Strategie überprüft werden kann, müssen zunächst alle Einzelinstrumente überprüft bzw. entwickelt werden. Ein Ergebnis der bisherigen Arbeit ist, daß ein geeignetes Befragungsinstrument zur Schwachstellen- und Potentialanalyse derzeit fehlt. Im folgenden wird daher eine Instrumentenentwicklung entsprechend den vorangegangenen Anforderungen vorgestellt und empirisch überprüft.

5   UNTERSUCHUNG

5.1   Das Meßinstrument 'DigA'

Im folgenden wird das Instrument zur ‚Diagnose gesundheitsförderlicher Arbeit (DigA)‘ vorgestellt. Es handelt sich um einen Fragebogen, der basierend auf den streß- und handlungstheoretischen Überlegungen im Rahmen einer umfassenden Analysestrategie der betrieblichen Gesundheitsförderung im Auftrag der Gesellschaft für betriebliche Gesundheitsförderung (BGF) entwickelt wurde. Das Instrument dient im Sinne der Schwachstellen- und Potentialanalyse dazu, einen möglichst umfassenden Überblick über die gesundheitliche Situation des Betriebes zu erhalten. Es soll Zusammenhänge zwischen Arbeitsbedingungen und der Gesundheit der Beschäftigten aufzeigen und gesundheitliche Problembereiche und Potentiale innerhalb eines Betriebes identifizieren.

Es handelt sich sowohl um ein personen- als auch bedingungsbezogenes Instrument. Die Gesundheit wird überwiegend personenbezogen erfaßt, da hier das individuelle Erleben und Verhalten thematisiert wird, die Erfassung der Arbeits- und Organisationsmerkmale erfolgt über bedingungsbezogene Frageformulierungen. Das Instrument wurde für Industriebetriebe konzipiert. Es kann in der Produktion und Verwaltung von Industriebetrieben eingesetzt werden.

Als Instrument zur Schwachstellen- und Potentialanalyse besitzt es einen mittleren Auflösungsgrad. Da es speziell für betriebliche Einsatzzwecke konzipiert wurde, ist es auf arbeitsfähige (‚gesunde‘) Personen ausgerichtet, womit die Stichprobenspezifität gegeben ist. Es ist trotz der Vielzahl der erfaßten Merkmale ökonomisch einsetzbar. Die Beantwortungszeit beträgt zwischen 30 und 45 Minuten.

Berichtet wird von dem Einsatz des Instruments in drei unterschiedlichen Betrieben. Die Betriebsstichproben B1 (Betrieb 1), B2 (Betrieb 2) und B3 (Betrieb 3) sind in der zeitlichen Reihenfolge der Untersuchungsdurchführung numeriert.

5.1.1   Beschreibung der Skalen

Tabelle 1 zeigt die Skalen, die Itemzahl und den Entwicklungshintergrund der Skalen. Insgesamt erfaßt das DigA 24 Merkmalsbereiche (17 Arbeits- und Organisationsmerkmale und 7 Gesundheitsmerkmale).

Tabelle 10: Skalen des Befragungsinstruments im Überblick

Skalen	Item-zahl	Referenzskalen
Makro- und Mesofaktoren		
Arbeitsplatzunsicherheit*	3	Semmer, 1984
Arbeitsorganisation*	3	Eigenentwicklung, nach Semmer, 1984
Betriebsklima*	3	Eigenentwicklung
Information und Beteiligung*	3	Felfe, Resetka & Liepmann, 1994
Persönliche Entwicklungschancen*	3	Felfe, Resetka & Liepmann, 1994
Sinnbezug*	4	Felfe, Resetka & Liepmann, 1994
Fürsorge*	3	Eigenentwicklung
Leistungsgerechte Gratifikation*	2	Felfe, Resetka & Liepmann, 1994
Mikrofaktoren		
Entscheidungsmöglichkeiten am Arbeitsplatz*	4	Semmer, 1984
Arbeitsinhalte/-komplexität	3	Semmer, 1984
Beurteilung/Feedback durch Vorgesetzte*	3	Felfe, Resetka & Liepmann, 1994
Offene Kommunikation*	5	Eigenentwicklung, nach Felfe, Resetka & Liepmann, 1994
Kommunikation am Arbeitsplatz	3	Eigenentwicklung
Umgebungsbedingungen*	8	Leitner et al., 1987
Zeitdruck	2	Eigenentwicklung, nach Leitner et al., 1987
Monotonie*	3	Eigenentwicklung, nach Leitner et al., 1987
Unterbrechungen/Störungen	5	Eigenentwicklung, nach Leitner et al., 1987
Beeinträchtigungen		
Somatische Beschwerden	10	Mohr, 1986
Psychosomatische Beschwerden	3	Fahrenberg, 1975; Mohr, 1986
Gereiztheit/Belastetheit	2	Mohr, 1986
Ängstlichkeit	3	Mohr, 1986
Positive Gesundheit		
Arbeitsstolz/-freude	6	Eigenentwicklung
Selbstwirksamkeit	3	Schwarzer, 1986
Lernen in der Freizeit	4	Eigenentwicklung
* dichotomes Antwortformat		

5.1.1.1 Arbeits- und Organisationsbedingungen

Arbeitsplatzunsicherheit (Makroebene)

Ein kritisches Review verschiedener internationaler Studien zum Thema Arbeitsplatzunsicherheit von Mohr (1997) kommt zu dem Ergebnis, daß nicht nur der reale Erwerbsstatus, sondern die subjektiv erlebte Arbeits- bzw. Erwerbsunsicherheit mit einem schlechteren psychischen und physiologischen Befinden einher geht.[9] Diese Skala ist angelehnt an eine Skala aus dem ISTA (Semmer, 1984) und erfaßt im Sinne der ‚Antizipation von Arbeitslosigkeit' (Mohr, 1997) subjektive Befürchtungen des Arbeitsplatzverlustes. Es wird dabei unterschieden zwischen der generellen Befürchtung, in nächster Zeit arbeitslos zu werden, und der Befürchtung, den aktuellen Arbeitsplatz durch betriebliche Veränderungen zugunsten eines schlechteren Arbeitsplatzes im Unternehmen aufgeben zu müssen.

Beispielitem: Ich habe Angst, in nächster Zeit arbeitslos zu werden.

Information und Beteiligung (Mesoebene)

Wird über betriebliche Veränderungen, die Auswirkungen auf einzelne Arbeitsplätze und damit auf die Beschäftigten haben, nicht ausreichend und frühzeitig informiert, werden individuelle Kontrollbedürfnisse nach Transparenz, Verstehbarkeit und Durchschaubarkeit vernachlässigt. Es kommt zu einem Klima der allgemeinen Verunsicherung und des Mißtrauens (Stein & Westermayer, 1996). Die Skala wurde in Anlehnung an eine Skala von Felfe, Resetka und Liepmann (1994) entwickelt. Im Sinne der situativen Ressourcen (Antonovsky, 1979) soll sie das wahrgenommene Maß von Transparenz und Durchschaubarkeit betrieblicher Entscheidungen und Veränderungen und damit von vorhandenen Kontrollmöglichkeiten erfassen. Es wird gefragt, inwieweit das Unternehmen Mitarbeiter über betriebliche Veränderungen informiert und Mitsprache bei Veränderungen ermöglicht.

Beispielitem: Bei betrieblichen Veränderungen und Entscheidungen im eigenen Bereich haben Mitarbeiter bei uns ein Mitspracherecht.

---

[9] Die Korrelationskoeffizienten zwischen (erlebter) Arbeitsplatzunsicherheit und Befinden variieren in den verschiedenen Studien zwischen .20 und .40. Personen, die ihren Erwerbsstatus als bedroht wahrnehmen, ihren Arbeitsplatz jedoch nicht verlieren, weisen gleich schlechte gesundheitliche Werte auf wie Personen, die ihren Arbeitsplatz später verlieren (Mohr, 1997, S. 144). Dieses Ergebnis wird u.a. dahingehend interpretiert, daß die *Antizipation* von Erwerbslosigkeit für die Gesundheit ausschlaggebend ist.

Persönliche Entwicklungschancen (Mesoebene)

Mit dieser Skala sollen betriebliche Angebote für individuelle berufliche Entwicklungsperspektiven erfaßt werden. Berufliche Weiterentwicklung wird im Rahmen der Gesundheitsanalyse als ein Aspekt der allgemeinen Handlungsfähigkeit betrachtet (Ducki & Greiner, 1992). Mit der Skala sollen strukturelle Ressourcen individuellen Wachstums erfaßt werden. Sie ist an eine gleichlautende Skala von Felfe, Resetka und Liepmann (1994) angelehnt.

Beispielitem: Unser Unternehmen bietet seinen Mitarbeitern gute Aufstiegsmöglichkeiten.

Sinnbezug/Identifikation mit dem Unternehmen und dem Produkt (Mesoebene)

Mit dieser selbst entwickelten Skala werden unterschiedliche Dimensionen des persönlichen Sinns der eigenen beruflichen Tätigkeit erfaßt, die in Anlehnung an Antonovsky (1979) eine wichtige Ressource zur Herausbildung des ‚Sense of Coherence‘ darstellen. Zum einen wird nach der Sinnhaftigkeit des herzustellenden Produkts gefragt, zum anderen nach der Identifikation mit dem eigenen Unternehmen. Es wird sowohl die Einschätzung der Attraktivität und des Ansehens des Unternehmens in der Öffentlichkeit erfragt, als auch die Einschätzung der Zukunft des Unternehmens. Dem liegt die Annahme zugrunde, daß der Sinn der eigenen Tätigkeit sich zum einen über das herzustellende Produkt bestimmt, zum anderen aber auch wesentlich durch das öffentliche Image des gesamten Unternehmens beeinflußt wird. Ähnlich lautende Items finden sich in dem Instrument zur Organisationsklimaanalyse von Felfe, Resetka und Liepmann (1994).

Beispielitem: Ich bin selbst von unseren Produkten überzeugt.

Fürsorge (Mesoebene)

Mit dieser Eigenentwicklung soll erfaßt werden, inwieweit die Mitarbeiter ihr Unternehmen als unterstützend und rücksichtsvoll in bezug auf ihr Wohlbefinden und ihre soziale Situation wahrnehmen. Das Ausmaß der wahrgenommenen betrieblichen Fürsorge wird als eine betriebliche Ressource individuellen Wohlbefindens betrachtet.

Während Fürsorge in der Literatur eher unter dem Aspekt der sozialen Unterstützung (Pfaff, 1989) oder in bezug auf das Verhalten von Vorgesetzten thematisiert wird (Neuberger, 1976; Meier, 1996), soll mit dieser Skala ein gesamtbetriebliches ‚Fürsorgeklima‘ erfaßt werden, das als ein Resultat verschiedener Aktivitäten eines Betriebes auf unterschiedlichen Ebenen betrachtet wird. Dazu gehören betriebliche soziale Leistungen, aber auch die generelle Bereitschaft seitens des Betriebes, auf besondere Lebensumstände eines Mitarbeiters Rücksicht zu nehmen.

Beispielitem: Das Unternehmen nimmt Rücksicht auf die persönlichen Lebensumstände der Mitarbeiter.

Arbeitsorganisation (Mesoebene)

Diese Skala erfaßt in Abgrenzung zu sonstigen Skalen (Semmer, 1984) nur arbeitsplatz*über*greifende Aspekte der Arbeitsorganisation, die sich generell auf Kompetenzregelungen und Zuständigkeiten im Unternehmen und auf die generelle Ablauforganisation beziehen. Aufgabenbezogene Probleme der Arbeitsorganisation werden als Mikrobelastungen (Unterbrechungen) konzipiert und operationalisiert.

Beispielitem: Die Arbeitsabläufe in meinem Unternehmen sind gut organisiert.

Leistungsgerechte Gratifikation (Mesoebene)

Im Sinne der ‚Gratifikationskrisen‘ (Siegrist, 1987) erfaßt diese Skala die Zufriedenheit mit der Bezahlung. Bezahlung wird als Gratifikationsindikator verwendet. Es wird zum einen die generelle Zufriedenheit mit der Bezahlung erfaßt, zum anderen wird der Zusammenhang zwischen erbrachter Leistung und Bezahlung thematisiert. Diese Skala ist entnommen aus dem Instrument zur Organisationsklimaanalyse von Felfe, Resetka und Liepmann (1994).

Beispielitem: Mit meiner Bezahlung bin ich zufrieden.

Betriebsklima (Mesoebene)

Die Skala Betriebsklima soll die Qualität des sozialen Klimas im Betrieb erfassen (vgl. Riman & Udris, 1997). Dabei soll einerseits die Qualität generell beurteilt werden, andererseits wird nach dem Beitrag der Mitarbeiter am Zustandekommen des Betriebsklimas gefragt. Diese Skala erfaßt ausdrücklich *allgemeinbetriebliche* Aspekte des sozialen Klimas im Unterschied zu Aspekten des Mikroklimas am Arbeitsplatz (siehe hierzu die Skala ‚offene Kommunikation/Konfliktbewältigung‘). Es handelt sich um eine Eigenentwicklung.

Beispielitem: Das Betriebsklima ist gut.

Aufgabenbezogener Entscheidungsspielraum (Mikroebene)

Diese Skala erfaßt die aufgabenbezogene Ressource 'Entscheidungsspielraum', die auch häufig als ‚Handlungsspielraum‘ bezeichnet wird (vgl. Semmer & Dunckel, 1991). Im ISTA[10] (Greif et al., 1983; Semmer, 1984) liegt eine ähnliche Skala mit der Bezeichnung Handlungsspielraum vor. Gefragt wird, inwieweit die eigene Arbeit Möglichkeiten zur eigenständigen

---

[10] Instrument zur streßbezogenen Tätigkeitsanalyse

Planung und Entscheidung bereitstellt. Es werden zeitliche und Inhalts-
aspekte eigenständiger Planung und Entscheidung erfaßt.

> Beispielitem: Ich kann die Reihenfolge der zu bearbeitenden Aufträge selb-
> ständig festlegen.

Arbeitsinhalte (Mikroebene)

Diese Skala soll erfassen, inwieweit die eigene Arbeit als abwechslungsreich
wahrgenommen wird und Lernmöglichkeiten beinhaltet. Damit ist der
Aspekt der Aufgabenkomplexität angesprochen. Die inhaltliche Komplexität
wird ebenfalls als bedeutende Mikroressource betrachtet (vgl. Ulich, 1998).
Eine vergleichbare Skala ‚Komplexität‘ wurde von Semmer (1984) für den
ISTA entwickelt.

> Beispielitem: Ich kann bei meiner Arbeit immer wieder Neues hinzulernen.

Aufgabenbezogene Kommunikation (Mikroebene)

Kommunikation am Arbeitsplatz kann danach unterschieden werden, ob sie
aufgabenbezogen oder aufgabenunspezifisch (personenbezogen) ist (Dunckel
et al., 1993). Die Unterscheidung in aufgaben- und soziale/personenbezogene
Kommunikationsaspekte ist unter gesundheitlichen Gesichtspunkten von
Relevanz. Zum einen ist zu überprüfen, ob sich aufgabenbezogene Kommunikation und soziale/zwischenmenschliche Kommunikation in ihren Zusammenhängen zu einzelnen Gesundheitsindikatoren unterscheiden.

Der zweite Gesichtspunkt betrifft die Interventionen. Da z.B. bedeutsame
Zusammenhänge zwischen hohem aufgabenbezogenen Entscheidungsspielraum und hohen Kommunikationserfordernissen empirisch nachgewiesen
wurde (Pleiss & Kreutner, 1989), würde eine Erweiterung der aufgabenbezogenen Kommunikation durch arbeitsorganisatorische Änderungen im Sinne
einer Erweiterung von Handlungs- und Entscheidungsspielräumen erreicht
werden können. Zur Verbesserung von kommunikativer Offenheit und Konfliktfähigkeit einer Gruppe wären hingegen personenbezogene Interventionen
wie Qualifizierungsmaßnahmen im Bereich sozialer Kompetenzen notwendig.

Die Skala ‚aufgabenbezogene Kommunikation‘ ist aufbauend auf Dunckel et
al. (1993) eine Eigenentwicklung und erfaßt die Aspekte von Kommunikation, die sich durch Kooperation ergeben, und die zur Erfüllung der Arbeitsaufgabe erforderlich sind.

> Beispielitem: Um meine Aufgabe zu erfüllen, muß ich mich mit anderen
> Kollegen meines Arbeitsbereichs austauschen.

Offene Kommunikation und Konfliktbewältigung (Mikroebene)

Die Skala ist eine Eigenentwicklung, die orientiert ist an einer Skala von
Felfe, Resetka und Liepmann (1994). Sie soll die soziale bzw. zwischen-

menschliche Dimension der Kommunikation unter Kollegen erfassen: Erfragt werden Aspekte von Vertrauen und Offenheit und gegenseitiger Unterstützung. Im Sinne der sozialen Unterstützung (Leppin & Schwarzer, 1997) wird mit dieser Skala eine soziale Ressource auf der Mikroebene des Arbeitsplatzes und des unmittelbaren sozialen Umfeldes erhoben.

> Beispielitem: Mit meinen unmittelbaren Kollegen kann ich über alles offen reden, was mir wichtig ist.

Beurteilung durch den Vorgesetzten (Mikroebene)

Das Vorgesetztenverhalten wird zunehmend als Verursacher hoher Fehlzeiten thematisiert (vgl. Meier, 1996). Während Fairneß und eine konstruktive Beurteilung des Vorgesetzten als Ressource angesehen werden kann (Riman & Udris, 1993), ist anzunehmen, daß die Negativausprägung zur sozialen Belastung wird.

Diese Skala geht auf eine umfangreichere Skala von Felfe, Resetka und Liepmann (1994) zurück und wurde nach der ersten Überprüfung von Fütterer (1996) modifiziert. Sie erfaßt in der jetzigen Fassung Aspekte der Fairneß in der Beurteilung der eigenen Arbeit durch den Vorgesetzten. Dabei werden personen- und aufgabenbezogene Dimensionen der Beurteilung unterschieden. So wird z.B. danach gefragt, ob der Vorgesetzte andere Kollegen bevorzugt, und es wird auch danach gefragt, ob der Vorgesetzte die Sache und nicht die Person kritisiert.

> Beispielitem: Gute Leistungen werden von meinem Vorgesetzten anerkannt.

Monotone Arbeitsbedingungen (Mikroebene)

Monotone Arbeitsbedingungen zeichnen sich durch die Verbindung qualitativer Unterforderung und gleichzeitiger quantitativer Überforderung aus (Ulich, 1998). Diese Kombination hoher quantitativer Konzentrationserfordernisse bei gleichzeitig fehlenden Inhalten kann als besonders gravierender Belastungsfaktor bezeichnet werden, da es für die Person keine Möglichkeit gibt, sich z.B. gedanklich von der inhaltsleeren Aufgabe abzuwenden.

Die Skala ist eine Eigenentwicklung und erfaßt, inwieweit die Arbeitsaufgabe aufgrund ständig wiederkehrender Arbeitsabfolgen eintönig ist und dabei gleichzeitig Konzentration erfordert.

> Beispielitem: Die Arbeit ist eintönig und erfordert ständig Konzentration.

Zeitdruck (Mikroebene)

Die Skala ist eine Eigenentwicklung und basiert auf dem entsprechenden Konstrukt bei Leitner et al. (1993). Sie soll erfassen, inwiefern der Arbeitende bei der Erledigung seiner Aufgaben unter Zeitdruck gerät.

Zeitdruck entsteht durch die Menge der zu leistenden Arbeit in einem vorgegebenen Zeitintervall und zwingt den Arbeitenden dazu, schneller zu arbei-

ten, als er es ohne Festlegung tun würde. Zeitdruck ist in der handlungstheoretischen Konzeption eine Regulationsüberforderung und somit eine Belastung (Leitner et al., 1987).

Beispielitem: Es herrscht so großer Zeitdruck, daß ich – außer in den Pausen
– die Arbeit auch für kurze Zeit nicht unterbrechen kann.

Unterbrechungen und Störungen (Mikroebene)

Erfaßt werden hier aufgabenbezogene Unterbrechungen, die durch fehlende
oder unzureichende Informationen oder Materialien oder durch Personen
zustande kommen. Unterbrechungen sind als Regulationshindernisse konzipiert, die sich dem Arbeitenden bei der Zielerreichung in den Weg stellen
und zusätzlichen Handlungsaufwand notwendig machen (Leitner et al.,
1993).

Diese Skala ist eine Eigenentwicklung und basiert auf dem Konstrukt der
Regulationshindernisse durch Unterbrechungen (ebenda). Unterbrechungen
sind arbeitsorganisatorisch verursacht und beschreiben damit Defizite der
Arbeitsorganisation auf der Ebene des Arbeitsplatzes bzw. der Arbeitsaufgabe.

Beispielitem: Ich muß meine Arbeit häufig unterbrechen, weil Informationen
oder Unterlagen fehlerhaft sind.

Umgebungsbedingungen (Mikroebene)

Umgebungsbedingungen sind aufgabenunspezifische Bedingungen, die vor
allem den Arbeitsort kennzeichnen (Leitner et al., 1987, 1993). Umgebungsbedingungen betreffen die Gestaltung des Mobiliars, die klimatischen Verhältnisse, die Schadstoffbelastung der Luft, Lärm, Beleuchtung und die
räumliche Gestaltung. Umgebungsbedingungen schließen ergonomische
Bedingungen mit ein. Von den Umgebungsbedingungen ist prinzipiell jeder
betroffen, der sich an dem entsprechenden Arbeitsort aufhält, unabhängig
von seiner konkreten Tätigkeit.

Ungünstige Umgebungsbedingungen haben in der Regel langfristige Folgen
für die Gesundheit und erhöhen das Krankheitsrisiko. Sie können sich aber
auch kurzfristig (z.B. im Verlauf eines Arbeitstages) beeinträchtigend auf
das Wohlbefinden, die Konzentration und die Qualität der Arbeit auswirken
(so zum Beispiel, wenn durch eine starke Lärmbelastung Zurufe nicht verstanden und dadurch vermehrt Fehler gemacht werden). Ähnliche Zusam-
menstellungen finden sich z.B. im ISTA (Semmer, 1984) und in dem Instrument RHIA (Leitner et al., 1987).

Beispielitem: An meinem Arbeitsplatz beeinträchtigt mich Lärm.

5.1.1.2 Gesundheitsmerkmale

Die Gesundheitsmerkmale werden entsprechend dem handlungstheoretischen Gesundheitsmodell unterschieden in Indikatoren beeinträchtigter Gesundheit und in Positivindikatoren der Gesundheit. Als Indikatoren von Gesundheitsbeeinträchtigungen werden somatische und psychosomatische Beschwerden sowie psychische Beeinträchtigungen, wie Gereiztheit/Belastetheit und Ängstlichkeit erfaßt. Bei der Auswahl geeigneter Beeinträchtigungsindikatoren wurde Bezug genommen auf die Argumentation und die Skalen von Mohr (1986). Bei der Auswahl geeigneter Beeinträchtigungsindikatoren wurde vor allem die Tatsache berücksichtigt, daß es sich bei dieser Stichprobe um arbeitsfähige Personen handelt, deren Gesundheit zwar beeinträchtigt sein kann, bei der aber keine schwerwiegenden Störungen und chronischen Krankheitsbilder zu erwarten sind (vgl. auch Mohr, 1986). Als Positivindikatoren werden Arbeitsfreude/Stolz, Selbstwirksamkeit und Lernen in der Freizeit erhoben.

Somatische Beschwerden

Entscheidungsleitend für die Auswahl einzelner Beschwerdeindikatoren war die Anforderung, daß die Ergebnisse, die mit diesem Befragungsinstrument ermittelt werden, mit den Ergebnissen des betrieblichen Gesundheitsberichts in Beziehung gesetzt werden sollen. Aus diesem Grund wurden als Subdimensionen in Anlehnung an die fünf wichtigsten ICD-Hauptgruppen des betrieblichen Gesundheitsberichts folgende Beschwerdebereiche ausgewählt:

- Magen-Darm Beschwerden.
- Muskel- und Skeleterkrankungen.
- Kreislauferkrankungen und
- Atemwegserkrankungen.

> Beispielitem: Wie häufig haben Sie Magenschmerzen oder ein Druckgefühl in der Magengegend?

Bei der Skalenkonstruktion wurde auf Skalen von Mohr (1986) zurückgegriffen. Mohr ordnet diese Beschwerdebereiche aufgrund ihrer psychosomatischen Ätiologie den psychosomatischen Beschwerden zu. Sie bezieht sich in ihrer Skalenentwicklung auf die Freiburger Beschwerdeliste von Fahrenberg (1975), aus der auch Einzelitems übernommen wurden. Unter psychosomatischen Beschwerden versteht man alle körperlichen Leiden, an deren Entstehung psychische Prozesse beteiligt sind (Bräutigam & Christian, 1981). In dieser Untersuchung schien es aus folgenden Gründen angebracht, somatische Beschwerdebilder und unspezifische Erschöpfungssymptome getrennt zu erfassen. Die somatischen Beschwerdebilder sind zum einen diejenigen, die einen Großteil betrieblicher Arbeitsunfähigkeit verursachen, weswegen eine getrennte Betrachtung möglicher Zusammenhänge zu den Arbeitsbedingungen für die Betriebe von besonderem Interesse ist. Zum anderen kann vermutet werden, daß bei der Entstehung somatischer Beschwerden eine spezifische Kombination aus arbeits*ort*bedingten Umgebungsbelastungen und psychosozialen Belastungen wirksam wird. So kann z.B. bei der Entstehung von Atemwegserkrankungen vermutet werden, daß Umgebungsbelastungen durch Kälte, Zugluft o.ä. wesentliche Mitverursacher sind, während unspezifische Erschöpfungszustände eher auf eine rein psychosoziale Verursachung zurückführbar sind.

Psychische Erschöpfung

Die Items dieser Skala wurden entnommen aus der Skala ‚Psychosomatische Beschwerden' von Mohr (1986), die wiederum eine Weiterentwicklung der Freiburger Beschwerdeliste von Fahrenberg (1975) darstellt. Die hier vorliegende, stark reduzierte Fassung erfaßt ausschließlich *unspezifische* psychische Erschöpfungssymptome.

Beispielitem: Ich fühle mich häufig müde und erschöpft.

Gereiztheit/Belastetheit

Diese Skala wurde in gekürzter Form aus dem ‚Fragebogen zum Befinden' des Forschungsprojektes AIDA übernommen und ist eine Überarbeitung der entsprechenden Skala von Mohr (1986). „Gereiztheit/Belastetheit ist ein Zustand psychischer Erschöpfung, der aus eigener Kraft in den alltäglichen und allwöchentlichen Ruhepausen nicht beseitigt werden kann und zu Reizabwehr (als eine Strategie mit geringem Energieaufwand) führt. Wird die ursprünglich ätiologisch bedeutsame Belastung reduziert, ist der Zustand veränderbar, sofern nicht durch andauernde Gereiztheit/Belastetheit zusätzliche Belastungen entstanden sind, die durch Veränderungen der ursprünglichen Belastung nicht berührt werden" (Mohr, 1986, S. 79). Sie soll das Ausmaß erfassen, wie weit ein Beschäftigter den Verlust seiner Regenerationsfähigkeit erlebt. Gefragt wird nach dem Gefühl, überfordert zu sein, und nach der Arbeit nicht abschalten zu können. In ihrer endgültigen Form enthält diese Skala fünf Items. In allen drei Stichproben existiert leider nur eine Itemübereinstimmung bei 2 Items.

Beispielitem: Nach der Arbeit kann ich nicht abschalten.

Ängstlichkeit

Diese Skala soll auf einer arbeitsbezogenen Ebene leichte Ausprägungen innerer Unsicherheit und Ängstlichkeit erfassen. „Ängstlichkeit/Angst ist definiert als die Wahrnehmung oder Antizipation einer realen oder vorgestellten Bedrohung, die das Individuum zu vermeiden sucht, und eine allgemeine physiologische Aktiviertheit sowie unangenehme Emotionen. Bei zunehmender Entwicklung von Vermeidungsverhalten und Bedrohungseinschätzungen ohne äußere Hinweise (visual images) nimmt die Stabilität der Angstreaktion gegen Umweltveränderungen zu" (Mohr, 1986, S.45 f.). Auch diese Skala wurde in gekürzter Form aus dem ‚Fragebogen zum Befinden‘ Forschungsprojekt AIDA übernommen und ist eine Überarbeitung der entsprechenden Skala von Mohr (1986). Diese Skala konnte leider nur in der letzten Stichprobe zum Einsatz gebracht werden, es handelt sich hier also um eine Ersterprobung.

Beispielitem: Wenn es geht, vermeide ich es, Vorgesetzte anzusprechen.

Selbstwirksamkeit

Als kognitiv-emotionaler Aspekt positiver Gesundheit wurde im Theorieteil der Arbeit ein entwickelter Kohärenzsinn benannt, der in Gefühlen der Verstehbarkeit, Machbarkeit und Sinnhaftigkeit zum Ausdruck kommt. Bei der Skalenentwicklung wurde daher nach Skalen gesucht, die diese Subdimensionen erfassen. Im Rahmen einer arbeitspsychologischen Untersuchung von Riman et al. (1993) wurde eine Kurzversion eines von Antonovsky entwickelten Fragebogens eingesetzt, der die Subdimensionen des Kohärenzsinns erfassen soll. Nach einer faktorenanalytischen Prüfung der Skalen kommen jedoch Riman et al. (1993) zu dem Ergebnis, daß sich der Kohärenzsinn allenfalls „auf die beiden Konstrukte 'Selbstkontrolle' und 'Sinn' reduzieren" ließe,... weswegen ..."eine Unterscheidung in die Teilkonstrukte 'comprehensibility', manageability und meaningfullness wenig ergiebig zu sein scheint" (ebenda, S. 67 f.). Da auch Einzelitems in ihren Formulierungen für betriebliche Anwendungszwecke problematisch scheinen ('Wie oft haben Sie Gefühle, bei denen Sie nicht sicher sind, ob Sie sie unter Kontrolle halten möchten?'), schien ein Einsatz dieses Kurzfragebogens ohne weitergehende Überarbeitungen nicht ratsam.

Ein Teilaspekt des Kohärenzsinns sind Gefühle der Kontrollierbarkeit und Beeinflußbarkeit äußerer Lebensbedingungen, die auch als optimistische Kompetenzerwartungen bzw. Selbstwirksamkeitserwartungen bezeichnet werden können (Schwarzer, 1994).

Skalen zu Selbstwirksamkeitserwartungen, wie sie von Schwarzer (1986) entwickelt und erprobt wurden, erfassen Überzeugungen subjektiver Kontrollierbarkeit bzw. Kompetenzerwartungen in verschiedenen Anforderungssituationen. Theoretische Grundlage ist die kognitive Lerntheorie von Bandura (1977).

Auf dem Hintergrund der theoretischen Annahme, daß Verhalten gelernt wird, indem Bekräftigungen Erwartungen über bestimmte Kontingenzen erzeugen und dadurch motivational wirksam werden, entscheidet die Wahrnehmung eigener Leistungseffizienz über die aktive Auseinandersetzung mit situativen Anforderungen (Schwarzer, 1986). Schwarzer (1994) bezeichnet generalisierte Selbstwirksamkeitserwartungen auch als 'optimistische Kompetenzerwartungen'.

Sie beziehen sich explizit auf persönliche Handlungskompetenzen und beinhalten die Überzeugung, schwierige Anforderungen durch eigene Aktivitäten

bewältigen zu können (Schröder, 1997). „Im Laufe der individuellen Lernge-
schichte erhalten subjektive Kontrollüberzeugungen den Charakter von Persönlichkeitsmerkmalen, deren Ausprägung und Stabilität für verschiedene
Anforderungsbereiche unterschiedlich ausfallen kann" (Schwarzer, 1986, S.
16). Es existiert eine Skala ‚allgemeine Selbstwirksamkeit' in Kurz- und
Langform. Die Kurzform enthält 10 Items, die Langform enthält 20 Items.
Die Skalen sind empirisch geprüft und weisen durchgehend gute Kennwerte
auf (z.B. Schwarzer, 1994). Die hier verwendete Skala ist in gekürzter Form
übernommen von Schwarzer (1986).

> Beispielitem: Auch bei überraschenden Ereignissen glaube ich, daß ich gut
> mit ihnen zurechtkommen werde.

Arbeitsfreude/Arbeitsstolz

Lebenszufriedenheit wird häufig als ein kognitiver Aspekt des Wohlbefindens dargestellt und die Arbeitszufriedenheit als ein Teilaspekt der Lebenszufriedenheit betrachtet (Zapf, 1991). Bruggemann et al. (1975) haben eine
allgemeine Arbeitszufriedenheit in Frage gestellt und mehrere Typen von
Zufriedenen als Ergebnis einer Motivationsdynamik ermittelt: Die stabil
Zufriedenen und die progressiv Zufriedenen, deren Basis eine stabile Zufriedenheit ist. Daneben gibt es noch pseudo Zufriedene, die progressiv Zufriedenen, die fixiert und die konstruktiv Unzufriedenen und die eigentlich Unzufriedenen, die aber bei einer Befragung angeben, sie seien zufrieden.

Letztere bezeichnet Bruggemann als die resignativ Zufriedenen. "Resignati-
on dürfte aber kaum als Indikator seelischen Wohlbefindens akzeptierbar
sein" (Zapf, 1991, S. 232). Auch Frese (1990) kritisiert, daß mit der Zufriedenheit „das seichteste und mehrdeutigste aller Gefühle in der Arbeitspsychologie übernommen wurde" (S. 285); sinnvoller sei es hingegen, Gefühle
wie Arbeitsfreude und Arbeitsstolz zum Gegenstand der Untersuchung zu
machen.

Mit dieser selbst entwickelten Skala soll bezugnehmend auf eine Skalenentwicklung von Felfe, Resetka und Liepmann (1994) das Ausmaß von positiven Emotionen in bezug auf die eigene Arbeit erfaßt werden. Gefragt wird
im Sinne der Forderung von Frese (1990) nicht nach Zufriedenheitsformen,
sondern nach Aspekten von Arbeitsfreude und -stolz. Es wurden überwiegend Gefühle von Freude und Stolz erfragt, die sich unmittelbar auf die eigene Arbeitstätigkeit beziehen.

> Beispielitems: Es gibt Tage, da freue ich mich über meine Arbeit.

Lernen in der Freizeit

Der Zusammenhang von Arbeit und Freizeit wurde psychologisch häufig in
Hinblick auf die Frage betrachtet, ob arbeitsbedingte Stressoren in der Freizeit eher kompensiert werden können, oder ob sie in die Freizeit hinein gene-
ralisiert werden. Bamberg (1986, 1991) weist in einer kritischen Auseinan-

dersetzung mit verschiedenen psychologischen und soziologischen Erklärungsansätzen darauf hin, daß sich die verschiedenen Freizeitmodelle nicht eindeutig voneinander trennen lassen, und daß sie nicht alternativ zu diskutieren sind.

Ihre Untersuchung kommt zu dem Ergebnis, daß der vielschichtige Zusammenhang von Arbeit und Freizeit sich je nach Einzelmerkmalen sehr stark unterscheiden kann. So konnte beispielsweise kein Zusammenhang zwischen der Häufigkeit bestimmter Freizeitaktivitäten und den Arbeitsbelastungen nachgewiesen werden. Es zeigten sich jedoch Hinweise darauf, daß Belastungen im Freizeitbereich (z.B. Partnerschaftsverhalten, fehlende soziale Unterstützung) mit arbeitsbedingten Stressoren in Zusammenhang stehen.

Für weitere Forschungsaktivitäten weist sie darauf hin, daß es neben qualitativen Untersuchungen zur Erfassung von Bewältigungsverhalten in der Freizeit und neben Längsschnittanalysen notwendig ist, sich diesen Einzelzusammenhängen genauer zuzuwenden. Dieser Empfehlung folgend, wurde in der Untersuchung das Lernen in der Freizeit und seine Zusammenhänge zu den Anforderungen in der Arbeit hervorgehoben betrachtet. Diese Auswahl erfolgte auf dem Hintergrund handlungsregulationstheoretischer Überlegungen zum Zusammenhang von Arbeitsanforderungen und Gesundheit.

Was eine Person außerhalb der Arbeit tut, vor allem aber wie sie es tut, ist ein wesentlicher Indikator für entwickelte Regulationsgewohnheiten. Unter dem Gesichtspunkt der Kompetenzentwicklung durch Arbeit, ist es eine entscheidende Frage, wie Personen Tätigkeiten des alltäglichen Lebens organisieren und koordinieren und welche Tätigkeiten mit welcher Absicht (welcher Zielstellung) durchgeführt werden. Um letzteres zu erfassen, reicht es nicht aus, die Tätigkeit an sich und ihre Häufigkeit zu erheben (z.B. Dauer von Fernsehkonsum), vielmehr müssen die zugrunde liegenden Zielstellungen ermittelt werden. Langfristige Zielverfolgung in der Freizeit kann als Indikator für Lernprozesse und damit als Indikator für die Weiterentwicklung der Handlungsfähigkeit betrachtet werden.

Bei dieser Skala handelt es sich um eine Eigenentwicklung auf der Grundlage des dargestellten Konstrukts. Erfaßt werden soll, inwieweit in der Freizeit auch Tätigkeiten ausgeführt werden, bei denen die Person ihre Handlungsfähigkeit durch Lernen weiterentwickelt (vgl. auch Weyerich, Lüders, Oesterreich & Resch, 1992).

> Beispielitem: Ich suche mir in meiner Freizeit Tätigkeiten, bei denen ich etwas Neues dazulernen kann

5.2   Untersuchungsbedingungen

Das Instrument DigA wurde in drei Betrieben im Rahmen von Projekten der betrieblichen Gesundheitsförderung eingesetzt. Die Beschäftigten waren schriftlich und mündlich über Ziel, Vorgehen und Hintergrund der Projekte informiert. Überall wurden vor der Befragung betriebliche Gesundheitsberichte der Krankenkasse erstellt und ausgewertet. In Betrieb 1 wurde zusätzlich vor der Befragung eine Begehung mit dem Screeningschema von Kleindienst (1996) durchgeführt und ausgewertet. In allen Betrieben diente die Befragung der Vorbereitung kommender Interventionen.

In allen Betrieben existierte ein 'Arbeitskreis Gesundheit', dem die Steuerung und Koordination aller Aktivitäten der Gesundheitsförderung oblag. Entscheidungen über Maßnahmen und Vorgehen wurden partizipativ getroffen. Der Betriebsrat war überall aktiv an der Vorbereitung und Durchführung aller Maßnahmen beteiligt und achtete auf die Einhaltung des Datenschutzes.

Die Befragung wurde pro Betrieb als Vollerhebung innerhalb einer Betriebspopulation durchgeführt. In Betrieb 3 bezieht sich die Vollerhebung auf einen Unternehmensbereich, in dem alle Mitarbeiter befragt wurden. Die Erhebung fand einmalig statt und stellt damit eine Querschnittuntersuchung dar. Der Ablauf der Befragung wurde in allen Betrieben in ähnlicher Weise organisiert. Die Fragebögen wurden in der Arbeitszeit an die Beschäftigten verteilt und ausgefüllt. Waren Beschäftigte erkrankt, wurde der Fragebogen über den Betrieb an die Privatadresse geschickt.

5.3   Beschreibung der Stichproben

Betrieb 1 (B1) ist ein mittelgroßes Industrieunternehmen mit 301 Beschäftigten der Papier, Pappe und Kunststoff verarbeitenden Industrie. Betrieb 2 (B2) ist ein mittelgroßes Industrieunternehmen mit 773 Beschäftigten der Lebensmittelbranche. Das Unternehmen stellt unterschiedliche Süßwaren her. Betrieb 3 (B3) ist ein Energieversorgungsunternehmen mit insgesamt 9482 Beschäftigten. Der Bereich, in dem die Untersuchung durchgeführt wurde, hat 325 Beschäftigte und gehört zur Stromerzeugung.

Die Rücklaufquote der jeweiligen Befragungen lag in allen drei Betrieben zwischen 69,8 Prozent und 78,3 Prozent und kann damit als gut bezeichnet werden.

Die nach Betrieben aufgeschlüsselten Verteilungen der soziodemographischen Merkmale Geschlecht, Alter, Berufsstatus und Beschäftigungsdauer finden sich im Anhang. Auch über die jeweils vorgefundene Arbeitszeitform wird im Anhang berichtet. Zusammenfassend kann festgehalten werden, daß in den drei Stichproben vor allem ein Unterschied bei der Verteilung des Geschlechts besteht. In bezug auf die Altersstruktur ergeben sich keine wesentlichen Unterschiede. Unterschiede bestehen weiterhin zwischen Betrieb 2 und 3 bei der Beschäftigungsdauer und zwischen Betrieb 1 und 2 bei der Verteilung des Berufsstatus. Alle drei Betriebe unterscheiden sich in Hinblick auf die zu leistende Schichtarbeit. Im weiteren werden die Merkmale, in denen sich die Betriebe unterscheiden, als potentielle Einflußfaktoren kontrolliert.

Insgesamt führte die Sicherung des Datenschutzes dazu, daß bestimmte Daten nicht oder nur in betriebsspezifisch verschlüsselter Form erhoben werden konnten. So konnten keine genauen Tätigkeitsbezeichnungen erfaßt werden, und auch das Merkmal ‚Nationalität' konnte nicht erfaßt werden. Insgesamt auffällig und bei der Dateninterpretation zu berücksichtigen ist eine hohe 'Missing-Quote' bei den Angaben zur Person, die teilweise über 50 Prozent liegt. Auf diese Problematik wird an anderer Stelle noch eingegangen (siehe Diskussion der Unterschiedsanalysen).

Für die Bearbeitung der Frage, ob sich betriebs- und abteilungsspezifische Besonderheiten in der gesundheitlichen Lage ermitteln lassen, ist eine Differenzierung nach Abteilungen von besonderem Interesse. Die folgenden drei Tabellen zeigen, welchen Abteilungen sich die Befragten in den einzelnen Betrieben zugeordnet haben. Unter 'Sonstige' sind überwiegend Verwaltungs- und kleinere Dienstleistungsabteilungen zusammengefaßt.

Tabelle 11 zeigt, daß sich die Befragten von Betrieb 1 auf vier Produktionsabteilungen verteilen. PA1 ist eine Produktionsabteilung zur Herstellung von Feinpappematerialien. Die Produktion erfolgt überwiegend maschinell. Die überwiegende Zahl der Arbeitsplätze sind einfache Montagearbeitsplätze und Arbeitsplätze zum Be- und Entladen der Maschinen. In PA2 und PA4 werden Folien und Pappordner gefertigt. Die Arbeitsplätze sind vergleichbar mit denen in PA1.

Tabelle 11: Verteilung der Befragten in Betrieb 1 nach Abteilungen

Abteilung	n
Produktionsabteilung (PA) 1	39
Produktionsabteilung (PA) 2	16
Produktionsabteilung (PA) 3	24
Produktionsabteilung (PA) 4	7
Sonstige	42
Missings	99
Gesamt (N)	227

In PA3 werden überwiegend Kunststoffprodukte gefertigt. Diese Abteilung ist im Vergleich zu den anderen Produktionsabteilungen diejenige mit dem höchsten Automatisierungsgrad. Die Tätigkeiten hier sind ausschließlich Be- und Entladetätigkeiten, die Arbeitsgeschwindigkeit wird vollständig von den Maschinen vorgegeben. Die Hälfte der Befragten hat keine Angaben zur Abteilung gemacht. Das bedeutet, daß die anderen Angaben nicht repräsentativ für die tatsächliche Größe der jeweiligen Abteilungen sind. Dies gilt es bei späteren Auswertungen zu berücksichtigen.

Tabelle 12 zeigt, daß in Betrieb 2 Befragungsergebnisse aus insgesamt 5 Produktionsabteilungen vorliegen. Die meisten Beschäftigten (N=222) haben sich der Produktionsabteilung PA3 zugeordnet. Der Produktionsabteilung PA4 haben sich 80 Beschäftigte zugeordnet, danach folgen die Abteilungen PA1 mit 58 und PA5 mit 44 Beschäftigten. In allen Produktionsabteilungen überwiegen maschinenüberwachende, be- und entladende Tätigkeiten.

Tabelle 12: Verteilung der Befragten in Betrieb 2 nach Abteilungen

Abteilung	n
Produktionsabteilung (PA) 1	58
Produktionsabteilung (PA) 2	12
Produktionsabteilung (PA) 3	222
Produktionsabteilung (PA) 4	80
Produktionsabteilung (PA) 5	44
Elektro/Technik (EL/T)	11
Lager/Vesand (La/VE)	9
Sonstige	22
Missings	148
Gesamt (N)	606

Die Abteilungen unterscheiden sich in Hinblick auf die herzustellenden Produkte. Aus dem Arbeitsbereich Elektro/Technik (ET) und dem Bereich Lager/Versand (LV) haben insgesamt 11 bzw. 9 Beschäftigte einen Fragebogen ausgefüllt. Die Verwaltung ist auch hier dem Bereich ‚Sonstige' zugeordnet, die Missing-Quote beträgt 24,4% (148 Beschäftigte).

Tabelle 13 zeigt, daß in Betrieb 3 die meisten Befragten aus der Abteilung E (Erzeugung) kommen. Dieser Abteilung haben sich insgesamt 136 Beschäftigte zugeordnet. In dieser Abteilung Erzeugung sind überwiegend Maschinisten, Schaltisten, Monteure, Leitstandsfahrer und Kraftwerker beschäftigt. 57 Beschäftigte haben sich der Abteilung I (Instandhaltung) zugeordnet.

In der Abteilung I sind vorwiegend Monteure und Handwerker beschäftigt. Abteilung A ist die Anlagentechnik, der vorwiegend Techniker zugeordnet werden. Dieser Abteilung haben sich 17 Befragte zugeordnet. In diesem Betrieb haben nur 9 Beschäftigte keine Angaben zur Abteilungszugehörigkeit gemacht, das entspricht einem Prozentsatz von 3,9%.

Insgesamt muß festgehalten werden, daß in Betrieb 1 und 2 sehr viele Beschäftigte Angaben bezüglich der Abteilungszugehörigkeit verweigert haben. In Betrieb 1 können angesichts der hohen Anzahl fehlender Angaben (55%)

keine Schlußfolgerungen in Hinblick auf die tatsächliche Abteilungsstruktur des Betriebes gezogen werden. In Betrieb 2 (Missings: 24,4%) können nur eingeschränkte Aussagen über Abteilungen vorgenommen werden, in Betrieb 3 (Missings: 3,9%) sind Rückschlüsse auf die tatsächliche Abteilungsstruktur möglich. Dies ist bei späteren Analysen und Interpretationen von Abteilungsunterschieden zu berücksichtigen.

Tabelle 13: Verteilung der Befragten in Betrieb 3 nach Abteilungen

Abteilung	n
Erzeugung (E)	136
Anlagentechnik (A)	17
Instandhaltung (I)	57
Sonstige	8
Missings	9
Gesamt (N)	227

5.4   Untersuchungsfragen

Es lassen sich zwei Hauptfragestellungen für die folgende Untersuchung unterscheiden: Die erste betrifft die Überprüfung der testtheoretischen Gütekriterien:

- Können mit dem Instrument in verschiedenen Stichproben reliable Ergebnisse erzielt werden?

- Lassen sich zur Prüfung der internen Validität theoretisch formulierte und in anderen Untersuchungen empirisch bestätigte Zusammenhänge zwischen Arbeitsbedingungen und Gesundheit finden?

- Lassen sich beispielhaft für zwei Abteilungen die Ergebnisse der Befragung an dem Außenkriterium ‚Fehlzeiten‘ validieren?

Die zweite Hauptfrage betrifft die Einsatzmöglichkeiten des Instruments:

- Lassen sich spezifische Belastungen und Ressourcen identifizieren, die einen besonderen Stellenwert für die Gesundheit haben?

- Lassen sich betriebliche und abteilungsspezifische Unterschiede hinsichtlich gesundheitsrelevanter Arbeitsbedingungen und der Gesundheit der Beschäftigten aufzeigen?

- Finden sich spezifische Bedingungskonstellationen, die mit spezifischen Merkmalskonstellationen der Gesundheit korrespondieren? Lassen sich diese in ‚Gesundheitsprofilen‘ abbilden?

6 ERGEBNISSE

6.1 Reliabilitätsprüfung

Zur Prüfung der Reliabilität wurde eine interne Konsistenzanalyse durchgeführt, als Maßzahl wurde der Cronbach Alpha Koeffizient ermittelt, außerdem wurden die Standardabweichungen (SD) und die Skalenmittelwerte (M) berechnet. Lagen nur 2 Items vor, wurden die Interkorrelationen der Items ermittelt. Die Reliabilitätskoeffizienten wurden zunächst getrennt nach Betrieben und danach für die Gesamtstichprobe berechnet.

Zur Beurteilung der Skalenqualität werden folgende Konventionen zugrundegelegt. Als unzureichend wird ein α-Koeffizient kleiner .60 bezeichnet, gering bis zufriedenstellend sind Koeffizienten, die zwischen .60 und .80 liegen. Als gut wird ein Reliabilitätskoeffizient größer .80 bezeichnet. Trennschärfekoeffizienten der Einzelitems, die unter .30 liegen, werden als unzureichend, größer .30 als ausreichend bezeichnet. Die Trennschärfekoeffizienten der Einzelitems sind im Anhang aufgeführt.

Bei der Ergebnisbeurteilung sind die unterschiedlichen Antwortformate zu berücksichtigen. Das dichotome Antwortformat hat die Ausprägung 1 = trifft eher zu/ 2 = trifft eher nicht zu. Das fünfstufige Antwortformat reicht von 1 = trifft völlig zu bis 5 = trifft nicht zu. Damit bedeutet ein niedriger Wert eine Zustimmung, ein hoher Wert eine Ablehnung. Da die Standardabweichungen vom Skalenmittelwert nicht über die Stichproben vergleichbar sind, dienen sie in erster Linie als deskriptives Maß innerhalb der jeweiligen Stichprobe. Sollen sie miteinander verglichen werden, dienen die Abweichungen von der jeweiligen Skalenmitte als gemeinsamer Orientierungspunkt. Im folgenden wird nur auf extreme Abweichungen eingegangen.

6.1.1 Arbeits- und Organisationsmerkmale

Insgesamt läßt sich festhalten, daß die Überprüfung der Reliabilität in unterschiedlichen Stichproben ein zufriedenstellendes Bild ergab.

Auf der Ebene der *Mesofaktoren* (Tabelle 14) weisen die meisten Skalen zufriedenstellende Alpha-Koeffizienten auf. Ausreichend bzw. knapp zufriedenstellend ist die Skala ‚Betriebsklima‘. Unzureichend sind die Skalen ‚leistungsgerechte Gratifikation‘ und ‚Arbeitsorganisation‘. Im folgenden werden daher diese beide Skalen nicht weiter berücksichtigt. Vor einem weiteren Einsatz sollten beide Skalen inhaltlich überarbeitet werden.

Tabelle 14: Skalenkennwerte der Mesofaktoren

Skalenbezeichnungen	Item anzahl	Kennwerte	B1	B2	B3
Arbeitsplatzunsicherheit (Apunsich)	3	α	.613 n=194	.774 n=558	.864 n=223
		M	1.76	3.14	3.16
		SD	.318	1.28	1.10
Information und Beteiligung (Inform)	3	α	.655 n=194	.731 n=571	.776 n=225
		M	1.56	3.35	3.66
		SD	.374	1.04	.89
Persönliche Entwicklungschancen (Entwick)	3	α	.545 n=177 ohne pa: .70	.787 n=547	.812 n=223
		M	1.67	3.43	2.96
		SD	.31	1.07	.88
Sinnbezug/ Unternehmens-identifikation[11] (Sinn)	4	α	.632 n=204	.781 n=582	.761 n=217
		M	1.17	1.94	2.43
		SD	.32	.80	.73
Fürsorge (Fuersorg)	3	α	.708 n=197	.825 n=548	.776 n=224
		M	1.41	3.03	2.79
		SD	.387	1.09	.81
Arbeitsorganisation (Arborg)	3	α	.455 n=189	.555 n=547	.729 n=224
		M	1.50	3.04	3.57
		SD	.34	.92	.80
Leistungsgerechte Gratifikation (Gratif)	2	α	.401 n=190	.675 n=565	.577 n=226
		M	1.66	3.62	3.56
		SD	.373	1.09	.88
Betriebsklima (Klima)	3	α	.634 n=200	.699 n=558	.624 n=225
		M	1.29	2.57	2.81
		SD	.336	.97	.82

---

[11] In B1 wurden nur die Items ‚qa' und ‚qb' erhoben, die nach der Identifikation mit dem Produkt fragen.

Auf der Ebene der *Mikrofaktoren* weisen die Skalen zur Erfassung aufgabenbezogener Ressourcen ‚Arbeitsinhalte' und ‚Entscheidungsmöglichkeiten am Arbeitsplatz' in allen drei Untersuchungsstichproben gute Kennwerte auf.

Tabelle 15: Skalenkennwerte der Mikrofaktoren

Skalenbezeichnungen	Itemzahl	Kenn-werte	B1	B2	B3
Entscheidungsspielraum (Entschei)	4/5	α	.764 n=204	.884 n=569	.903 n=224
		M	1.62	3.53	3.12
		SD	.369	1.15	1.00
Arbeitsinhalte (Aufin)	3	α	.827 n= 198	.860 n=568	.792 n=227
		M	2.88	3.13	2.74
		SD	1.14	1.27	.89
Aufgabenbezogene Kommunikation (Apkomu)	3	α	.743 n=200	.753 n=560	.647 n=221
		M	3.95	4.00	3.09
		SD	1.29	1.26	1.14
Offene Kommunikation/ Konfliktbewältigung (Kommun)	5	α	.678 n=131	.758 n=564	.817 n=225
		M	1.22	2.85	2.43
		SD	.25	.83	.74
Beurteilung durch den Vorgesetzten (Vorges2)	3	α	.692 n=193	.732 n=559	.860 n=224
		M	1.38	2.99	2.94
		SD	.346	.983	.873
Monotone Arbeitsbedingungen (Mono)	3	α	.850 n=189	.640 n=564	.773 n=220
		M	2.59	1.41	3.48
		SD	1.02	.36	.96
Zeitdruck (Zeitdr)	2	α	.778 n=208	.694 n=563	.840 n=223
		M	2.39	2.84	3.20
		SD	.93	1.37	1.09
Unterbrechungen (Unterbr)	5	α	.712 n=185	.761 n=550	.830 n=219
		M	2.87	3.55	3.13
		SD	.69	.98	.95

Zufriedenstellende bis gute Kennwerte weisen folgende Skalen auf:

- aufgabenbezogene Kommunikation
- offene Kommunikation/Konfliktbewältigung
- Beurteilung durch Vorgesetzte.

Auch die Skalen zur Erfassung aufgabenbezogener Belastungen sind zufriedenstellend bis gut und können in weiteren Untersuchungen ohne Einschränkungen zum Einsatz kommen:

- Zeitdruck
- Monotone Arbeitsbedingungen
- Unterbrechungen und Störungen.

6.1.2   Gesundheitsmerkmale der Beschäftigten

Die Kennwerte der Skalen, die verschiedene Gesundheitsaspekte der Beschäftigten erfassen, werden zusammenfassend in Tabelle 16 wiedergegeben. Auch hier sind die Trennschärfen im Anhang dokumentiert.

Die Mehrzahl der Skalen zur Analyse der *Gesundheit der Beschäftigten* haben in allen drei Stichproben gute Ergebnisse erzielt, was teilweise mit dem Einsatz dieser Skalen in anderen Untersuchungen (z.B. Leitner, 1993; Mohr, 1986) übereinstimmt. Dies betrifft die Skalen

- Somatische Beschwerden
- Psychische Erschöpfung
- Gereiztheit/Belastetheit (Langfassung)
- Psychische Befindensbeeinträchtigungen
- Selbstwirksamkeit
- Arbeitsfreude/Arbeitsstolz.

Die zufriedenstellenden bis guten Kennwerte der Skala ‚psychische Befindensbeeinträchtigungen‘, vor allem die zufriedenstellenden Trennschärfekoeffizienten der Items weisen darauf hin, daß eine Zusammenlegung der beiden Skalen ‚Psychische Erschöpfung‘ und ‚Gereiztheit/Belastetheit‘ vertretbar ist. ‚Gereiztheit/Belastetheit‘ sollte als Einzelskala besser in der Langform verwendet werden.

Erfreulich sind ebenfalls die guten Kennwerte der Skala 'Arbeitsfreude/Stolz', da es sich hier um eine Neuentwicklung handelt, die erstmals in diesen Untersuchungen zum Einsatz kam. Auch die Skalen ‚Ängstlichkeit‘ und ‚Lernen in der Freizeit‘ wurden in der dritten Untersuchung erstmals eingesetzt und bedürfen noch weiterer Überprüfung, bevor ihre Güte abschließend beurteilt werden kann. Die erste Überprüfung ergab für die Skala ‚Lernen in der Freizeit‘ gute Ergebnisse, der Alpha-Koeffizient der Skala ‚Ängstlichkeit‘ ist zunächst nur knapp zufriedenstellend, so daß eine Überarbeitung empfehlenswert ist.

Tabelle 16: Skalenkennwerte der Gesundheitsmerkmale

Skalenbezeichnung	Itemzahl	Kenn-werte	B1	B2	B3
Somatische Beschwerden (Somabew)	10	α	.824	.840	.817
			n= 201	n=535	n=212
		M	2.80	3.73	3.93
		SD	.63	.80	.63
Psychische Erschöpfung (Erschöpf)	3	α	.768	.721	.804
			n=214	n=568	n=227
		M	2.97	2.94	3.10
		SD	1.09	1.10	.97
Gereiztheit/Belastetheit (Gerbel) (kurz)	2	α	.606	.625	.575
			n=216	n=583	n=227
		M	3.37	3.48	3.77
		SD	1.13	1.09	.85
Gereiztheit/Belastetheit (Gerbell) (lang)	5	α			.824
					n=226
		M			3.71
		SD			.75
Psychische Befindens-beeinträchtigungen (Psysobew)	5	α	.804	.784	.814
			n=208	n= 557	n= 227
		M	3.14	3.16	3.36
		SD	.99	.97	.82
Arbeitsfreude/Arbeitsstolz (Stolz)	6	α	.882	.849	.860
			n=199	n=576	n=223
		M	2.61	2.74	2.89
		SD	1.02	1.02	.84
Selbstwirksamkeit (Selbwirk)	3	α	.695 ohne jc .783	.786	.784
				n=577	n=223
		M	2.34	2.37	2.17
		SD	.79	.87	.56
Ängstlichkeit (Angst) (Neuentwicklung)	3	α			.687
					n=225
		M			4.22
		SD			.76
Lernen in der Freizeit (Lern) (Neuentwicklung)	4	α			.819
					n=222
		M			2.66
		S			.77

6.1.3   Gesamtfazit

Es fällt auf, daß sich die schlechteren Skalenwerte vor allem bei den Skalen finden, bei denen die Variablen nur *dichotome Ausprägungen* haben. Dies ist vor allem in der B1-Stichprobe der Fall. Bei einem weiteren Einsatz ist daher ein fünfstufiges Antwortformat zu empfehlen, um ein adäquates Antwortverhalten sicherzustellen.

Ein möglicher Grund für die geringeren Skalenwerte in der B1-Stichprobe kann aber auch darin liegen, daß hier die Arbeitsbedingungen insgesamt einheitlicher eingeschätzt werden. Die Skalenmittelwerte und Standardabweichungen weisen in die Richtung, daß in diesem Betrieb die Arbeitsbedingungen tendenziell etwas homogener und schlechter als in den anderen beiden Betrieben eingeschätzt werden. In den noch folgenden Überprüfungen von Unterschiedshypothesen wird darauf noch weiter eingegangen werden.

Weitere Gründe für unzureichende Kennwerte können in der teilweise geringen *Itemzahl* (z.B. ‚leistungsgerechte Gratifikation') liegen. Im Rahmen der Gesamtstrategie zur betrieblichen Gesundheitsanalyse sollen mit dem Befragungsinstrument DigA möglichst viele gesundheitsrelevante Arbeits- und Organisationsmerkmale erfaßt werden. Aus diesem Grunde war es erforderlich, statt weniger umfangreicher Skalen, was sicherlich zu besseren statistischen Kennwerten geführt hätte, viele kurze Skalen zu konstruieren, um ein möglichst breites Merkmalsspektrum abzudecken. Angesichts der Schwierigkeit, mit einer geringen Itemzahl zufriedenstellende statistische Kennwerte zu erzielen (vgl. Bortz, 1993), sind die Ergebnisse bis auf wenige Ausnahmen (Arbeitsorganisation und leistungsgerechte Gratifikation) durchaus akzeptabel[12].

Weiterhin zeigt sich, daß die Mikrofaktoren bessere Kennwerte aufweisen als die Mesofaktoren. Da die schlechteren Kennwerte der Mesofaktoren hauptsächlich in der ersten Betriebsstichprobe auftreten, kann jedoch auch hier als ein Grund das zweistufige Antwortformat angenommen werden. Zum anderen ist aber auch zu berücksichtigen, daß die Skalen zur Erfassung von Mikrofaktoren überwiegend auf *bereits erprobte Skalen* zurückgehen, die an unterschiedlichen Stichproben revidiert und überarbeitet wurden (Entscheidungsspielraum, Arbeitsinhalte). Dies gilt für die Skalen zur Erfassung der Mesofaktoren nur teilweise (z.B. Arbeitsplatzunsicherheit). Hier kamen einige Skalen erstmalig zum Einsatz.

---

[12] In diesem Zusammenhang weist Borg (1995) auf das grundsätzliche Problem hin, daß häufig im Rahmen von Mitarbeiterbefragungen auf den Einsatz von Skalen gänzlich verzichtet werden muß, um den Erhebungsaufwand für die Betriebe vertretbar zu halten.

Abschließend kann das Instrument in unterschiedlichen Stichproben als hinreichend reliabel bezeichnet werden. Perspektivisch bleibt in Hinblick auf Steigerung der Güte des Instruments festzuhalten, daß

- ein fünfstufiges Antwortformat einem zweistufigen vorzuziehen ist,

- einige Skalen voraussichtlich durch Erweiterungen der Itemzahl zu verbessern wären (dies gilt besonders für die Skalen ‚leistungsgerechte Gratifikation‘ und ‚Gereiztheit/Belastetheit‘),

- Änderungen einzelner Itemformulierungen wahrscheinlich zu einer Verbesserung der Güte einzelner Skalen beitragen können (z.B. ‚Arbeitsorganisation‘),

- Skalen vor ihrem Einsatz auf ihre Stichprobenangemessenheit zu überprüfen sind (z.B. ‚Arbeitsorganisation‘).

6.2   Zusammenhangsanalysen

Mit den Zusammenhangsanalysen wird zunächst geprüft, ob die Skalen hinreichend eigenständige Dimensionen erfassen und ob die ausgewählten Konstrukte beibehalten werden können. Hierzu werden jeweils die Korrelationen der unabhängigen Merkmale untereinander und der abhängigen Merkmale untereinander bestimmt (Abschnitt 1 dieses Kapitels).

Zur Validierung des Instruments wird vor dem Hintergrund des aktuellen Forschungsstandes der Zusammenhang von Arbeits- und Organisationsmerkmalen und dem Befinden der Beschäftigten überprüft. Die bivariaten Zusammenhangsanalysen erfolgen im Gesamtdatensatz.

In Hinblick auf spezielle Belastungs- und Ressourcenkonstellationen verweist Dunckel (1991) darauf, daß zwar die Betrachtung des Zusammenwirkens von mehreren Belastungen (und Ressourcen) zunehmend Beachtung findet, insgesamt aber wenig gesicherte theoretische und empirische Ergebnisse über die Wirkung kombinierter Belastungsfaktoren vorliegen. Im Rahmen dieser Untersuchung soll daher zunächst der Frage nachgegangen werden, welche Belastungs- und Ressourcenkombinationen generell welche Gesundheitsmerkmale vorhersagen.

In einem zweiten Schritt kann dann der für die betriebliche Praxis bedeutsamen Frage nachgegangen werden, ob und welche betriebsspezifischen Besonderheiten in den Kombinationen von Belastungen und Ressourcen vorliegen. Hierfür wird exemplarisch für einen Betrieb ein Gesundheitsmerkmal analysiert.

Validierung und Exploration der Einsatzmöglichkeiten erfolgen somit innerhalb einer Stichprobe bzw. in Teilen einer Gesamtstichprobe. Dieses Vorgehen ist auf folgendem Hintergrund vertretbar. Die erste Überprüfung des

Instruments erfolgte bereits bei Fütterer (1996). Die sich daraus ergebenen Änderungen bezogen sich vorwiegend auf Skalenkürzungen, so daß die Ergebnisse der ersten Untersuchung von Fütterer auch auf dieses Instrument bezogen werden können. Die hier vorgenommene Prüfung ist eine *zusätzliche* Prüfung, die sich auf die Frage bezieht, ob das Instrument auch in anderen Stichproben zu zuverlässigen und validen Ergebnissen führt.

Hinzu kommt, daß sich die Gesamtstichprobe aus drei unterschiedlichen Betriebsstichproben zusammensetzt und die Zuverlässigkeit des Instruments in den Einzelstichproben zufriedenstellende Ergebnisse aufweist.

6.2.1   Auswertungsmethodik

Die Prüfung der Konstruktvalidität erfolgt in der Gesamtstichprobe, um Einflüsse, die auf betriebsspezifische Besonderheiten zurückgehen können, so gering wie möglich zu halten. Um die Vergleichbarkeit der Daten zu gewährleisten, wurden durch nachträgliche Dichotomisierung in den Teilstichproben einheitliche Antwortformate geschaffen (ausführlich siehe Ducki 1998a). Anschließend wurden neue Skalen gebildet und ihre Kennwerte ermittelt. Eine Gegenüberstellung der Reliabilitätskoeffizienten aus den einzelnen Untersuchungen und der Koeffizienten des neu gebildeten Gesamtdatensatzes sowie die Skalenmittelwerte und Standardabweichungen sind dem Anhang zu entnehmen.

Die vergleichende Gegenüberstellung der Reliabilitätskoeffizienten der Einzeluntersuchungen und der neu gebildeten Skalen des Gesamtdatensatzes im Anhang zeigt einen Verlust bei den einzelnen Alpha-Koeffizienten, der auf die Dichotomisierung zurückführbar ist. Dennoch weisen die neu ermittelten Alpha-Koeffizienten auf eine überwiegend ausreichende bis gute Reliabilität hin. Nur die Skala ‚Betriebsklima' wird aufgrund ihrer geringen Reliabilität (Cronbach's Alpha .58) aus den weiteren Analysen ausgeschlossen. Ebenfalls nicht mit aufgenommen in den Gesamtdatensatz wurden die Skalen, die in der dritten Untersuchungsstichprobe (B3) erstmalig zum Einsatz kamen (Ängstlichkeit, Gereiztheit/Belastetheit in der Langfassung und Lernen in der Freizeit).

Zur Überprüfung bivariater Zusammenhänge werden Pearsons Korrelationskoeffizienten ermittelt, zur Kontrolle von Drittvariablen werden Partialkorrelationen berechnet. Zur Ermittlung von spezifischen Belastungs-, Ressourcenkonstellationen werden Regressionsanalysen (forward) gerechnet.

6.2.2   Interkorrelationen der Skalen

Da sich das Befragungsinstrument DigA aus nunmehr 21 Skalen zusammensetzt, die sehr unterschiedliche Aspekte der Arbeit und der Gesundheit erfassen, ist die Überprüfung der Interkorrelationen entsprechend umfangreich und macht eine Strukturierung und Gewichtung erforderlich.

Zunächst werden die Zusammenhänge der Arbeits- und Organisationsmerkmale untersucht, und zwar differenziert nach der Ebene ihres Auftretens (Meso-, Mikroebene). Anschließend werden Zusammenhänge zwischen Meso- und Mikrofaktoren betrachtet. Neben der Überprüfung der Dimensionalität der einzelnen Skalen liefert dieses Vorgehen auch erste empirische Anhaltspunkte zur Plausibilität der Ebenendifferenzierung.

Im Anschluß an die Überprüfung der Zusammenhänge der Arbeits- und Organisationsmerkmale werden die Interkorrelationen der Gesundheitsmerkmale ermittelt. Eine ausführliche Diskussion der Ergebnisse der Interkorrelationen findet sich bei Ducki (1998a).

6.2.2.1 Arbeits- und Organisationsmerkmale

Die Zusammenhänge der *Belastungen und Ressourcen auf der Mesoebene* liegen alle in einem erwartungsgemäß mittleren Wertebereich (Tabelle 17). Die Ressourcen korrelieren untereinander positiv und mit dem Belastungsfaktor Arbeitsplatzunsicherheit negativ. Die Korrelationskoeffizienten zwischen einzelnen Ressourcen der Mesoebene, die um .40 und höher liegen, weisen darauf hin, daß es hier, neben unabhängigen Dimensionen auch gemeinsame Anteile gibt. Dies betrifft die Merkmale ‚persönliche Entwicklungschancen‘, ‚Fürsorge‘ und ‚Information und Beteiligung‘. Die Gemeinsamkeit dieser Merkmale läßt sich damit begründen, daß es sich hier in allen Fällen um soziale und kommunikative Dimensionen einer allgemeinen Unternehmenskultur handelt, die von anderen Autoren als Ausdruck einer ‚gesundheitsförderlichen Unternehmenskultur‘ gesehen werden (z.B. Stein & Westermayer, 1996). In eine ähnliche Richtung werden auch Forschungsergebnisse zum Organisationsklima (z.B. Conrad & Sydow, 1984) interpretiert, die ebenfalls darauf verweisen, daß sich das Organisationsklima aus zahlreichen Einzelaspekten zusammensetzt, die sich teilweise gegenseitig beeinflussen.

Tabelle 17: Interkorrelationen der Mesofaktoren

	Apunsich	Entwick	Fürsorg	Inform	Sinn
Apunsich	1.000	-.097	-.253	-.106	-.122
Entwick		1.000	.441	.387	.235
Fuersorg			1.000	.418	.353
Inform				1.000	.259
Sinn					1.000
N= 904-983					

Trotz der Gemeinsamkeiten weisen die mittleren bis niedrigen Zusammenhänge jedoch darauf hin, daß die Einzelmerkmale hinreichend eigenständige

Dimensionen erfassen. Auch die Richtung der Zusammenhänge ist erwartungsgemäß.

Bei den *Belastungen und Ressourcen der Mikroebene* (Tabelle 18) entsprechen die Richtungen, und mit wenigen Ausnahmen auch die Höhe der Zusammenhänge, ebenfalls den theoretischen Vorannahmen. Belastungen korrelieren untereinander positiv und mit den Ressourcen gering negativ. Die Korrelationskoeffizienten liegen zwischen .009 und .44. Die höchste Korrelation besteht zwischen den Merkmalen ‚Arbeitsinhalte‘ und ‚Entscheidungsspielraum‘ (.44) und zwischen ‚Arbeitsinhalte‘ und ‚monotonen Arbeitsbedingungen‘ (-.43). Da dies alles aufgabenbezogene Merkmale sind, die nicht vollständig überschneidungsfrei konzipiert sind, ist die Höhe der Zusammenhänge erwartungsgemäß.

Tabelle 18: Interkorrelationen der Mikrofaktoren

	AI	ES	KO	APK	VS2	ZD	UB	UG	MO
Aufin	1.00	.447	.332	.390	.330	-.157	-.068	-.190	-.430
Entschei		1.000	.283	.417	.284	-.151	-.014	-.177	-.396
Kommun			1.000	.224	.316	-.229	-.177	-.259	-.232
Apkomu				1.000	.172	-.009	.168	.041	-.259
Vorges2					1.00	-.238	-.176	-.191	-.169
Zeitdr						1.00	.388	.261	.253
Unterbr							1.00	.399	.105
Umgeb								1.00	.126
Mono									1.00
N= 565-994									

Die *Zusammenhänge zwischen Meso- und Mikrofaktoren* (Tabelle 19) zeigen zunächst, daß auch hier alle Vorzeichen erwartungsgemäß sind. Die Höhe der Zusammenhänge variiert zwischen .08 (‚Unterbrechungen‘ und ‚persönliche Entwicklungschancen‘) und .42 (‚Arbeitsinhalte‘ und ‚persönliche Entwicklungschancen‘). Die Zusammenhänge zwischen einzelnen Mikro- und Mesoressourcen sind teilweise höher als die Zusammenhänge der Mikroressourcen bzw. der Mesoressourcen untereinander, was die Ebenendifferenzierung zwar nicht bestätigt, aber auch nicht widerlegt. Auffällig ist hier, daß entweder soziale *oder* arbeitsorganisatorische Faktoren über die Ebenen hinweg höher miteinander korrelieren. So korreliert z.B. das soziale Merkmal ‚Vorgesetztenverhalten‘ mit dem sozialen Merkmal ‚Information und Beteiligung‘ zu .41. Das Aufgabenmerkmal ‚Arbeitsinhalte‘ korreliert mit ‚persönlichen Entwicklungschancen‘ zu . 42 miteinander. Diese Zusammenhänge belegen somit inhaltliche Gemeinsamkeiten von Ressourcen auf unterschiedlichen Ebenen, die theoretisch erwartungsgemäß sind.

In bezug auf die Differenzierung der Arbeits- und Organisationsmerkmale läßt sich festhalten:

- Die einzelnen Skalen erfassen hinreichend eigenständige Dimensionen.

- Die Unterscheidung der Arbeits- und Organisationsbedingungen in Ressourcen und Belastungen wird durch die Richtung und die Höhe der Zusammenhänge bestätigt.

- Die Unterscheidung sozialkommunikativer und arbeitsorganisatorischer bzw. aufgabenbezogener Ressourcen und Belastungen findet sich in einer sinngemäßen Korrelationsstruktur wieder.

- Die Unterscheidung der Ressourcen und Belastungen nach der Ebene ihres Auftretens in Makro-, Meso und Mikroebene wird durch die Höhe der Interkorrelationen nicht eindeutig bestätigt und nicht widerlegt. Ein Grund kann darin liegen, daß die vorgenommene Strukturierung eine Forschungsheuristik darstellt, die vor allem dazu dient, eine möglichst vollständige Betrachtung von Belastungen und Ressourcen auf unterschiedlichen betrieblichen Ebenen zu gewährleisten, die aber so nicht von den Beschäftigten wahrgenommen wird.

Tabelle 19: Interkorrelationen der Meso- und Mikrofaktoren

	Apunsich	Entwick	Fürsorg	Inform	Sinn
Aufinh	-.269	.428	.359	.345	.265
Entschei	-.189	.363	.317	.276	.152
Kommun	-.226	.312	.357	.225	.255
Apkomu	-.017	.228	.214	.130	.107
Vorges2	-.192	.401	.422	.418	.233
Zeitdr	.221	-.239	-.249	-.179	-.140
Unterbr	.179	-.088	-.187	-.218	-.172
Umgeb	.323	-.131	-.234	-.196	-.100
Mono	.249	-.264	-.265	-.171	-.149
N= 565-994					

6.2.2.2 Gesundheitsmerkmale

Für die *Gesundheitsmerkmale* kann zusammenfassend festgehalten werden, daß jedes Merkmal hinreichend eigenständige Dimensionen von Gesundheit erfaßt, auch wenn die Zusammenhänge zwischen somatischen Beschwerden und psychischen Befindensbeeinträchtigungen sowie zwischen psychischer Erschöpfung und Gereiztheit/Belastetheit recht hoch sind. Insgesamt variiert die Höhe der Korrelationen zwischen .15 und .63. Die Skalen ,psychische Erschöpfung' (Erschöpf) und ,Gereiztheit/Belastetheit' (Gerbel) sind Subskalen der Skala ‚psychische Befindensbeeinträchtigungen' (Psysobew), was die hohen Korrelationen zwischen diesen Skalen erklärt. Um deutlich zu machen, daß es sich um Subskalen handelt, sind die Korrelationskoeffizienten fett gesetzt.

Erwartungsgemäß kritisch ist der Zusammenhang der Skalen ‚psychische Befindensbeeinträchtigungen' und ‚Somatische Beschwerden' (.63). Beide Skalen entstammen der Skala ‚Psychosomatische Beschwerden' (Mohr, 1986) und wurden nur aus Gründen der Kompatibilität mit anderen Analyseinstrumenten nachträglich getrennt (vgl. Abschnitt ‚Beschreibung des Meßinstruments'). Obwohl die Höhe der Korrelationen es nahelegt, die Skalen wieder zusammenzufassen, sollen sie aus den bereits genannten pragmatischen Gründen getrennt bleiben.

Tabelle 20: Interkorrelationen der Gesundheitsmerkmale

	Somabew	Psysobew	Erschöpf	Gerbel	Selbwirk	Stolz
Somabew	1.000	**.638**	**.600**	**.514**	-.150	-.206
Psysobew		1.000	**.932**	**.838**	-.222	-.291
Erschöpf			1.000	**.584**	-.188	-.267
Gerbel				1.000	-.203	-.232
Selbwirk					1.000	.300
Stolz						1.000

N= 894-1026
Fett gesetzte Korrelationskoeffizienten zeigen an, daß es sich um Zusammenhänge zwischen Subskalen und Gesamtindex handelt.

Beeinträchtigungsindikatoren und Positiv-Indikatoren korrelieren wie erwartet negativ miteinander. Die Höhe der Zusammenhänge liegt hier zwischen -.15 (‚somatische Beschwerden' und ‚Selbstwirksamkeit') und -.29 (‚psychische Befindensbeeinträchtigungen' und ‚Arbeitsfreude/Stolz') und entsprechen damit ebenfalls den theoretischen Annahmen. Die Unterscheidung von Beeinträchtigungs- und Positiv-Indikatoren der Gesundheit wird somit durch die vorgefundenen Richtungen und die unterschiedliche Höhe der Interkorrelationen bestätigt.

Insgesamt entsprechen die Interkorrelationen den theoretischen Erwartungen sowie vergleichbaren Untersuchungsergebnissen. Grundsätzliche methodische Probleme wie z.B. das Problem gemeinsamer Methodenvarianz oder systematischer Antworttendenzen (vgl. Frese, 1991) werden zusammenfassend am Ende des kommenden Abschnitts behandelt, da diese Probleme auch bei der Interpretation der Zusammenhänge zwischen Arbeitsbedingungen und Gesundheit berücksichtigt werden müssen. Als Zwischenergebnis kann festgehalten werden, daß die Skalen des DigA hinreichend eigenständige Dimensionen erfassen.

6.2.3 Arbeits- und Organisationsmerkmale und Gesundheit

Zusammenhänge zwischen Arbeitsbedingungen und Gesundheit wurden seit den sechziger Jahren (Kornhauser, 1965) in zahlreichen Untersuchungen überprüft (einen Überblick geben Semmer & Udris, 1993; Ulich, 1998). In Längsschnittstudien wurden kausale Zusammenhänge bestätigt (Leitner, 1993). Zentrale Ergebnisse dieser Untersuchungen sind, daß Belastungen (bzw. Stressoren) zu Beeinträchtigungen der Gesundheit führen (z.B. erhöhter Zeitdruck und Unterbrechungen gehen einher mit erhöhten psychosomatischen Beschwerden). In bezug auf die gesundheitliche Wirkung von Ressourcen wurde sowohl ein Puffereffekt als auch ein Direkteffekt bestätigt (Pfaff, 1989). Der Puffereffekt beschreibt die belastungsmindernde Wirkung der Ressourcen für die Gesundheit, der Direkteffekt beschreibt die Wirkung von Ressourcen auf die Gesundheit *unabhängig* von den Belastungen.

Im Mittelpunkt bisheriger Untersuchungen zu Ressourcen und Gesundheit standen jedoch fast ausschließlich die Ressourcen der Mikroebene. Untersucht wurde vor allem die Wirkung von Handlungsspielraum und sozialer Unterstützung (einen Überblick geben Frese & Semmer, 1991). Ressourcen der Mesoebene wie ‚Information und Beteiligung‘ oder ‚Fürsorge‘, wurden bislang in Hinblick auf ihre gesundheitliche Wirkung nur vereinzelt untersucht.

Die Auswertung erfolgt entsprechend dem aufgezeigten Forschungsstand anhand folgender Fragestellungen:

- Finden sich die in den anderen Untersuchungen vorgefundenen Zusammenhänge zwischen Belastungen und Ressourcen der Mikroebene und Gesundheit?

- Finden sich darüber hinaus substantielle Zusammenhänge zwischen den Mesofaktoren und der Gesundheit?

Aus Gründen der Übersichtlichkeit werden zunächst die Einflüsse der Mesofaktoren auf das Befinden dargestellt, anschließend die Einflüsse der Mikrofaktoren. Um differentielle Hinweise auf Zusammenhänge zwischen einzelnen Arbeitsbedingungen und Gesundheitsmerkmalen zu erhalten, sind auch die Subskalen der Skala Befindensbeeinträchtigungen aufgeführt. Um zu kennzeichnen, daß es sich um Subskalen handelt, wurden sie fett gesetzt. Da alle Korrelationen auf dem 1%-Niveau signifikant sind, wird das Signifikanzniveau nicht weiter ausgewiesen.

6.2.3.1 Zusammenhang von Mesofaktoren und Gesundheit

Bei der Interpretation der folgenden Ergebnisse ist grundsätzlich zu berücksichtigen, daß alle Mesofaktoren durch die notwendige Dichotomisierung nur eine geringe Reliabilität aufweisen. Dieser Sachverhalt führt insgesamt eher zu einer Unterschätzung der tatsächlichen Zusammenhänge.

Wie aus Tabelle 21 zu entnehmen ist, sind die Zusammenhänge zwischen dem Belastungsfaktor Arbeitsplatzunsicherheit und den Befindensbeeinträchtigungen erwartungsgemäß positiv, zu den Positiv-Indikatoren von Gesundheit negativ.

Auch zwischen den Ressourcen und den Gesundheitsindikatoren entspricht die Richtung der Vorzeichen den theoretischen Annahmen: Ressourcen korrelieren positiv mit 'Selbstwirksamkeit' und 'Arbeitsfreude/Stolz' und negativ mit den Beeinträchtigungsindikatoren.

Tabelle 21: Produktmomentkorrelationen zwischen Mesofaktoren und Gesundheitsmerkmalen

	Somabew	Psysobew	Erschöpf	Gerbel	Selbwirk	Stolz
Apunsich	.063	.268	**.242**	**.231**	-.183	-.231
Entwick	-.321	-.231	**-.195**	**-.227**	.154	.351
Fürsorg	-.326	-.322	**-.266**	**-.312**	.227	.346
Inform	-.198	-.201	**-.172**	**-.176**	.128	.383
Sinn	-.181	-.171	**-.134**	**-.194**	.148	.303

N= 862-1026

Fett gesetzte Korrelationskoeffizienten zeigen an, daß es sich um Zusammenhänge zwischen Subskalen und Gesamtindex handelt

Bedeutsame Zusammenhänge ($r > .20$) bestehen zwischen 'Arbeitsplatzunsicherheit' und der Skala ‚psychische Befindensbeeinträchtigungen' (.26) und den dazu gehörenden Subskalen, aber auch zu 'Arbeitsfreude/Stolz' (-.23). Das bedeutet, daß Arbeitsplatzunsicherheit sowohl mit erhöhten Beschwerden als auch mit Einschränkungen des Wohlbefindens einhergeht. Dies deckt sich mit anderen Forschungsergebnissen. Mohr (1997) berichtet, daß in verschiedenen Querschnittstudien Zusammenhänge zwischen Arbeitsplatzunsicherheit und Beeinträchtigungen des Wohlbefindens dargestellt werden, die zwischen .20 und .40, teilweise auch höher liegen.

‚Persönliche Entwicklungschancen' zeigen deutliche Zusammenhänge zu somatischen Beschwerden (-.32) und zu Arbeitsfreude/Stolz (.35). Dieser Zusammenhang ist theoretisch bedeutsam, da persönliche Entwicklungschancen als Ressource explizit langfristige (berufliche) Perspektiven erfaßt. Die Bedeutung von Perspektiven und langfristigen Zielen für die Gesundheit wurde im Theorieteil bereits dargelegt. Während die Zusammenhänge zu Arbeitsfreude/Stolz theoretisch zu erwarten waren, ist es erstaunlich, daß der Zusammenhang zu den somatischen Beschwerden höher ist (-.32), als z.B. zu den psychischen Befindensbeeinträchtigungen (-.23). Berücksichtigt man die Interkorrelationen, z.B. zwischen ‚persönliche Entwicklungschancen' und ‚Arbeitsinhalte', die um .40 lagen (vgl. Tabelle 19), könnte hier vermutet werden, daß der Zusammenhang zu somatischen Beschwerden auch durch die Drittvariable ‚Arbeitsinhalte‘ zustande kommt. Die gegenseitige Beeinflussung der einzelnen Arbeitsmerkmale in der Vorhersage von Gesundheitsmerkmalen wird im folgenden durch Regressionsanalysen überprüft.

‚Fürsorge‘ korreliert mit fast allen Gesundheitsmerkmalen über .20, was eine besondere Bedeutung dieser Ressource für die Gesundheit nahelegt. Besonders hoch sind die Zusammenhänge zu den psychischen Befindensbeeinträchtigungen, zu somatischen Beschwerden, zu Gereiztheit/Belastetheit und zu Arbeitsfreude/Stolz. Alle Korrelationskoeffizienten liegen hier über .30. Die wahrgenommene Fürsorge scheint somit für die Gesundheit der Beschäftigten von besonderer Bedeutung zu sein.

Die Skala ‚Information und Beteiligung‘ weist bedeutsame Zusammenhänge zu den psychischen Befindensbeeinträchtigungen (-.20) und zu Arbeitsfreude/Stolz (.38) auf. Je besser Information und Beteiligung wahrgenommen werden, desto geringer sind psychische Befindensbeeinträchtigungen und desto stärker ist Arbeitsfreude/Stolz ausgeprägt. Beide Zusammenhänge sind theoretisch durchaus erklärbar: Fehlende oder unzureichende Informationen in Situationen, die subjektiv wichtig sind, können beispielsweise zu Handlungsunsicherheit und Gefühlen von Hilflosigkeit führen (Seligman, 1974). Dauern derartige Zustände über längere Zeit an, führt dies zu einem erhöhten psychophysiologischen Arousal, was wiederum die Voraussetzung für die Entstehung psychosomatischer Beschwerden ist (z.B. Mohr, 1986). In bezug auf Arbeitsfreude/Stolz ist es naheliegend, daß z.B. größere Informiertheit die Chancen verbessert, auch solche Situationen zu bewältigen, bei denen das Erreichen des Ziels ungewiß ist, was wiederum eine Voraussetzung für die Entwicklung von Stolz ist.

‚Sinnbezug‘ korreliert nur mit Arbeitsfreude/Stolz bedeutsam (.30). Sinnbezug zum Produkt und zum Unternehmen geht einher mit höherer Arbeitsfreude/Stolz. Der Zusammenhang erklärt sich besonders über ein Item der Skala ‘Arbeitsfreude/Stolz‘, mit dem die Sinnhaftigkeit der Arbeit erfragt wird (‚Ich habe das Gefühl, in meiner Arbeit etwas Sinnvolles zu tun‘).

Diese Zusammenhänge zeigen, daß die einzelnen Befindensindikatoren mit *unterschiedlichen* Ressourcen und Belastungen der Mesoebene bedeutsam zusammenhängen. Aus diesem Grund scheint es lohnenswert, durch multiple Regressionen zu überprüfen, welche Arbeits- und Organisationsbedingungen jeweils die größte Vorhersagekraft für die einzelnen Gesundheitsmerkmale aufweisen.

6.2.3.2 Zusammenfassung

Es finden sich alle theoretisch angenommenen Zusammenhänge zwischen den einzelnen Mesofaktoren und dem Befinden. Dies betrifft sowohl die Richtung der Zusammenhänge als auch ihre Höhe. Insgesamt weisen die Zusammenhänge zwischen Ressourcen und den Gesundheitsindikatoren auf die ‚Doppelfunktion‘ von Ressourcen als belastungsmindernder Puffer und als positive Gesundheit förderndes Merkmal hin. Dies bestätigt und erweitert den bisherigen Forschungsstand insofern, als hier die Doppelfunktion für Ressourcen der Mesoebene bestätigt wird, während bisherige Untersuchungen dies fast ausschließlich für die Mikroressourcen ‚Handlungsspielraum‘ und ‚soziale Unterstützung‘ belegt haben (vgl. Pfaff, 1989). In Hinblick auf die *eigenständige* Wirkung von Mesoressourcen kann an dieser Stelle noch keine Aussage gemacht werden, da eine Konfundierung mit Mikrofaktoren nicht auszuschließen ist, wie an dem Beispiel des Zusammenhangs persönlicher Entwicklungschancen, Arbeitsinhalten und Gesundheit aufgezeigt wurde. Multiple Regressionsanalysen, in die sowohl Meso- als auch Mikrofaktoren als Prädiktoren eingehen, werden weitere Aufklärung zu dieser Frage bringen.

6.2.3.3   Zusammenhang von Mikrofaktoren und Gesundheit

Betrachtet man nun die Zusammenhänge zwischen aufgaben- und arbeitsplatzbezogenen Mikrofaktoren und der Gesundheit der Beschäftigten (Tabelle 22), zeigt sich auch hier, daß alle Vorzeichen erwartungsgemäß sind. Die Belastungen korrelieren positiv mit den Beeinträchtigungsindikatoren und sehr viel geringer negativ mit den Positiv-Indikatoren der Gesundheit.

Insgesamt zeigen sich fast überall bedeutsame Zusammenhänge ($r > .20$) zwischen Belastungen, Ressourcen und den Gesundheitsindikatoren, so daß im folgenden nur auf interessante Einzelergebnisse eingegangen wird.

‚*Arbeitsinhalte*‘ und ‚*Entscheidungsspielraum*‘ hängen mit allen Gesundheitsmerkmalen zusammen und bestätigen damit die in der Literatur immer wieder betonte besondere Rolle des Handlungs- und Entscheidungsspielraums für die Gesundheit.

Die deutlichen negativen Zusammenhänge der beiden aufgabenbezogenen Ressourcen zu den psychischen Befindensbeeinträchtigungen und den Subskalen sowie zu somatischen Beschwerden weisen in die Richtung des Puffereffekts und stimmen mit anderen Forschungsergebnissen überein (z.B. Frese & Semmer, 1991).

Arbeitsinhalte und Entscheidungsspielraum sind die einzigen Arbeitsmerkmale, die über .20 mit Selbstwirksamkeit korrelieren. Dies läßt sich theoretisch darüber erklären, daß mit der Skala ‚Selbstwirksamkeit‘ generalisierte Kompetenzerwartungen erfaßt werden, deren wesentliches Merkmal der Handlungs- und Erfahrungsbezug ist, der bei den Mikroressourcen Entscheidungsspielraum und Arbeitsinhalte eher gegeben ist als bei den Mesoressourcen.

Der Zusammenhang zu Arbeitsfreude/Stolz mit .70 läßt eine Konfundierung der beiden Skalen vermuten. Hierfür verantwortlich ist mit großer Wahrscheinlichkeit das Item ‚Ich habe das Gefühl, mit meiner Arbeit etwas Sinnvolles zu tun' der Skala 'Stolz'. Dieses Item überschneidet sich vom Bedeutungsgehalt stark mit den Aspekten der Arbeitskomplexität, die in der Skala Arbeitsinhalte erfaßt werden (z.B. ,Meine Arbeit ist interessant und abwechslungsreich'). Vor einem weiteren Einsatz der Skalen sind derartige Überschneidungen zu eliminieren. Allerdings ist ein starker Zusammenhang von Arbeitsinhalten und Arbeitsfreude/Stolz auch theoretisch zu begründen, wenn man die Entstehungsbedingungen von Arbeitsstolz berücksichtigt, die u.a. eine komplexe, anforderungsreiche Aufgabenstruktur zwingend voraussetzen.

Tabelle 22: Produktmomentkorrelationen zwischen Mikrofaktoren und Gesundheitsmerkmalen

	Psysobew	Somabew	Erschöpf	Gerbel	Selbwirk	Stolz
Aufinh	-.303	-.276	**-.296**	**-.226**	.271	.700
Entschei	-.251	-.316	**-.229**	**-.205**	.210	.295
Kommun	-.321	-.273	**-.253**	**-.340**	.199	.271
Apkomu	-.170	-.306	**-.149**	**-.161**	.187	.201
Vorges2	-.267	-.250	**-.216**	**-.270**	.157	.357
Zeitdr	.352	.279	**.285**	**.380**	-.075	-.137
Unterbr	.259	.196	**.207**	**.276**	-.065	-.121
Umgeb	.300	.156	**.281**	**.251**	-.125	-.260
Mono	.225	.306	**.185**	**.228**	-.167	-.297

N= 601-1026

Fett gesetzte Korrelationskoeffizienten zeigen an, daß es sich um Zusammenhänge zwischen Subskalen und Gesamtindex handelt

,*Offene Kommunikation/Konfliktbewältigung*' weist ebenfalls zu fast allen Gesundheitsmerkmalen bedeutsame Zusammenhänge auf. Alle Zusammenhänge mit Ausnahme zu Selbstwirksamkeit liegen zwischen -.25 und .27. Anders verhält es sich mit der Skala *aufgabenbezogene Kommunikation*. Sie korreliert nur bedeutsam mit somatischen Beschwerden (-.30) und Arbeitsfreude/Stolz (.20). Im Theorieteil wurde bereits dargestellt, daß sich aufgabenbezogene und soziale Kommunikation hinsichtlich ihrer Beziehung zur Gesundheit unterscheiden, was sich hier empirisch bestätigt. Diese Ergebnisse weisen in die Richtung, daß die soziale Kommunikation für die Gesundheit von größerer Wichtigkeit ist, da sie zu mehreren Gesundheitsindikatoren bedeutsame Zusammenhänge aufweist. In diese Richtung gehen auch andere Untersuchungsergebnisse, die die Wirkungen von sozialer Unterstützung für Gesundheit und Wohlbefinden nachgewiesen haben (z.B. Caplan et al., 1982; Pfaff, 1989).

Der Belastungsfaktor ‚*Zeitdruck*' korreliert besonders hoch mit Gereiztheit/ Belastetheit (.38) und folglich auch mit psychischen Befindensbeeinträchtigungen (.35). Dies weist auf die von Mohr vermuteten differentiellen Zusammenhänge zwischen spezifischen Arbeits- und Gesundheitsmerkmalen hin (Mohr, 1991).

Da es bislang wenig Untersuchungen zum Thema *Arbeitsstolz* gibt (einen Überblick geben Temme und Tränkle, 1996), sind besonders die ermittelten bedeutsamen Zusammenhänge zwischen Arbeitsinhalte, Entscheidungsspielraum, offene Kommunikation/Konfliktbewältigung und vor allem dem Vorgesetztenverhalten und Stolz von weitergehendem Interesse.

Auch zwischen Mikrofaktoren und der Gesundheit der Beschäftigten bestätigen sich weitgehend die erwarteten Zusammenhänge hinsichtlich der Richtung und der Höhe. Auch hier zeigt sich die Doppelfunktion der Ressourcen. Die Belastungen ‚Zeitdruck', ‚Unterbrechungen' und ‚Umgebungsbedingungen' zeigen tendenziell deutlichere Zusammenhänge zu den Beeinträchtigungsindikatoren und geringe Zusammenhänge zu den Positiv-Indikatoren der Gesundheit. ‚Monotone Arbeitsbedingungen' hingegen zeigen gleich starke Zusammenhänge zu den Beeinträchtigungsindikatoren und zu den Positiv-Indikatoren. Hier kann vermutet werden, daß dieser Belastungsfaktor für die Gesundheit der Beschäftigten besonders gravierend ist, da er sowohl schädigt, als auch positive Gesundheit verhindert. Nicht erwartungsgemäß ist der Zusammenhang zwischen dem Belastungsfaktor ‚Umgebungsbedingungen' und dem Positiv-Indikator ‚Arbeitsfreude/Stolz'.

Vor einem erneuten Einsatz des Instruments sollte die Konfundierung zwischen den Skalen ‚Arbeitsinhalte' und ‚Arbeitsfreude/Stolz' aufgeklärt und die Skalen überarbeitet werden.

6.2.3.4 Zusammenfassung

Betrachtet man die Meso- und die Mikrofaktoren in ihren Zusammenhängen zu den Gesundheitsindikatoren, läßt sich folgendes festhalten:

In Hinblick auf die *Ressourcen* fällt auf, daß sowohl aufgabenbezogene als auch sozialkommunikative Ressourcen für die Gesundheit der Beschäftigten eine bedeutsame Funktion haben. Auf der Mesoebene fällt vor allem das Merkmal ‚Fürsorge' durch hohe Zusammenhänge zu den Gesundheitsmerkmalen auf. Auf der Mikroebene weisen die aufgabenbezogenen Ressourcen ‚Arbeitsinhalte' und ‚Entscheidungsspielraum' bedeutsame Zusammenhänge zu allen Gesundheitsindikatoren auf. Aber auch die sozialkommunikativen Ressourcen ‚Kommunikation/Konfliktbewältigung' und das ‚Vorgesetztenverhalten' können als wichtig bezeichnet werden, da sie ebenfalls mit fast allen Gesundheitsmerkmalen bedeutsam korrelieren. Insgesamt bestätigt die Höhe der Zusammenhänge die Annahme der schützenden und fördernden Doppelfunktion der Ressourcen.

In Hinblick auf die *Belastungen* ist das Bild nicht ganz konsistent. Den theoretischen Annahmen nach sollten Belastungen höher mit Befindensbeeinträchtigungen korrelieren und nicht bzw. nur gering mit den Positiv-Indikatoren. Dies trifft nur für die Belastungsfaktoren ‚Unterbrechungen‘ und ‚Zeitdruck‘ zu. ‚Arbeitsplatzunsicherheit‘, ‚Umgebungsbedingungen‘ und ‚monotone Arbeitsbedingungen‘ zeigen hingegen neben Korrelationen zu den Beeinträchtigungsindikatoren auch bedeutsame Zusammenhänge zu einem Positiv-Indikator der Gesundheit (Stolz). ‚Monotone Arbeitsbedingungen‘ scheinen ein besonders gravierender Belastungsfaktor zu sein.

In Hinblick auf die *Gesundheitsindikatoren* ist festzuhalten, daß *Selbstwirksamkeit* insgesamt sehr gering mit den Arbeits- und Organisationsbedingungen korreliert, allerdings zeigen sich etwas deutlichere Zusammenhänge zu den aufgabenbezogenen Ressourcen und zu ‚Fürsorge‘. *Arbeitsfreude/Stolz* scheint hingegen ein aussagekräftiger Positiv-Indikator zu sein, auch wenn vor weiteren Einsätzen des Instruments Konfundierungen mit dem Merkmal Arbeitsinhalte überprüft werden müssen.

Eine Überprüfung relevanter Drittvariablen (Geschlecht, Berufsstatus und Arbeitszeitform) mittels entsprechender Partialkorrelationen ergab, daß alle Zusammenhänge auch unter Kontrolle der Drittvariablen auf dem 1%-Niveau bestehen bleiben (ausführlich siehe Ducki, 1998a). Die Abweichungen der Koeffizienten erster Ordnung zu den Koeffizienten nullter Ordnung bewegen sich in einem Wertebereich von .001 bis maximal .05. Daraus kann der Schluß gezogen werden, daß es sich bei den ermittelten Zusammenhängen zwischen Arbeitsbedingungen und Gesundheit nicht um Scheinzusammenhänge handelt, die auf die Einflüsse von soziodemographischen Variablen oder auf Einflüsse der Arbeitszeit zurückführbar wären.

6.2.4 Regressionsanalysen

Es soll zunächst der Frage nachgegangen werden, (a) welche Ressourcen und Belastungen gut geeignet sind, einzelne Gesundheitsmerkmale vorherzusagen und (b) welche Belastungen und Ressourcen *mehrfach* zur Vorhersage unterschiedlicher Gesundheitsmerkmale ausgewählt werden und deswegen als besonders bedeutsam angesehen werden können. In bezug auf Kombinationen von Ressourcen und Belastungen ist die Frage von Interesse, ob die einzelnen Gesundheitsmerkmale von unterschiedlichen Belastungs- und Ressourcenkombinationen vorhergesagt werden.

In einem zweiten Schritt werden dann exemplarisch für ein Gesundheitsmerkmal *betriebsbezogene* Vorhersagen ermittelt. Damit soll überprüft werden, wie sich die betrieblichen Vorhersagemuster von den generellen Vorhersagemustern unterscheiden und sich betriebsspezifische Muster für die Ableitung von Interventionshinweisen ergeben.

Zu a) In Hinblick auf die eigenständige Vorhersagekraft einzelner Belastungen und Ressourcen können entsprechend der bisherigen theoretischen

Überlegungen und empirischen Auswertungen folgende Ergebnisse erwartet werden. Aufgrund der protektiven und gleichzeitig gesundheitsförderlichen Funktion der Ressourcen müßten zur Vorhersage der Beeinträchtigungen Ressourcen und Belastungen gleichermaßen in die Regressionsgleichung aufgenommen werden, während bei den Positiv-Indikatoren der Gesundheit zu erwarten ist, daß Ressourcen die stärkere Vorhersagekraft besitzen.

Weiterhin wurde bereits mehrfach auf die besondere Bedeutung *aufgabenbezogener Ressourcen* hingewiesen, die sich auch in den bivariaten Korrelationen ansatzweise bestätigt hat. Es kann also weitergehend vermutet werden, daß vor allem die aufgabenbezogenen Ressourcen der Mikroebene (Arbeitsinhalte, Entscheidungsspielraum und aufgabenbezogene Kommunikation) besonders gut sowohl zur Vorhersage von Befindensbeeinträchtigungen als auch zur Vorhersage positiver Gesundheit geeignet sind.

In Hinblick auf die Vorhersagekraft einzelner *Mesoressourcen* kann vermutet werden, daß in dem Moment, in dem auch Mikroressourcen in die Gleichung eingehen, die Mesoressourcen keine oder nur eine sehr reduzierte eigenständige Vorhersagekraft haben. Dem liegt die Annahme zugrunde, daß Ressourcen und Belastungen, die im unmittelbaren Arbeitsumfeld und in der Arbeitsaufgabe liegen, die Gesundheit direkter und unmittelbarer beeinflussen als gesamtbetriebliche Ressourcen.

Belastungen sollten vor allem zur Vorhersage von Beschwerden und Beeinträchtigungen herangezogen werden.

Zu b) Insgesamt ist zu erwarten, daß die Ressourcen die größte Vorhersagekraft für die Gesundheit besitzen. Sie müßten folglich zur Vorhersage mehrerer Gesundheitsindikatoren herangezogen werden.

Um diese Annahmen zu überprüfen, werden schrittweise multiple Regressionen (Vorwärts-Technik) gerechnet. Entscheidungskriterium ist ein signifikanter Beitrag des jeweiligen Prädiktors zur Varianzaufklärung von mindestens 5%. Als Prädiktoren werden alle Arbeits- und Organisationsmerkmale (der Meso- und Mikroebene zusammen) aufgenommen. Als vorherzusagende Variablen werden die Indikatoren psychische Befindensbeeinträchtigungen, somatische Beschwerden, Selbstwirksamkeit und Stolz ausgewählt. Auf die Vorhersage der Subskalen psychische Erschöpfung und Gereiztheit/Belastetheit wird hier verzichtet. Im folgenden werden zunächst die Ergebnisse der einzelnen Regressionsanalysen dargestellt, dann werden sie in Hinblick auf die theoretischen Vorannahmen diskutiert.

6.2.4.1 *Ergebnisdarstellung der Regressionsanalysen*

Wie Tabelle 23 zu entnehmen ist, werden zur Vorhersage Somatischer Beschwerden acht Ressourcen und Belastungen ausgewählt, die zusammen 27% der gesamten Varianz aufklären. Auf der Grundlage der bivariaten Ergebnisse wird erwartungsgemäß als stärkster Prädiktor die ‚Fürsorge‘ herangezogen, dann folgt die Mikroressource ‚aufgabenbezogene Kommunikati-on‘. Beide Merkmale klären zusammen 16% der Varianz auf. Dann folgen (mit Ausnahme der ‚persönlichen Entwicklungschancen‘) verschiedene auf-gaben- bzw. arbeitsorganisatorische Belastungen und Ressourcen.

Insgesamt können über die Hälfte der Prädiktoren der Arbeitsaufgabe zuge-ordnet werden (‚aufgabenbezogene Kommunikation‘, ‚Zeitdruck‘, ‚monoto-ne Arbeitsbedingungen‘, ‚Unterbrechungen‘, ‚Entscheidungsspielraum‘), die anderen sind Belastungen und Ressourcen der Mesoebene.

Tabelle 23: Schrittweise Regressionen von Arbeits- und Organisationsmerkmalen/ Somatische Beschwerden

Aufnahme-schritt	Prädiktoren für somatische Beschwerden (Somabew)	Beta	R
1	Fürsorge	-.131	.326
2	Aufgabenbezogene Kommunikation	-.206	.406
3	Zeitdruck	.136	.460
4	Monotone Arbeitsbedingungen	.124	.480
5	Unterbrechungen	.145	.495
6	Persönliche Entwicklungschancen	-.113	.509
7	Arbeitsplatzunsicherheit	-.089	.514
8	Entscheidungsspielraum	-.092	.520

Interessant ist, daß Merkmale in die Gleichung eingehen, bei denen aufgrund der bivariaten Zusammenhänge stärkere Konfundierungen zu erwarten gewe-sen wären (z.B. persönliche Entwicklungschancen und Entscheidungsspiel-raum).

Dies weist darauf hin, daß jedes Merkmal einen hinreichend eigenständigen Aufklärungswert für somatische Beschwerden besitzt. Interessant ist in die-sem Zusammenhang jedoch auch, was *nicht* in die Regressionsgleichung aufgenommen wird. So tauchen z.B. nicht die Arbeitsinhalte auf, die in allen anderen Regressionsgleichungen an Platz eins oder zwei stehen.

Damit wird die zu Beginn dargestellte Annahme bestätigt, daß aufgrund kon-zeptioneller Gemeinsamkeiten von den aufgabenbezogenen Ressourcen nicht alle, mindestens aber eine in die Regressionsgleichung eingehen kann.

Die Tatsache, daß sehr viele Prädiktoren in die Gleichung eingehen, ist ein Hinweis darauf, daß es nicht *den* Hauptbelastungsfaktor gibt, der somatische Beschwerden vorhersagt, sondern daß an der Genese somatischer Beschwer-den viele Faktoren beteiligt sind.

Bei der Vorhersage der *psychischen Befindensbeeinträchtigungen* hat ‚Zeitdruck' die stärkste Vorhersagekraft, gefolgt von den ‚Arbeitsinhalten' und den ‚Umgebungsbedingungen' (Tabelle 24).

Die drei ersten Prädiktoren sind alle aufgabenbezogene Belastungen und Ressourcen. Die drei Merkmale zusammen klären 21% der Varianz auf. Der vierte und fünfte Prädiktor sind sozialkommunikative Ressourcen. Insgesamt werden sechs Belastungen und Ressourcen als Prädiktoren ausgewählt, die zusammen 25% der gesamten Varianz aufklären. Interessant an der Vorhersage von psychischen Befindensbeeinträchtigungen ist die Tatsache, daß hier überwiegend Ressourcen und Belastungen der Mikroebene ausgewählt werden. Sie allein erklären 24% der Varianz.

Tabelle 24: Schrittweise Regressionen von Arbeits- und Organisationsmerkmalen/ Befindensbeeinträchtigungen

Aufnahme-schritt	Prädiktoren für psychische Befindensbeein-trächtigungen (Psysobew)	Beta	R
1	Zeitdruck	.219	.352
2	Arbeitsinhalte	-.136	.433
3	Umgebungsbedingungen	.128	.468
4	Offene Kommunikation/Konfliktbewältigung	-.130	.491
5	Fürsorge	-.122	.504
6	Arbeitsplatzunsicherheit	.081	.509

Tabelle 25 zeigt die vier Ressourcen und Belastungen, die am besten zur Vorhersage von *Selbstwirksamkeit* geeignet sind. An erster Stelle stehen die ‚Arbeitsinhalte', gefolgt von ‚Fürsorge', ‚Arbeitsplatzunsicherheit' und ‚aufgabenbezogener Kommunikation'. Bis auf ‚Arbeitsplatzunsicherheit' sind alle Prädiktoren Ressourcen.

Tabelle 25: Schrittweise Regressionen von Arbeits- und Organisationsmerkmalen/ Selbstwirksamkeit

Aufnahme-schritt	Prädiktoren für Selbstwirksamkeit (Selbwirk)	Beta	R
1	Arbeitsinhalte	‚160	.271
2	Fürsorge	.122	.304
3	Arbeitsplatzunsicherheit	-.108	.318
4	Aufgabenbezogene Kommunikation	.096	.330

Daß der Belastungsfaktor ‚Arbeitsplatzunsicherheit' in der Gleichung an dritter Stelle auftaucht, erklärt sich darüber, daß Arbeitslosigkeit und die

Antizipation von Arbeitslosigkeit in hohem Maße selbstwertbedrohend sind (Mohr, 1997). Insgesamt fällt auf, daß auch in der multiplen Regression nur insgesamt knapp 10 % der Varianz durch Arbeits- und Organisationsmerkmale aufgeklärt werden können.

Bei der Erklärung des Gesundheitsmerkmals *Stolz* leistet das Merkmal ‚Arbeitsinhalte‘ erwartungsgemäß den größten Beitrag zur Aufklärung. Anhand des multiplen Korrelationskoeffizienten kann man erkennen, daß die nachfolgenden Prädiktoren nur noch in sehr geringem Maße zur Varianzaufklärung beitragen. ‚Sinnbezug‘ taucht hier das erste Mal als Prädiktor auf, auch wenn der Aufklärungswert sehr gering ist. Insgesamt sind die Prädiktoren für Stolz erwartungsgemäß.

Tabelle 26: Schrittweise Regressionen der Arbeits- und
Organisationsmerkmale/Stolz

Aufnahme-schritt	Prädiktoren für Arbeitsfreude/Stolz (Stolz)	Beta	R
1	Arbeitsinhalte	.627	.700
2	Information und Beteiligung	.101	.717
3	Umgebungsbedingungen	-.093	.725
4	Sinnbezug	.091	.731
5	Vorgesetztenverhalten	.082	.734
6	Aufgabenbezogene Kommunikation	-.077	.737

Auch hier überwiegen deutlich die Ressourcen. Interessant ist, daß drei der sechs Prädiktoren Ressourcen der Mesoebene sind. Daß der Belastungsfaktor ‚Umgebungsbedingungen‘ als Prädiktor aufgenommen wird, läßt sich durch die schrittweise Technik der multiplen Regression und durch die bivariaten Zusammenhänge erklären. ‚Umgebungsbedingungen‘ korrelieren bivariat recht hoch mit Stolz (-.26) und weisen mit den bereits eingegangenen Prädiktoren wenig Redundanzen auf.

Es läßt sich festhalten, daß jedes Gesundheitsmerkmal von unterschiedlichen Prädiktorkombinationen vorhergesagt wird.

Um nun Hinweise auf die Frage zu erhalten, welche Arbeits- bzw. Organisationsmerkmale zur Vorhersage der Gesundheit von besonderer Relevanz sind, wurde überprüft, welche Prädiktoren in mehreren Regressionsgleichungen gleichzeitig auftauchen. Tabelle 27 zeigt fünf Merkmale, die mehr als einmal in den Regressionsanalysen als Prädiktoren herangezogen wurden.

Am häufigsten wurden die Merkmale ‚Arbeitsinhalte‘, ‚Fürsorge‘, ‚aufgabenbezogene Kommunikation‘ und ‚Arbeitsplatzunsicherheit‘ zur Vorhersage verwendet. Am zweithäufigsten wurden ‚Zeitdruck‘ und ‚Umgebungsbedingungen‘ zur Vorhersage herangezogen.

Um nun exemplarisch für ein Gesundheitsmerkmal zu überprüfen, ob sich die Vorhersagestruktur in *einzelnen* Betrieben von der Vorhersage in der Gesamtstichprobe unterscheidet, werden für das Merkmal ‚Arbeitsfreude/Stolz' betriebsweise multiple Regressionen gerechnet. Tabelle 28 zeigt die Ergebnisse.

Tabelle 27: Häufigkeit des Auftretens einzelner Arbeits- und
Organisationsmerkmale in den Regressionsanalysen

	Psyso-bew	Soma-bew	Selbst-wirk	Stolz	Summe
Ressourcen					
Arbeitsinhalte	X		X	X	3
Fürsorge	X	X	X		3
Aufgabenbez. Kommunikation		X	X	X	3
Belastungen					
Arbeitsplatzunsicherheit	X	X	X		3
Zeitdruck	X	X			2
Umgebungsbedingungen	X			X	2

Tabelle 28: Schrittweise Regressionen der Arbeits- und
Organisationsmerkmale/Stolz in den Einzelstichproben

Aufnahme-schritt	Prädiktoren für Stolz in Betrieb 1	Beta	R
1	Arbeitsinhalte	.734	.747
2	Vorgesetztenverhalten	.175	.764
3	Entscheidungsspielraum	-.148	.777
	Prädiktoren für Stolz in Betrieb 2		
1	Arbeitsinhalte	.598	.712
2	Information und Beteiligung	.154	.734
3	Umgebungsbedingungen	-.117	.744
4	Sinnbezug	.109	.751
	Prädiktoren für Stolz in Betrieb 3		
1	Arbeitsinhalte	.610	.697
2	Vorgesetztenverhalten	.170	.720
3	Umgebungsbedingungen	-.126	.732
4	Sinnbezug	.118	.741

Vergleicht man diese Vorhersagegleichungen mit der Vorhersagegleichung für ‚Arbeitsfreude/Stolz' im Gesamtdatensatz, zeigt sich zunächst, daß bis auf eine Ausnahme in Betrieb 1 alle betrieblichen Prädiktoren mit den Prädiktoren aus der Gesamtstichprobe übereinstimmen. In Betrieb 1 wird abweichend von der allgemeinen Vorhersage der Entscheidungsspielraum als ein zusätzlicher Prädiktor aufgenommen. Alle anderen Prädiktoren entsprechen denen aus der Gesamtstichprobe, allerdings werden in den betrieblichen Gleichungen jeweils weniger Prädiktoren berücksichtigt.

Die Reihenfolge der aufgenommen Prädiktoren und auch die Beta-Gewichte sind unterschiedlich. ‚Arbeitsinhalte' bleibt überall an erster Stelle. In Betrieb 1 und in Betrieb 3 zeigt sich, daß neben den Arbeitsinhalten vor allem das Vorgesetztenverhalten besonders wichtig ist. In Betrieb 2 hingegen wird das Vorgesetztenverhalten gar nicht zur Vorhersage herangezogen, statt dessen sind hier Information und Beteiligung von größerer Bedeutung.

Diese Ergebnisse sind in zweifacher Hinsicht interessant. Zum einen zeigen sie, daß betriebliche Besonderheiten vorhanden sind, denn es werden nicht alle Prädiktoren der allgemeinen Vorhersagegleichung auch in der Betriebsstichprobe herangezogen. Außerdem werden einzelne Faktoren in den jeweiligen Betrieben unterschiedlich gewichtet. Gleichzeitig zeigt es sich aber auch, daß diese Besonderheiten sich überwiegend im Rahmen der zuvor ermittelten allgemeineren Zusammenhänge bewegen. Daraus kann die Schlußfolgerung gezogen werden, daß eine betriebsbezogene Analyse für die Entwicklung betriebsspezifischer Interventionen erforderlich ist, denn offensichtlich gibt es betriebliche Besonderheiten im Zusammenhang von Arbeitsbedingungen und einzelnen Gesundheitsmerkmalen. Es zeigt aber auch, daß die generellen Vorhersagegleichungen in der Lage sind, die Suchrichtung einzugrenzen.

6.2.4.2 Zusammenfassung und Diskussion

Die Berechnung multipler Zusammenhänge hatte das Ziel, neben der Überprüfung von Interaktionseffekten Hinweise darauf zu bekommen, welche Belastungen und Ressourcen eine hervorgehobene Bedeutung für die Gesundheit der Beschäftigten haben.

Insgesamt scheinen *Ressourcen* eine dominantere Rolle bei der Vorhersage der Gesundheit zu spielen als die Belastungen. Als wichtigste Ressourcen ergeben sich ‚Arbeitsinhalte', ‚Fürsorge' und ‚aufgabenbezogene Kommunikation'. Insgesamt wird die protektive Funktion von Ressourcen durch die Regressionsanalysen bestätigt. Ressourcen der Meso- und der Mikroebene werden sowohl zur Vorhersage von Beeinträchtigungen als auch zur Vorhersage positiver Gesundheit herangezogen.

In Hinblick auf die Wichtigkeit der Ressource *Arbeitsinhalte* muß einschränkend darauf hingewiesen werden, daß hier aufgrund der hohen Korrelation zu ‚Arbeitsfreude/Stolz' ein Methodeneffekt nicht auszuschließen ist. Gleichwohl entsprechen die Ergebnisse der bisherigen Forschungslage, nach der die Arbeitskomplexität und Arbeitsinhalte zu den wichtigsten gesundheitsrelevanten Ressourcen gezählt werden (z.B. Bamberg & Metz 1998; Semmer & Udris, 1993).

Die Rolle und Bedeutung von betrieblicher *Fürsorge* für die Gesundheit wurde bislang in arbeitspsychologischen Untersuchungen nicht explizit behandelt. Aus diesem Grunde können hier keine Vergleichsuntersuchungen zur Interpretation herangezogen werden. Betriebliche Fürsorge erfaßt in diesem Fragebogen ein eher gesamtbetriebliches Fürsorgeklima, das als Resultat verschiedener Aktivitäten auf unterschiedlichen Ebenen betrachtet wird. Dazu zählen zum einen betriebliche soziale Leistungen, zum anderen die generelle Bereitschaft eines Unternehmens, auf die besonderen Lebensumstände eines Mitarbeiters Rücksicht zu nehmen.

Es kann angenommen werden, daß eine positive Einschätzung der betrieblichen Fürsorge eine wichtige Voraussetzung für Vertrauen und wahrgenommene Sicherheit eines Beschäftigten in bezug auf seine Existenz im Unternehmen ist. Gefühle von Vertrauen (und Sicherheit) sind nach Antonovsky (1979) von zentraler gesundheitlicher Relevanz. In Zeiten, in denen Sozialleistungen in den Betrieben stark reduziert werden und Beschäftigte unter besonderem Konkurrenz- und Rationalisierungsdruck stehen, ist ein vertrauenschaffendes Fürsorgeklima offensichtlich von größter Wichtigkeit.

Die Bedeutung von *aufgabenbezogener Kommunikation* für die Gesundheit ist ebenfalls von Interesse, weil es auch hierzu bislang keine Untersuchungen gibt. Aufgabenbezogene Kommunikation wird den aufgabenbezogenen Ressourcen zugeordnet, enthält aber eine kommunikative Dimension. Gefragt wird danach, inwieweit eine Aufgabe kooperationsbedingte Kommunikation erforderlich macht. Aufgabenbezogene Kommunikation wurde gegen die soziale Ressource ‚offene Kommunikation/Konfliktbewältigung‘ über den Aufgabenbezug abgegrenzt. Die Ergebnisse der Regressionsanalysen lassen diese Abgrenzung sehr sinnvoll erscheinen. Es wäre zu weitgehend, aus diesem Ergebnis den Schluß zu ziehen, daß aufgabenbezogene Kommunikation zur Vorhersage der Gesundheit besser geeignet ist als offene Kommunikation/Konfliktbewältigung. Es kann aber als ein Hinweis darauf verstanden werden, daß ausschließliche soziale Kommunikation nicht ausreicht, um die Gesundheit positiv zu beeinflussen. Für diese Interpretation spricht die Tatsache, daß aufgabenbezogene Kommunikation auch zur Vorhersage von Positiv-Indikatoren der Gesundheit herangezogen wird, während offene Kommunikation/Konfliktbewältigung nur in der Vorhersagegleichung der psychischen Befindensbeeinträchtigungen auftaucht.

Als hervorgehobene *Belastungen* ergeben sich neben der Arbeitsplatzunsicherheit vor allem Zeitdruck und Umgebungsbedingungen. Während die aufgabenbezogenen Belastungen erwartungsgemäß nur zur Vorhersage der Beeinträchtigungsindikatoren herangezogen werden, beeinflußt die ‚Arbeitsplatzunsicherheit‘ auch die positive Gesundheit, was auch theoretisch erklärbar ist (siehe oben).

Daß *Zeitdruck* als wichtiger Belastungsfaktor auftaucht, entspricht sowohl der Forschungslage als auch der aktuellen betrieblichen Realität. Neuere

Untersuchungen weisen darauf hin, daß durch zunehmende Arbeitsintensität Zeitdruck zu einem der wichtigsten Belastungsfaktoren wird (z.B. Marstedt, 1994).

Die besondere Wichtigkeit der *Umgebungsbedingungen* zeigt, daß es nach wie vor viele Arbeitsplätze in der Industrie gibt, die offensichtlich durch starke physikalische Belastungen geprägt sind. Die Ergebnisse decken sich im wesentlichen mit anderen Forschungsergebnissen. So kommt z.B. auch Semmer (1984) nach einer multiplen Regression zu dem Ergebnis, daß zur Vorhersage psychosomatischer Beschwerden Umgebungsbelastungen, Arbeitsplatzunsicherheit (und Kommunikation) zu den wichtigsten Prädiktoren gehören.

In bezug auf die ebenenspezifische Unterscheidung wird erkennbar, daß sowohl Meso- als auch Mikrofaktoren zur Vorhersage der Gesundheit geeignet sind. Damit beweisen die Mesofaktoren durchaus eine eigenständige Vorhersagekraft für einzelne Gesundheitsmerkmale, auch wenn erwartungsgemäß nicht alle Faktoren gleich wichtig sind. Von den insgesamt sechs mehrfach verwendeten Merkmalen sind vier aufgabenbezogene Belastungen und Ressourcen der Mikroebene. Daraus kann der Schluß gezogen werden, daß Mikrofaktoren – und hier vor allem die aufgabenbezogenen – etwas besser zur Vorhersage der Gesundheit geeignet sind.

Bezüglich der Frage nach *spezifischen Wirkungen* von Belastungs- und Ressourcenkonstellationen zeigt sich, daß tatsächlich die unterschiedlichen Gesundheitsmerkmale von unterschiedlichen Kombinationen von Belastungen und Ressourcen vorhergesagt werden. Hier ist auch das Ergebnis interessant, daß somatische Beschwerden und psychische Befindensbeeinträchtigungen unterschiedliche Vorhersagemuster aufweisen, obwohl beide Skalen auf eine gemeinsame Ursprungsskala ‚Psychosomatische Beschwerden' von Mohr (1986) zurückgehen. Zwar tauchen gemeinsame Arbeitsmerkmale in beiden Gleichungen auf, es gibt aber auch Unterschiede. In beiden Gleichungen werden ‚Zeitdruck', ‚Fürsorge' und ‚Arbeitsplatzunsicherheit' zur Vorhersage herangezogen. ‚Offene Kommunikation/Konfliktbewältigung' und ‚Umgebungsbedingungen' tauchen jedoch nur in der Vorhersagegleichung der Befindensbeeinträchtigungen auf. In der Vorhersagegleichung von somatischen Beschwerden werden demgegenüber die Arbeitsmerkmale ‚aufgabenbezogene Kommunikation', ‚monotone Arbeitsbedingungen', ‚Unterbrechungen' und ‚persönliche Entwicklungschancen' herangezogen.

Damit wird als Tendenz erkennbar, daß somatische Beschwerden etwas stärker als psychische Befindensbeeinträchtigungen durch die Kombination von verschiedenen *aufgabenbezogenen* Belastungen und nicht vorhandenen Ressourcen vorhergesagt werden (‚Zeitdruck' und ‚Unterbrechungen' und ‚monotone Arbeitsbedingungen' und geringe ‚aufgabenbezogene Kommunikation'). Dies kann so interpretiert werden, daß für die Entstehung somatischer Beschwerden tendenziell andere Belastungen und Ressourcen von Bedeutung sind als für psychische Befindensbeeinträchtigungen (vgl. auch Abschnitt 'Beschreibung der Skalen'). Um diese Vermutung zu bestätigen, wäre jedoch zunächst eine Überprüfung dieser Ergebnisse in weiteren Stichproben erforderlich.

Welche Schlußfolgerungen lassen sich nun aus den Ergebnissen der Regressionsanalysen für die Praxis ziehen? Zunächst kann grundsätzlich festgehalten werden, daß mit dem Instrument *Hinweise auf Interventionsschwerpunkte* ermittelt werden können, die im Rahmen einer betrieblichen Intervention vorrangig zu behandeln wären. Die betrieblichen Einzelauswertungen weisen darauf hin, daß es in jedem Betrieb besondere Problemschwerpunkte bzw. Potentiale gibt, die für die Gesundheit der Beschäftigten von besonderer Bedeutung sind.

Bevor nun abschließend die Ergebnisse der Zusammenhangsanalysen diskutiert werden, soll grundsätzlich auf methodische Probleme eingegangen werden, die bei der Interpretation der vorgefundenen Zusammenhänge zu berücksichtigen sind.

6.2.5   Methodische Interpretationsprobleme

Befragungen, die als Querschnittsanalysen angelegt sind, sind mit verschiedenen methodischen Problemen behaftet.

Das wohl grundsätzlichste Problem besteht darin, daß bei einer Befragung nicht die objektive Arbeits- bzw. Belastungssituation analysiert wird, sondern die individuelle unterschiedliche Wahrnehmung von einzelnen Arbeitsmerkmalen und somit streng genommen keine Aussage über die reale Belastungssituation gemacht werden kann. Die im Theorieteil dargestellte Gesamtstrategie einer betrieblichen Gesundheitsanalyse berücksichtigt dieses Problem, indem personen- und bedingungsbezogene Verfahren miteinander kombiniert werden, was den üblichen Vorschlägen zum Umgang mit diesem Problem entspricht (z.B. Kasl, 1978).

Weiterhin wurde im Theorieteil herausgestellt, daß in der betrieblichen Gesundheitsförderung die Sichtweise der Beschäftigten hinsichtlich der Arbeitsbedingungen von besonderer Bedeutung ist, da sich z.B. die sogenannten 'motivationsbedingten Fehlzeiten' im wesentlichen dadurch begründen, wie Beschäftigte ihr Arbeitsumfeld erleben und wahrnehmen. Weiterhin ist eine Analyse und damit Berücksichtigung der Beschäftigtenperspektive unter Interventionsgesichtspunkten unverzichtbar (Bamberg & Metz, 1998).

Ein zweites Problem ist, daß im Querschnitt keine Aussagen über Kausalzusammenhänge gemacht werden können. Hierfür müssen Längsschnittstudien durchgeführt werden. Dies kann im Rahmen dieser Arbeit nur insoweit berücksichtigt werden, als möglichst auf Kausalinterpretationen verzichtet wird.

Ein weiteres grundsätzliches Problem, auf das bei der Verwendung von Fragebogendaten häufig hingewiesen wird, ist, daß empirisch vorgefundene Zusammenhänge auf gemeinsame Methodenvarianz zurückführbar sind (Campell & Fiske, 1959). Zapf (1989) hat in einem Vergleich von Befragungsdaten, Gruppenmittelwerten und Beobachtungsdaten hierzu nachgewiesen, daß zwar Zusammenhänge zwischen Arbeitsbedingungen und Gesundheit beim Einsatz von Fragebogenverfahren überschätzt werden, daß diese aber nicht ausschließlich durch gemeinsame Methodenvarianz erklärt werden können.

Zusammenhänge zwischen Arbeitsbedingungen und Gesundheit können durch systematische Beantwortungstendenzen, durch sogenannte ‚Aufforderungscharakteristika' oder z.b. durch ‚Fehlattributionshypothesen' zustande kommen (Frese, 1991). Systematische Beantwortungstendenzen entstehen dadurch, daß Personen entweder alles positiv oder alles negativ betrachten, was sich gleichermaßen auf die Einschätzung der Arbeitsbedingungen als auch auf die Beurteilung des eigenen Gesundheitszustands bezieht. Hinter dem Stichwort ‚Aufforderungscharakteristika' verbirgt sich, daß der Befragte versucht, hypothesengemäß zu antworten. ‚Fehlattributionshypothese' beschreibt, daß Personen, die Beschwerden haben, versuchen, sich diese zu erklären und hierfür betriebliche Belastungen verantwortlich machen. Diese werden dann folglich negativ beurteilt.

Ein für diese Arbeit weiteres wichtiges Problem ist der Einfluß möglicher Drittvariablen, der zu Scheinzusammenhängen zwischen Arbeitsbedingungen und der Gesundheit führen kann. Drittvariablen können soziodemographische Variablen wie z.B. das Alter, das Geschlecht oder das Einkommen sein oder auch andere Situationsmerkmale, die sowohl die Arbeitsbedingungen als auch die Gesundheit beeinflussen.

In den vorangegangenen Abschnitten wurden bereits soziodemographische Merkmale und die Arbeitszeitform in ihrem Einfluß kontrolliert. Der Einfluß von Mikrofaktoren, der eventuell Zusammenhänge zwischen den Mesofaktoren und der Gesundheit konfundiert, wurde in den multiplen Regressionen berücksichtigt.

Im Zusammenhang mit möglichen Scheinzusammenhängen, die durch Drittvariablen zustande kommen, weist Semmer (1984) darauf hin, daß es auch Effekte geben kann, die echte Zusammenhänge unterdrücken. Er erklärt dies an dem Beispiel eines Beschäftigten, der aufgrund seines Gesundheitszustandes auf einen Schonarbeitsplatz versetzt wurde. Seine Befragungsergebnisse würden dazu beitragen, Korrelationen zwischen Belastungen und Beschwerden zu drücken (ebenda, S. 219). Endgültige Aufklärung können hier nur Längsschnittstudien geben.

Eine Unterschätzung von realen Zusammenhängen kann auch durch den ‚healthy worker effect' produziert sein, der die Tatsache beschreibt, daß die Untersuchung an arbeitsfähigen (nach RVO ‚gesunden') Personen eines Betriebes vorgenommen wurde. Beschäftigte mit starken Beschwerden sind somit in der Stichprobe unterrepräsentiert (Frese, 1991), weil sie auf Grund ihrer Krankheit der Arbeit fern bleiben. Im Rahmen dieser Untersuchung wurde den abwesenden Beschäftigten ein Fragebogen nach Hause geschickt (vgl. Abschnitt ‚Untersuchungsablauf‘).

6.2.6   Abschlußdiskussion der Zusammenhangsanalysen

Abschließend läßt sich festhalten, daß die Ergebnisse für eine Konstruktvalidität der erhobenen Testskalen sprechen. Weitergehende Validierungen sind jedoch sinnvoll, da ein Teil der Skalen hier erstmalig auf Validität geprüft wurde.

Vergleicht man abschließend die Ergebnisse der bivariaten Analyse mit den Ergebnissen der multivariaten Analyse, zeigen sich einige interessante Abweichungen. So ergab die bivariate Analyse, daß neben ‚Fürsorge‘ auch ‚persönliche Entwicklungschancen‘ eine wichtige Gesundheitsressource darstellen, weil sich hier bedeutsame Einzelkorrelationen zu mehreren Gesundheitsindikatoren ergaben (zu ‚Arbeitsfreude/Stolz‘, ‚somatischen Beschwerden‘ und ‚psychischen Befindensbeeinträchtigungen‘).

Das Merkmal ‚persönliche Entwicklungschancen‘ taucht in der multiplen Regression insgesamt jedoch nur einmal zur Vorhersage von ‚somatischen Beschwerden‘ auf und leistet auch hier keinen besonders großen Eigenanteil an der Varianzaufklärung. Ähnlich ist es mit der Ressource ‚Entscheidungsspielraum‘ und dem Belastungsfaktor ‚monotone Arbeitsbedingungen‘.

Beiden wurde in den bivariaten Analysen eine größere Bedeutung zugemessen, die sich in der multivariaten Analyse nicht bestätigen konnte. Das heißt, werden mehrere Prädiktoren gleichzeitig berücksichtigt, verschiebt sich somit das Bild in Hinblick auf die Bedeutung einzelner Merkmale beträchtlich.

Mit der multiplen Regression wird die tatsächliche Realität insofern besser abgebildet, als auch in der betrieblichen Praxis immer mehrere Belastungen und Ressourcen gemeinsam auftreten und auf die Gesundheit einwirken. Insofern kann geschlußfolgert werden, daß die Ergebnisse der multiplen Regression für die Praxis von größerer Relevanz sind.

In Hinblick auf die Intervention läßt sich daher festhalten, daß hier vor allem die Ressourcen und Belastungen berücksichtigt werden sollten, die in der multiplen Regression mehrfach zur Vorhersage der Gesundheitsindikatoren verwendet wurden, da angenommen werden kann, daß ihre Veränderung zu einer erheblichen Verbesserung der arbeitsorganisatorischen Bedingungen von Gesundheit beitragen.

6.3   Unterschiedsanalysen

Mit der Überprüfung der Unterschiedshypothesen soll die Frage beantwortet werden, ob das Instrument DigA in der Lage ist, verschiedene Gruppen in Hinblick auf den gesundheitlichen Status zu differenzieren. Die Beantwortung dieser Frage dient der zusätzlichen Validierung und hat darüber hinaus noch eine praxisrelevante Bedeutung, da hierüber z.B. betriebliche Bereiche identifiziert werden können, in denen besonderer Handlungsbedarf besteht.

Im einzelnen soll überprüft werden, ob sich die Gesundheit der Beschäftigten in verschiedenen Betrieben und in den jeweiligen Abteilungen bedeutsam unterscheidet. Lassen sich Unterschiede finden, wird in einem weiteren Schritt überprüft, ob diese Gruppenunterschiede im Befinden einhergehen mit bedeutsamen Unterschieden in den Arbeits- und Organisationsbedingungen.

Hierbei wird auf die Ergebnisse der multiplen Regression zurückgegriffen. Es wird überprüft, ob sich die Arbeits- und Organisationsmerkmale, die zur Vorhersage des jeweiligen Gesundheitsmerkmals am besten geeignet sind, signifikant unterscheiden. Ziel ist, Gesundheitsprofile für möglichst trennscharfe Gruppen zu erstellen.

Entsprechend den vorangegangenen theoretischen Überlegungen müßten in den Betrieben oder Abteilungen, in denen Beschäftigte über stärkere Beschwerden klagen, auch stärkere Belastungen und geringere Ressourcen auftreten, während dort, wo Beschäftigte eine bessere Gesundheit angeben, auch mehr Ressourcen und geringere Belastungen angegeben werden müßten.

Zur Überprüfung möglicher Unterschiede im Befinden der Beschäftigten werden im Gesamtdatensatz zunächst einfaktorielle Varianzanalysen über die Betriebe und die Abteilungen der einzelnen Betriebe gerechnet.[13]

6.3.1   Betriebliche Unterschiede im Befinden der Beschäftigten

Tabelle 29 zeigt, daß sich das Befinden der Mitarbeiter in den drei Betrieben signifikant unterscheidet, wobei nur ‚somatische Beschwerden‘ und ‚Selbstwirksamkeit‘ auf dem 1%-Niveau signifikante Unterschiede aufweisen.

Zieht man aufgrund der Stichprobengröße den Eta-Koeffizienten als zusätzliches Beurteilungskriterium hinzu (Eta >.20), ist nur noch der Unterschied bei den somatischen Beschwerden als bedeutsam zu bezeichnen. Die Mittelwerte für somatische Beschwerden variieren zwischen 2,7 und 3,9. Beschäftigte in Betrieb 1 geben an, ‚alle paar Tage‘ bis ‚alle paar Wochen‘ an bestimmten

---

[13] Um im weiteren die Ergebnisse in vergleichbarer Form darstellen zu können, wurde es hier erforderlich, die Skalen ‚Arbeitsinhalte‘, ‚aufgabenbezogene Kommunikation‘, ‚Unterbrechungen‘ und ‚Zeitdruck‘ zu dichotomisieren.

körperlichen Beschwerden zu leiden, während in den Betrieben 2 und 3 Beschäftigte eher ,alle paar Monate' unter körperlichen Beschwerden leiden.
Beschäftigte des Betriebes 1 schätzen somit ihre körperliche Gesundheit
deutlich schlechter ein, als die Beschäftigten in den beiden anderen Betrieben.

Tabelle 29: Betriebliche Gruppenmittelwerte, F-Werte und Eta-Koeffizienten für die
Gesundheitsindikatoren

	Gruppenmittelwerte					
	B1	B2	B3	F-Wert	Sign.	Eta-Koef.
Somabew	2,78	3,73	3,93	154,66	,000	,498
Psysobew	3,14	3,16	3,36	4,24	,015	,092
Stolz	2,60	2,74	2,89	4,47	,012	,094
Selbwirk	2,34	2,36	2,16	5,32	,005	,103

6.3.1.1 Beschwerderelevante Arbeits- und Organisationsmerkmale

Durch die multiplen Regressionen wurden als besonders starke Prädiktoren
von somatischen Beschwerden folgende Arbeits- und Organisationsmerkmale ermittelt:

* Fürsorge
* Aufgabenbezogene Kommunikation
* Zeitdruck
* Monotone Arbeitsbedingungen
* Unterbrechungen
* Persönliche Entwicklungschancen
* Arbeitsplatzunsicherheit
* Entscheidungsspielraum.

Tabelle 30 zeigt, daß für alle Arbeits- und Organisationsmerkmale die Mittelwerte der Betriebe signifikant unterschiedlich sind. Außer für das Merkmal Zeitdruck unterscheiden sich alle Mittelwerte auf dem 1% - Niveau.

Zieht man den Eta-Koeffizienten als zusätzliches Beurteilungskriterium hinzu, ergeben sich bedeutsame Mittelwertunterschiede für die Merkmale ,per-
sönliche Entwicklungschancen', ,Unterbrechungen' und ,Arbeitsplatzunsi-
cherheit'.

Tabelle 30: Betriebliche Gruppenmittelwerte, F-Werte und Eta-Koeffizienten für beschwerderelevante Arbeits- und Organisationsmerkmale

	Gruppenmittelwerte					
	B1	B2	B3	F-Wert	Sign.	Eta-Koef.
Fürsorg	1,41	1,35	1,24	11,44	,000	,152
Apkomun	1,34	1,30	1,41	7,97	,000	,127
Zeitdruck	1,47	1,37	1,41	4,435	,012	,094
Mono	1,30	1,41	1,52	17,66	,000	,187
Unterbr	1,68	1,56	1,41	34,49	,000	,260
Entwick	1,67	1,50	1,28	58,89	,000	,333
Apunsich	1,76	1,47	1,41	48,77	,000	,302
Entschei	1,62	1,53	1,37	23,60	,000	,213

Abbildung 4 zeigt die Ausprägungen der beschwerderelevanten Arbeitsbedingungen in den drei Betrieben. Die Mittelwertunterschiede zeigen für Betrieb 1, in dem die Beschäftigten ein schlechteres körperliches Befinden angegeben haben, folgendes Bild (ein geringer Wert bedeutet eine starke Ausprägung des Merkmals).

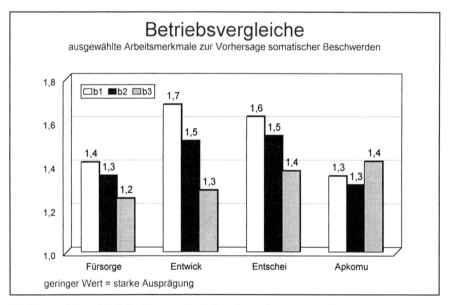

Abbildung 4: Betriebliche Unterschiede beschwerderelevanter Ressourcen

Die Ressourcen ‚Fürsorge', ‚persönliche Entwicklungschancen' und ‚Entscheidungsspielraum' sind etwas geringer ausgeprägt als in den beiden anderen Betrieben. ‚Aufgabenbezogene Kommunikation' ist geringer als in Betrieb 3, aber etwas besser als in Betrieb 2 ausgeprägt.

Außerdem ist Tabelle 30 zu entnehmen, daß der Belastungsfaktor ‚monotone Arbeitsbedingungen' in Betrieb 1 stärker ausgeprägt ist als in den beiden anderen Betrieben. ‚Unterbrechungen' werden etwas geringer eingeschätzt, und ‚Zeitdruck' liegt im Vergleich zu den beiden anderen Betrieben in der Mitte. Zusammengefaßt zeigt sich, daß in dem Betrieb, in dem somatische Beschwerden stärker ausgeprägt sind, tendenziell weniger Ressourcen angegeben werden und die Beschäftigten stärker unter monotonen Arbeitsbedingungen leiden.

Eine Überprüfung relevanter Kovariaten[14] durch einfaktorielle Varianzanalysen ergab, daß somatische Beschwerden auch unter Berücksichtigung der Kovariaten Geschlecht auf dem 1%-Niveau erhalten bleiben. Allerdings übt die Kovariate ebenfalls einen signifikanten Effekt aus. Frauen geben in Betrieb 1 und 2 deutlich schlechtere Werte an als Männer, in Betrieb 3 wurden keine Frauen befragt.

Kontrolliert man den Einfluß der Kovariaten Geschlecht bei den Unterschieden der beschwerderelevanten Arbeitsbedingungen, bleiben die betrieblichen Unterschiede auf dem 1%-Niveau signifikant. Signifikante Effekte der Kovariate ‚Geschlecht' ergaben sich für die Merkmale ‚aufgabenbezogene Kommunikation',‚monotone Arbeitsbedingungen' und ‚Entscheidungsspielraum'. Frauen geben im Vergleich zu Männern geringere aufgabenbezogene Kommunikation, einen geringeren Entscheidungsspielraum und höhere monotone Arbeitsbedingungen an.

Frauen zeigen somit in allen drei Betrieben stärkere somatische Beschwerden und geben gleichzeitig schlechtere Arbeitsbedingungen an. Betriebliche Unterschiede bleiben aber auch unter Berücksichtigung der Kovariate Geschlecht sowohl für die somatischen Beschwerden als auch für alle beschwerderelevanten Arbeitsbedingungen (mit Ausnahme des Zeitdrucks) signifikant.

Die Ergebnisse legen es nahe, als mögliche Ursache für diese Unterschiede systematische Antworttendenzen zu vermuten, da in der Diskussion von Geschlechterunterschieden häufig argumentiert wird, Frauen hätten eine stärkere ‚Klagsamkeitstendenz' (zur Kritik vgl. Mohr, Rummel & Rückert, 1982). Auch wenn diese Möglichkeit grundsätzlich nicht ausgeschlossen werden

---

[14] Als relevante Kovariaten werden die Merkmale herangezogen, für die ein signifikanter Zusammenhang zu den somatischen Beschwerden nachweisbar ist. Nur das Merkmal Geschlecht ist auf dem 1%-Niveau signifikant mit somatischen Beschwerden korreliert.

kann, ist es aufgrund von Längsschnittuntersuchungen (Lüders & Resch, 1995) zu diesem Thema und aufgrund der Kenntnis der Betriebe eher wahrscheinlich, daß die schlechtere Beurteilung der Arbeitsbedingungen der Frauen auch in diesem Fall auf tatsächlich unterschiedliche Arbeitsbedingungen zurückgeführt werden muß. In beiden Betrieben übt ein Großteil der Frauen hoch partialisierte Resttätigkeiten aus, die sich auf die Beschickung und Entladung von Maschinen reduzieren. Die signifikanten Unterschiede ergaben sich bei den Arbeitsmerkmalen ‚Entscheidungsspielraum‘, ‚monotone Arbeitsbedingungen‘ und ‚aufgabenbezogene Kommunikation‘, also genau bei den Merkmalen, die hoch partialisierte Arbeitsplätze kennzeichnen.

6.3.1.2 Zusammenfassende Diskussion betrieblicher Unterschiede

Die Ausgangsfrage dieses Abschnitts lautete, ob sich die Gesundheit der Beschäftigten in verschiedenen Betrieben bedeutsam unterscheidet und inwieweit dieser Unterschied mit unterschiedlichen betrieblichen Strukturen erklärt werden kann. Ein bedeutsamer Unterschied im Befinden der Beschäftigten wurde nur für die somatischen Beschwerden ermittelt. Die Beschäftigten von Betrieb 1 schätzen ihre körperliche Gesundheit deutlich schlechter ein, als die Beschäftigten in den beiden anderen Betrieben. Im zweiten Schritt wurde unter Rückgriff auf die Ergebnisse der Regressionsanalysen die Merkmale ausführlicher betrachtet, die sich als besonders starke Prädiktoren zur Vorhersage somatischer Beschwerden herausgestellt hatten. Diese Merkmale wurden darauf hin überprüft, ob auch sie sich in theoretisch zu erwartender Weise in den Bctrieben unterscheiden. Zu erwarten war, daß in Betrieb 1 stärkere Belastungen auftreten und die Ressourcen geringer ausgeprägt sind, als in den beiden anderen Betrieben. Diese Erwartung wurde im wesentlichen bestätigt, auch unter Hinzuziehung der Kovariate Geschlecht. Betrieb 1 zeichnet sich im Vergleich zu den beiden anderen Betrieben dadurch aus, daß hier geringere Fürsorge, geringere persönliche Entwicklungschancen und geringere Entscheidungsspielräume angegeben werden, und die Beschäftigten in stärkerem Maße über monotone Arbeitsbedingungen klagen. In dem Betrieb, in dem die Beschäftigten ihre körperliche Gesundheit deutlich schlechter einschätzen, fällt auch die Beurteilung der Arbeits- und Organisationsbedingungen schlechter aus.

Aus dieser beispielhaften Unterschiedsanalyse kann geschlußfolgert werden, daß mit dem Instrument DigA Betriebe in ihrem unterschiedlichen Gesundheitsstatus differenziert erfaßt werden können. Einschränkend ist festzuhalten, daß mit dem Instrument die subjektive Sicht der Beschäftigten erfaßt wird, und damit die grundsätzlichen methodischen Probleme zum Tragen kommen, wie sie bereits dargelegt wurden.

Eine weitere Einschränkung ist die Tatsache, daß die drei untersuchten Betriebe in Hinblick auf die Gesundheitsindikatoren ‚psychische Befindensbeeinträchtigungen‘, ‚Selbstwirksamkeit‘ und ‚Stolz‘ sehr homogen sind. Zur

Überprüfung der Differenzierungsfähigkeit des Instruments in bezug auf diese Gesundheitsmerkmale sind daher Analysen in weiteren Betrieben erforderlich. Im nächsten Schritt wird geprüft, ob das Instrument innerhalb einzelner Betriebe den Gesundheitsstatus von verschiedenen Abteilungen differenziert. Das Vorgehen ist hier das gleiche wie im vorangegangenen Abschnitt.

6.3.2   Abteilungsspezifische Befindensunterschiede der Beschäftigten

Um bei den Abteilungsvergleichen den Einfluß des Merkmals Betrieb weitgehend auszuschließen, werden diese im folgenden betriebsweise vorgenommen. Dadurch, daß jeweils nur ein Betrieb mit seinen Abteilungen analysiert wird, verringert sich die Stichprobengröße, so daß bei den folgenden Analysen auf die Ermittlung und Interpretation des Eta-Koeffizienten verzichtet werden kann.

Die folgenden drei Tabellen zeigen die Ergebnisse einfaktorieller Varianzanalysen, die die Befindensunterschiede der Beschäftigten in den drei Betrieben – unterschieden nach den Abteilungen – wiedergeben. Es zeigt sich, daß sich im ersten Betrieb die Abteilungen nur hinsichtlich der Stärke der somatischen Beschwerden signifikant unterscheiden (Tabelle 31), in Betrieb 2 sind die Mittelwertunterschiede für somatische Beschwerden und für Stolz hoch signifikant, psychische Befindensbeeinträchtigungen und Selbstwirksamkeit sind auf dem 5%-Niveau signifikant unterschiedlich (Tabelle 32), wohingegen in Betrieb 3 keiner der Mittelwertunterschiede auf dem 1%-Niveau signifikant (Tabelle 33) ist. Selbstwirksamkeit ist hier auf dem 5% Niveau signifikant.

Tabelle 31: Befindensunterschiede der Beschäftigten nach Abteilungen in Betrieb 1

B1	Abteilungsmittelwerte						
	PA1	PA2	PA3	PA4	Sonst.	F-Wert	Sign.
Somabew	2,66	2,41	2,77	2,40	3,07	4,77	,001
Psysobew	2,93	3,10	3,05	3,00	3,39	1,13	,346
Selbwirk	2,37	2,30	2,06	2,33	2,22	,64	,629
Stolz	2,68	2,07	2,65	2,95	2,68	1,21	,308
N=	34	15	22	5	40		

Betrachtet man die Abteilungsunterschiede hinsichtlich der somatischen Beschwerden in Betrieb 1 genauer, erkennt man, daß in der Produktionsabteilung (PA) 4 die stärksten Beschwerden angegeben werden, und in der Abteilung PA 3 die geringsten Beschwerden auftreten (kleiner Wert = starke Beschwerden). Da bei einer der Abteilungen, die für weitergehende Analysen in Frage käme, nur eine Stichprobengröße von N=5 vorliegt, wird hier von weiteren Analysen Abstand genommen. Tabelle 32 zeigt, daß in Betrieb 2 in der Abteilung PA 5 die stärksten somatischen Beschwerden angegeben werden, in der Abteilung Elektro/Technik (EL/T) werden die geringsten somatischen Beschwerden angegeben. Interessant ist, daß in Abteilung PA 5, die schon durch hohe somatische Beschwerden gekennzeichnet ist, auch die geringste Ausprägung von Arbeitsfreude/Stolz vorhanden ist (geringer Wert = starke Ausprägung).

Tabelle 32: Befindensunterschiede der Beschäftigten nach Abteilungen in Betrieb 2

B2	Abteilungsmittelwerte									
	PA1	El/T	PA2	La/V	PA3	PA4	PA5	Sonst.	F-Wert	Sign.
Soma-bew	3,95	4,37	4,33	4,05	3,56	3,67	3,45	3,87	4,29	,000
Psyso-bew	3,33	3,52	3,70	3,45	3,10	3,05	2,79	3,40	2,10	,033
Selb-wirk	2,34	1,96	1,86	2,12	2,47	2,38	2,58	2,15	2,00	,044
Stolz	2,95	1,83	2,24	2,73	2,79	2,87	2,96	1,80	4,82	,000
N=	53	11	11	8	192	72	37	22		

Betrachtet man auch die auf dem 5%-Niveau signifikanten Mittelwertunterschiede, fällt auf, daß PA 5 auch die Abteilung ist, in der psychische Befindensbeeinträchtigungen am stärksten und Selbstwirksamkeit am geringsten ausgeprägt sind. PA 5 kann hinsichtlich der Gesundheit der Beschäftigten somit als extreme Problemabteilung bezeichnet werden. Elektro/Technik kann hingegen als ‚gesunde' Abteilung bezeichnet werden, da hier Positiv-Merkmale der Gesundheit stark und gleichzeitig somatische Beschwerden gering ausgeprägt sind.

Tabelle 33: Befindensunterschiede der Beschäftigten nach Abteilungen in Betrieb 3

B3	Abteilungsmittelwerte					
	E	A	I	Sonstige	F-Wert	Sign.
Somabew	3,90	4,13	3,97	3,76	,833	,477
Psysobew	3,27	3,56	3,52	3,25	1,65	,177
Selbwirk	2,25	2,00	2,02	1,95	3,21	,024
Stolz	2,92	2,74	2,77	3,07	,736	,532
N=	132	17	57	8		

Da hier die Stichprobengröße der einzelnen Abteilungen ausreichend ist, werden weitere Analysen vorgenommen, die sich exemplarisch auf die beiden Abteilungen PA 5 und Elektro/Technik konzentrieren werden. Wie aus

Tabelle 33 erkennbar wird, sind in Betrieb 3 nur Abteilungsunterschiede für Selbstwirksamkeit auf dem 5%-Niveau signifikant.

Die Gesundheit der Beschäftigten kann über alle Abteilungen insgesamt eher gut und homogen bezeichnet werden, aus diesem Grunde wird dieser Betrieb nicht weiter analysiert.

6.3.2.1 Vorhersagestarke Arbeits- und Organisationsmerkmale

Im folgenden werden Unterschiede in den Arbeitsbedingungen für die Abteilungen von Betrieb 2 ermittelt. Da in diesem Betrieb 24% der Beschäftigten keine Angaben zu ihrer Abteilungszuordnung gemacht haben und damit die Repräsentativität der Ergebnisse nicht gesichert ist, sind die kommenden Untersuchungsergebnisse nur mit Zurückhaltung zu interpretieren.

Die Abteilungen PA 1 bis PA 5 sind alle Produktionsabteilungen, in denen überwiegend maschinenüberwachende, be- und entladende Tätigkeiten anfallen. Die Abteilungen sind nach Produkten unterteilt. Es handelt sich um stark partialisierte Tätigkeiten, die von un- und angelernten Personen durchgeführt werden können.

Der Abteilung Elektro/Technik sind Betriebs-, Reparatur- und Maschinenschlosser zugeordnet, die die Aufgabe haben, Maschinen zu reparieren bzw. neu zu installieren. Es handelt sich hier ausschließlich um qualifizierte Facharbeit. In der Abteilung Lager/Versand werden die gefertigten Produkte gelagert und zum Versand vorbereitet.

Um zu prüfen, ob sich die Abteilungen, die sich hinsichtlich der Gesundheit der Beschäftigten unterscheiden, auch in ihren Arbeits- und Organisationsbedingungen unterscheiden, werden nun die Arbeitsbedingungen überprüft, die besonders gut zur Vorhersage von somatischen Beschwerden und Arbeitsfreude/Stolz geeignet sind.

Die Prädiktoren für somatische Beschwerden wurden bereits im vorangegangenen Abschnitt dargestellt. Als vorhersagestarke Prädiktoren von Arbeitsfreude/Stolz wurden ermittelt:

- Arbeitsinhalte
- Information und Beteiligung
- Umgebungsbedingungen
- Sinnbezug
- Vorgesetztenverhalten und
- Aufgabenbezogene Kommunikation.

6.3.2.2 Beschwerderelevante Arbeits- u. Organisationsmerkmale

Tabelle 34 zeigt, inwieweit sich die Abteilungen von Betrieb 2 hinsichtlich der Prädiktoren für somatische Beschwerden unterscheiden. Bei den Merkmalen Fürsorge, monotone Arbeitsbedingungen, Arbeitsplatzunsicherheit und Entscheidungsspielraum liegen signifikante Abteilungsunterschiede auf dem 1%-Niveau vor, die Unterschiede von Zeitdruck sind auf dem 5%-Niveau signifikant.

Tabelle 34: Abteilungsunterschiede für beschwerderelevante Arbeitsbedingungen

B2	Abteilungsmittelwerte									
	PA1	El/T	PA2	La/V	PA3	PA4	PA5	Sonst.	F-W.	Sign.
Fürsorg	1,22	1,03	1,22	1,16	1,43	1,39	1,56	1,06	6,85	,000
Apkomun	1,33	1,06	1,27	1,37	1,33	1,24	1,31	1,20	1,66	,104
Zeitdruck	1,37	1,18	1,45	1,27	1,37	1,34	1,25	1,70	2,78	,005
Mono	1,45	1,87	1,53	1,59	1,32	1,39	1,29	1,82	9,43	,000
Entwick	1,42	1,39	1,30	1,29	1,56	1,48	1,56	1,50	1,81	,071
Unterbr	1,51	1,56	1,58	1,53	1,56	1,54	1,61	1,72	1,00	,428
Apunsich	1,45	1,93	1,72	1,66	1,40	1,55	1,18	1,78	9,45	,000
Entschei	1,45	1,14	1,32	1,27	1,61	1,48	1,70	1,19	7,15	,000
N=	55	11	12	8	202	79	40	21		

Fürsorge und Entscheidungsspielraum sind am geringsten in PA 5 und am stärksten in Elektro/Technik ausgeprägt, monotone Arbeitsbedingungen und Arbeitsplatzunsicherheit sind am stärksten in PA 5 und am geringsten in Elektro/Technik ausgeprägt. Zeitdruck und Unterbrechungen, deren Unterschiede allerdings nicht signifikant sind, sind hingegen in der Abteilung Elektro/Technik stärker als in PA 5.

Das heißt, daß die beiden Abteilungen PA 5 und Elektro/Technik sich auch deutlich hinsichtlich der Arbeitsbedingungen unterscheiden. In der Problemabteilung PA 5 sind die Ressourcen am geringsten und die Belastungen ‚monotone Arbeitsbedingungen' und ‚Arbeitsplatzunsicherheit' am stärksten ausgeprägt, in der ‚gesunden' Abteilung Elektro/Technik sind die Ressourcen am stärksten und die Belastungen durch Arbeitsplatzunsicherheit und monotone Arbeitsbedingungen am geringsten ausgeprägt.

Die beiden folgenden Abbildungen veranschaulichen die Unterschiede in den beiden kontrastreichsten Abteilungen in Hinblick auf Ressourcen und Belastungen, die somatische Beschwerden gut vorhersagen.

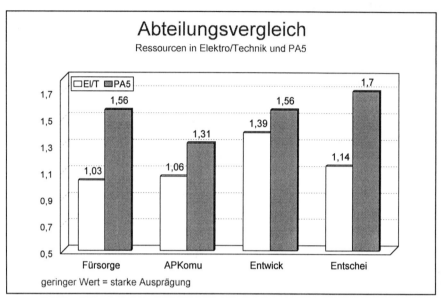

Abbildung 5: Kontrastabteilungen in Hinblick auf beschwerderelevante Ressourcen

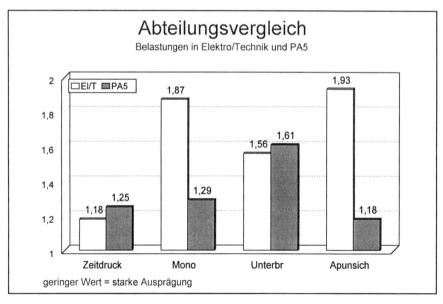

Abbildung 6: Kontrastabteilungen in Hinblick auf beschwerderelevante Belastungen

Abbildung 5 zeigt, daß in PA-5 die geringsten Ressourcen angegeben werden, während die Abteilung Elektro/Technik die stärksten Ausprägungen aufweist. Aus Abbildung 6 wird erkennbar, daß Arbeitsplatzunsicherheit und monotone Arbeitsbedingungen in PA5 besonders stark ausgeprägt sind.

6.3.2.3 Stolzrelevante Arbeits- und Organisationsmerkmale

Vergleicht man nun die Abteilungen in Hinblick auf die Merkmale, die besonders gut den Positiv-Indikator ‚Arbeitsfreude/Stolz' vorhersagen, zeigen sich für die Merkmale ‚Arbeitsinhalte' und ‚Umgebungsbedingungen' auf dem 1%-Niveau signifikante Abteilungsunterschiede; ‚Information und Beteiligung' ist auf dem 5%-Niveau unterschiedlich (Tabelle 35).

Tabelle 35: Abteilungsunterschiede für ‚stolzrelevante' Arbeitsbedingungen

B2	Abteilungsmittelwerte									
	PA1	El/T	PA2	La/V	PA3	PA4	PA5	Sonst.	F-W.	Sign.
Aufinh	1,40	1,00	1,21	1,29	1,51	1,48	1,54	1,06	6,60	,000
Inform	1,48	1,21	1,33	1,44	1,48	1,54	1,59	1,25	,006	,006
Umgeb	1,40	1,44	1,48	1,41	1,37	1,34	1,34	1,68	4,68	,000
Sinn	1,05	1,00	1,09	1,03	1,09	1,06	1,13	1,00	,073	,073
Vorges	1,32	1,00	1,30	1,18	1,33	1,37	1,48	1,30	2,48	,012
Ap-komun	1,33	1,06	1,27	1,37	1,33	1,24	1,31	1,20	,104	,104
N=	55	10	11	9	210	77	43	21		

Die Ressourcen ‚Arbeitsinhalte', 'Vorgesetztenverhalten' und ‚Information und Beteiligung' sind in Elektro/Technik am stärksten ausgeprägt und in PA 5 am geringsten. Der Belastungsfaktor ‚Umgebungsbedingungen' ist am geringsten in der Gruppe ‚Sonstige' ausgeprägt, am stärksten in der Abteilung PA 2.

Auch in bezug auf die Merkmale, die zur Vorhersage von Arbeitsfreude/Stolz besonders gut geeignet sind, zeigt sich, daß die Abteilung Elektro/Technik die Abteilung ist, bei der die Ressourcen am stärksten und Belastungen durch Umgebungsbedingungen am geringsten ausgeprägt sind. PA 5 ist die Abteilung, in der die stolzrelevanten Ressourcen am geringsten ausgeprägt sind.

Die beiden Abteilungen PA5 und Elektro/Technik weisen somit extreme Unterschiede im Gesundheitsstatus der Beschäftigten und in den Arbeitsbedingungen auf.

Auch unter Kontrolle relevanter Kovariaten (Geschlecht, Berufsstatus und Arbeitszeit) bleiben die Unterschiede der Abteilungen hinsichtlich der Gesundheit und der Arbeitsbedingungen im wesentlichen bestehen. Änderungen ergeben sich nur bei der Berücksichtigung der Kovariate Berufsstatus. Hier bleiben Abteilungsunterschiede der Arbeitsbedingungen nur für das Merkmal ‚Arbeitsinhalte‘ bestehen, die Unterschiede der Umgebungsbedingungen und des Merkmals ‚Information und Beteiligung‘ sinken unter das 5%-Niveau. Eine ausführliche Darstellung und Diskussion dieser Ergebnisse findet sich bei Ducki 1998a.

6.3.2.4 Fehlzeitenvergleich der beiden Kontrastabteilungen

Die Ermittlung von Abteilungsunterschieden dient dem Ziel der zusätzlichen Validierung und der Identifikation von abteilungsspezifischen Interventionshinweisen. Hierbei ist die relativ hohe Antwortverweigerung bei der Abteilungszuordnung ein Problem. Nach Angaben des Betriebes waren zum Untersuchungszeitpunkt in der Abteilung PA 5 insgesamt 64 Personen dauerhaft beschäftigt, in der Abteilung Elektro/Technik waren 13 Personen beschäftigt. Für die Abteilung Elektro/Technik liegen insgesamt 11 Fragebögen zur Auswertung vor, das entspricht einem Prozentanteil von 85%. Für die Abteilung PA 5 liegen insgesamt 44 Fragebögen vor, in die vergleichende Auswertung konnten jedoch nur 37 Fragebögen eingehen. Das entspricht einem Anteil von nur 58 %, was die Frage nach der Repräsentativität der Befragungsergebnisse für diese Abteilung aufwirft, da hier ein systematischer Selektionseffekt nicht ausgeschlossen werden kann.

Während in der Abteilung, in der die Situation überwiegend positiv eingeschätzt wird, fast alle Beschäftigten Angaben zur Abteilungszugehörigkeit gemacht haben, ist die Antwortverweigerung gerade in der Problemabteilung besonders hoch. Das kann bedeuteten, daß die Beschäftigten, die keine Angabe zur Abteilung gemacht haben, die Situation eventuell noch schlechter einschätzen als die Beschäftigten, die eine Abteilungszuordnung vorgenommen haben. Das würde bedeuten, daß die realen Verhältnisse in dieser Abteilung durch die Selektionseffekte eher beschönigt werden. Dies würde zwar zu einer eher konservativen Ergebnisinterpretation führen, stellt aber dennoch eine systematische Verzerrung dar. Aus diesem Grunde wurden als ein zusätzlicher Evaluationsschritt die Fehlzeiten der beiden Abteilungen miteinander verglichen.

Für Betrieb 2 lag eine betriebliche Krankenstandsdokumentation für einzelne Abteilungen für das Jahr vor der Befragung vor. Als ein zusätzliches Validierungskriterium sollen hier die Fehlzeiten für die beiden Extremabteilungen herangezogen werden.

Der gesamtbetriebliche Krankenstand betrug 10,59%. Der durchschnittliche Krankenstand der Abteilung Elektro/Technik betrug hingegen nur 2,26%, der Krankenstand der Abteilung PA 5 betrug 13,25%. Die Abteilung Elektro/Technik hat damit einen fast sechsmal geringeren Krankenstand als die Abteilung PA 5. Dies zeigt, daß die Abteilung, in der die Beschäftigten die stärksten somatischen Beschwerden und die geringste Arbeitsfreude/Stolz angeben, auch die Abteilung mit dem höchsten Krankenstand ist, der deutlich über dem Betriebsdurchschnitt liegt. Hingegen weist die Abteilung mit den geringsten selbstberichteten somatischen Beschwerden und der größten Arbeitsfreude/Stolz den geringsten Krankenstand auf.

In bezug auf die Frage der Repräsentativität der Ergebnisse in der Abteilung PA 5 kann auf der Grundlage des Fehlzeitenvergleichs geschlußfolgert werden, daß auch bei nur 58% Rücklauf die Befragung eine Tendenz aufzeigt, die durch das externe Kriterium ‚Fehlzeiten' bestätigt wird und mithin als hinreichend valide bezeichnet werden kann.

Dies kann als ein Beleg dafür gewertet werden, daß das Instrument in der Lage ist, (zumindest) kontrastreiche Abteilungen in Hinblick auf ihren gesundheitlichen Status zu differenzieren. Darüber hinaus kann das Ergebnis auch als Hinweis darauf gewertet werden, daß mit dem Instrument ‚krankenstandsrelevante' Merkmale erfaßt werden können. Die im Fragebogen als Selbsteinschätzung erhobenen Gesundheitsmerkmale finden damit eine Entsprechung in objektiven Fehlzeiten, was ein erster Hinweis auf die Konstruktvalidität des Instruments ist.

6.3.2.5 Diskussion der Abteilungsunterschiede

In Betrieb 2 wurden zwei Abteilungen identifiziert, die sich extrem in den Ausprägungen der somatischen Beschwerden und von Arbeitsfreude/Stolz unterschieden: Eine Problemabteilung, bei der somatische Beschwerden besonders stark und Arbeitsfreude/Stolz besonders gering ausgeprägt waren (PA 5) und eine Abteilung, bei der Arbeitsfreude/Stolz besonders stark und somatische Beschwerden besonders gering ausgeprägt waren (Elektro/Technik).

Interessant ist hier, daß sich sowohl die Beeinträchtigungsindikatoren als auch die Positiv-Indikatoren der Gesundheit in beiden Abteilungen extrem unterscheiden. Die Analyse der Arbeits- und Organisationsmerkmale, die zur Vorhersage dieser beiden Gesundheitsindikatoren besonders gut geeignet sind, ergab für diese beiden Abteilungen ebenfalls extreme Ausprägungen. Die Problemabteilung PA 5 zeichnet sich auch durch besonders starke Belastungen und geringe Ressourcen aus, die ‚gesunde' Abteilung Elektro/Technik weist durchgehend die besten Ressourcen auf. Dies gilt sowohl für die Arbeits- und Organisationsmerkmale, die somatische Beschwerden besonders gut vorhersagen, als auch für die Prädiktoren von Arbeitsfreude/Stolz. Die Belastungen ‚Arbeitsplatzunsicherheit' und ‚monotone Arbeitsbedingungen' sind in der Abteilung Elektro/Technik außerdem am geringsten ausgeprägt.

Auch der Einfluß der Kovariaten Geschlecht, Berufsstatus und Arbeitszeit ändert an dieser grundsätzlichen Tendenz nichts, da im wesentlichen die Abteilungsunterschiede für die Arbeitsbedingungen bestehen bleiben.

Unter dem Gesichtspunkt der Praxisrelevanz kann festgehalten werden, daß mit dem Instrument die Suchrichtung für vordringliche Interventionen weiter systematisch eingegrenzt werden kann. Durch die Regressionsanalysen wurde eine erste Eingrenzung vorgenommen, indem Arbeits- und Organisationsmerkmale bestimmt wurden, die zur Vorhersage einzelner Gesundheitsmerkmale besonders relevant sind. Werden nun in einem nächsten Schritt Abteilungen mit extrem schlechten Ausprägungen einzelner Gesundheitsmerkmale identifiziert, brauchen hier schwerpunktmäßig nur noch die Arbeitsbedingungen analysiert werden, die besonders gut die jeweiligen Gesundheitsmerkmale vorhersagen. Damit kann sowohl die weitere Suchrichtung als auch die Interventionsrichtung konkretisiert werden.

Im Fall der in Betrieb 2 ermittelten Problemabteilung PA 5 stehen ebenfalls Fragen der Aufgabengestaltung an erster Stelle, wenn der schlechte gesundheitliche Zustand der Beschäftigten durch betriebliche Maßnahmen verbessert werden soll. Allerdings zeigt sich hier, daß nicht nur Entscheidungsspielräume erweitert, sondern auch aufgabenbezogene und arbeitsortbedingte Belastungen reduziert werden müssen.

Dieses Beispiel macht deutlich, daß nicht nur Schwachstellen und Potentiale in der gesundheitlichen Situation in einzelnen Abteilungen identifiziert werden können, sondern auch konkrete Hinweise auf Interventionsschwerpunkte ableitbar sind.

6.3.3   Gesamtfazit

Es wurden beispielhaft betriebliche und abteilungsspezifische Gesundheitsprofile ermittelt, um Hinweise auf die Validität des Instruments und auf seine Einsatzmöglichkeiten zu erhalten. Es konnte sowohl auf der betrieblichen als auch auf der Abteilungsebene gezeigt werden, daß dort, wo Beschäftigte einen sehr schlechten Gesundheitszustand berichten, sehr viel weniger Ressourcen und sehr viel mehr Belastungen genannt werden. Damit werden die in Kapitel 6.2.3 ermittelten Zusammenhänge zwischen Arbeits- bzw. Organisationsmerkmalen und der Gesundheit zusätzlich auf Betriebs- und Abteilungsebene bestätigt.

Einschränkend ist jedoch auch hier auf mögliche Methodenartefakte zu verweisen, die z.B. durch systematische Antworttendenzen zustande kommen können (vgl. Abschnitt 6.2.5). Da die Befragung jedoch in eine umfassendere Analysestrategie eingebettet ist, können die Ergebnisse mit bereits vorangegangenen oder nachfolgenden Analysen abgeglichen werden und so geprüft werden, ob sich die identifizierten Problemschwerpunkte auch mit anderen Analyseergebnissen decken. An anderer Stelle wurde bereits darauf hingewiesen, daß die Befragung in eine Gesamtstrategie eingebettet ist, die es ermöglicht, die hier erzielten Ergebnisse einer kritischen Prüfung z.B. durch weitergehende bedingungsbezogene Analysen zu unterziehen.

Zusammenfassend kann festgehalten werden, daß das Instrument in der Lage ist, Betriebe und Abteilungen hinsichtlich gesundheitsrelevanter Merkmale zu differenzieren.

Insgesamt kann festgehalten werden, daß Befragungen mit dem Instrument DigA eine wichtige Ergänzung zu Fehlzeitenanalysen darstellen, da hierüber Hinweise auf betriebs- und/oder abteilungsspezifische Ursachen von Fehlzeiten und Krankheit ermittelt werden können. Als ein Instrument, das sowohl bedingungs- als auch personenbezogen ist, liefert es wichtige zusätzliche Informationen über die Sichtweise der Beschäftigten und kann damit die Expertendiagnostik (zum Beispiel durch die Betriebsbegehung) ergänzen, was wiederum die Qualität späterer Interventionen verbessern dürfte.

6.4   Clusteranalysen

Ziel des letzten Analyseschrittes ist es, über geeignete Gruppenbildungen differenzierte Profile hinsichtlich der Gesundheit der Beschäftigten und der Arbeitsbedingungen zu entwickeln. Auch dieser Arbeitsschritt basiert auf der theoretischen Überlegung, daß in der Arbeitswelt spezifische Belastungs- und Ressourcenkonstellationen vorherrschen, die durch ihr Zusammenwirken die Gesundheit beeinflussen (Dunckel, 1985). Darüber hinaus soll der Frage nachgegangen werden, ob die im theoretischen Teil der Arbeit postulierte Unabhängigkeit von Positiv-Indikatoren der Gesundheit und Gesundheitsbeeinträchtigungen empirisch bestätigt werden kann. Hierzu wird eine k-means Clusteranalyse gerechnet.[15]

Die Clusteranzahl wurde auf dem Hintergrund folgender inhaltlicher Überlegungen auf vier festgesetzt. Ziel der durchgeführten Clusteranalyse ist es, Personen in Hinblick auf ihre individuelle Gesundheit *und* ihre Einschätzung von Belastungen und Ressourcen in möglichst homogene, distinkte und ausreichend besetzte Klassen zu gruppieren.

Dabei steht der Gesundheitszustand der Beschäftigten im Mittelpunkt des Interesses. Für die Gruppenbildung bedeutet dies, daß sich die Gruppen möglichst deutlich in Hinblick auf die Gesundheitsmerkmale voneinander unterscheiden lassen sollten. Insgesamt sind vier Gesundheitsmerkmale in die Analyse eingegangen: zwei Beeinträchtigungsmerkmale (somatische Beschwerden und psychische Befindensbeeinträchtigungen) und zwei Positivmerkmale der Gesundheit (Selbstwirksamkeit und Arbeitsfreude/Stolz).

Im theoretischen Teil wurde postuliert, daß Positiv-Indikatoren der Gesundheit und Indikatoren von Gesundheitsbeeinträchtigungen partiell unabhängig voneinander sind, das heißt, eine Person kann zwar körperliche Beschwerden haben, aber dennoch eine entwickelte Handlungsfähigkeit besitzen. Aus dieser Annahme ergibt sich, daß die Positiv-Indikatoren der Gesundheit und Indikatoren für Gesundheitsbeeinträchtigungen in allen Kombinationen auftreten können, woraus sich folgende Kombinationsmöglichkeiten ergeben:

- ‚Gesunde' (starke Ausprägung von Positiv-Indikatoren der Gesundheit und wenig Beschwerden),

- ‚Beeinträchtigte' (geringe Positiv-Indikatoren der Indikatoren und starke Beschwerden),

---

[15] Da die Clusteranalyse als rechentechnische Bedingungen einheitliche Wertebereiche der einzubeziehenden Variablen erfordert (Backhaus et al., 1994), wurden die Einzelvariablen der Skalen ‚somatische Beschwerden', ‚psychische Befindensbeeinträchtigungen', ‚Stolz' und ‚Selbstwirksamkeit' dichotomisiert und mit diesen dichotomen Werten für die Skalen neue Mittelwerte gebildet.

- ‚**Verausgabte**' (starke Ausprägung von Positiv-Indikatoren der Gesundheit und starke Beschwerden),

- ‚**Neutrale**' (geringe Positiv-Indikatoren der Gesundheit und geringe Beschwerden).

Diese Kombinationsmöglichkeiten von Beschwerde- und Positiv-Indikatoren der Gesundheit bildeten die Grundlage für die Festlegung auf vier Cluster. Die Untersuchungsfragen lauten, ob sich diese Gruppen finden und wie sich diese Gruppen hinsichtlich der Ressourcen und Belastungen unterscheiden.

6.4.1   Clusterlösung

Im folgenden werden die Ergebnisse der k-means Clusteranalyse vorgestellt. Die durchzuführenden Iterationen wurden gemäß der Voreinstellung auf 10 festgelegt. Um zunächst möglichst viele Fälle in die Clusteranalyse einzubeziehen, wurden die fehlenden Werte paarweise ausgeschlossen.[16] Es zeigt sich, daß im wesentlichen die vier Gruppen abgebildet werden (geringerer Wert = stärkere Ausprägung des Merkmals):

- Die ‚**Gesunden**' (starke Ausprägung von Positiv-Indikatoren der Gesundheit und wenig Beschwerden) finden sich in Cluster 4.

- Die ‚**Beeinträchtigten**' (geringe Positiv-Indikatoren und starke Beschwerden) finden sich in Cluster 3.

- Die ‚**Verausgabten**' (mittlere bis eher starke Ausprägung von Positiv-Indikatoren der Gesundheit und mittlere bis eher stärkere Beschwerden) finden sich in Cluster 1.

- Die ‚**Neutralen**' (geringere Positiv-Indikatoren und geringere Beschwerden) finden sich tendenziell in Cluster 2.

Die Mittelwerte der somatischen Beschwerden in Cluster 1 und 2 sind fast gleich groß und liegen beide zwischen den Mittelwerten der Cluster 3 und 4, die als die beiden Extremgruppen bezeichnet werden können. Gruppe 1 und 2 unterscheiden sich also nicht hinsichtlich der somatischen Beschwerden. Die Mittelwerte der psychischen Befindensbeeinträchtigungen liegen jedoch in Cluster 2 (1,53) höher als in Cluster 1 (1,38), d.h. sie sind in Cluster 1 stärker ausgeprägt als in Cluster 2, so daß man in bezug auf diesen Beeinträchtigungsindikator sagen kann, daß sich die beiden Gruppen unterscheiden. Betrachtet man weitergehend anhand der Mittelwerte (geringer Wert =

---

[16] Da die Diskriminanzanalyse fehlende Werte nur fallweise ausschließt, wurde nach der Diskriminanzanalyse erneut eine Clusteranalyse mit der Vorgabe gerechnet, die fehlenden Werte ebenfalls fallweise auszuschließen, um die Stabilität der Lösung zu prüfen. Die Ergebnisse der Clusteranalyse mit fallweisem Ausschluß entspricht den Ergebnissen der Clusteranalyse mit paarweisem Ausschluß. Dies weist darauf hin, daß die rechentechnisch bedingte missing-data-Behandlung keine systematischen Effekte auf die Ergebnisse hat.

starke Ausprägung), wie sich die Ressourcen und die Belastungen in den
jeweiligen Clustern unterscheiden, zeigt sich folgendes Bild:

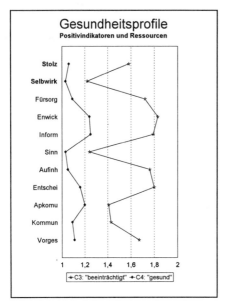 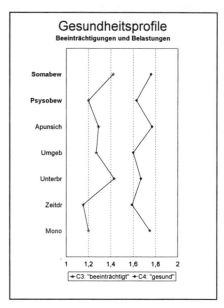

Abbildung 7: Profile der Cluster 3 und 4

Die Gesunden (Cluster 4, n=284):

Hier finden sich im Vergleich zu den anderen Clustern bei allen Ressourcen
die geringsten Mittelwerte, d.h. daß hier die Ressourcen am stärksten ausgeprägt sind.

Gleichzeitig liegen in diesem Cluster die geringsten *aufgabenbezogenen*
Belastungen vor. Dies gilt für Umgebungsbedingungen und monotone Arbeitsbedingungen. Arbeitsplatzunsicherheit ist in diesem Cluster ebenfalls
am geringsten ausgeprägt. Die Belastungsfaktoren Unterbrechungen und
Zeitdruck sind hier zwar auch gering ausgeprägt, allerdings finden sich die
geringsten Ausprägungen in der Gruppe der Neutralen (Cluster 2).

Das 'gesunde' Cluster zeichnet sich also in Hinblick auf Ressourcen und
Belastungen dadurch aus, daß hier die meisten Ressourcen und überwiegend
die geringsten Belastungen angegeben werden.

Die Beeinträchtigten (Cluster 3, n=261):

In diesem Cluster ist es genau anders herum. Hier finden sich bei allen Ressourcen die höchsten Mittelwerte im Vergleich zu den anderen Gruppen,
womit hier die Ressourcen am geringsten ausgeprägt sind.

Die aufgabenbezogenen Belastungen hingegen sind tendenziell am stärksten
ausgeprägt: In dieser Gruppe finden sich die stärksten Belastungen durch

Umgebungsbedingungen, monotone Arbeitsbedingungen und Arbeitsplatz-unsicherheit. Eine Ausnahme bilden die Unterbrechungen und Zeitdruck, die hier nur am zweitstärksten ausgeprägt sind, die stärkste Ausprägung findet sich für beide Merkmale in der Gruppe der Verausgabten.

Das 'beeinträchtigte' Cluster zeichnet sich dadurch aus, daß hier die gering-sten Ressourcen und überwiegend die stärksten Belastungen angegeben wer-den.

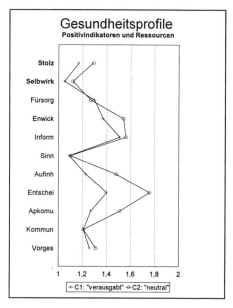 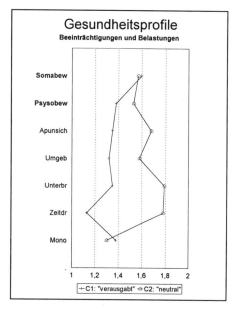

Abbildung 8: Profile der Cluster 1 und 2

Die Verausgabten (Cluster 1, n=271):

Im Vergleich zu den beiden oberen Clustern sind hier die Mesoressourcen mittelstark ausgeprägt, allerdings mit einer leichten Tendenz zu den Mittel-werten des 'gesunden' Clusters 4.[17] Die aufgabenbezogenen Mikroressour-cen sind hier mittelstark ausgeprägt, zeigen aber eine deutliche Tendenz zu den Mittelwerten des gesunden Clusters 4.

Bei den Belastungen zeigt sich in diesem Cluster ein differenziertes Bild: Bei den Unterbrechungen und bei Zeitdruck liegen hier im Vergleich zu den anderen Clustern die häufigsten Unterbrechungen vor.[18] Die Belastungen

---

[17] Z.B. ist der Mittelwert für ‚persönliche Entwicklungschancen' im ‚gesunden' Cluster 1,20, im ‚verausgabten' Cluster beträgt er 1,33, im ‚neutralen' Cluster beträgt er 1,54 und im ‚be-einträchtigten' Cluster 1,83.

[18] Der Mittelwert in diesem Cluster beträgt für Unterbrechungen 1,35, im ‚kranken' Cluster 3 beträgt er 1,43.

durch Umgebungsbedingungen, Unterbrechungen, Zeitdruck sind mittelstark ausgeprägt und tendieren von den Mittelwerten eher zu den starken Belastungen des beeinträchtigten Clusters 3. Die monotonen Arbeitsbedingungen sind hier hingegen geringer ausgeprägt als im beeinträchtigten Cluster 3 (hier beträgt der Mittelwert 1,38, im Cluster 3 beträgt er 1,20). Der Belastungsfaktor Arbeitsplatzunsicherheit ist mittelmäßig stark ausgeprägt, sein Mittelwert tendiert eher zu dem des beeinträchtigten Clusters 3.

Das 'Verausgabten' Cluster läßt sich durch folgendes Profil beschreiben: mittlere bis eher stark ausgeprägte Ressourcen bei gleichzeitig stark ausgeprägten aufgabenbezogenen Belastungen, jedoch geringen monotonen Arbeitsbedingungen.

Die Neutralen (Cluster 2, n=234):

Auch in diesem Cluster sind im Vergleich zu den beiden Extrem-Clustern der Gesunden und der Beeinträchtigten die Mesoressourcen mittelstark ausgeprägt. Allerdings zeigen sich auch hier bei einzelnen Merkmalen Unterschiede: Die Mesoressourcen ‚persönliche Entwicklungschancen' und ‚Information und Beteiligung' liegen ziemlich genau zwischen den Werten der beiden Extrem-Cluster. Jedoch sind sie hier etwas geringer ausgeprägt als im Cluster 1 der Verausgabten. ‚Fürsorge' und ‚Sinnbezug' sind in diesem Cluster ebenfalls mittelstark ausgeprägt, unterscheiden sich aber kaum von den Ausprägungen im Cluster der Verausgabten. Die Mikroressourcen 'Arbeitsinhalte', 'Entscheidungsspielraum', 'aufgabenbezogene Kommunikation' und 'Vorgesetztenverhalten' sind mittelmäßig ausgeprägt, allerdings sind sie hier geringer als z.B. in der Gruppe der Verausgabten.

Die Belastungen durch Umgebungsbedingungen haben eine mittlere Ausprägung, tendieren aber leicht zu den Werten des gesunden Clusters. Für Unterbrechungen und Zeitdruck liegen in diesem Cluster sogar die geringsten Ausprägungen vor (in diesem Cluster beträgt der Mittelwert für Unterbrechungen 1,79, im gesunden Cluster beträgt er 1,67). Monotone Arbeitsbedingungen sind hier hingegen im Vergleich zum ‚verausgabten' Cluster stärker ausgeprägt. Arbeitsplatzunsicherheit ist mittelmäßig ausgeprägt, die Tendenz geht eher zu den geringen Ausprägungen des gesunden Clusters.

Das Ressourcen-Belastungsprofil des 'Neutralen' Clusters läßt sich folgendermaßen zusammenfassen: mittlere bis eher geringe Ressourcen bei gleichzeitig auch eher mittleren bis geringen Belastungen.

Betrachtet man abschließend, inwieweit sich die beiden mittleren Gruppen (Cluster 1 und 2) in Hinblick auf die Ressourcen und Belastungen unterscheiden (Abbildung 8), zeigt sich, daß das ‚Verausgabten' Cluster 1 sich von dem ‚Neutralen' Cluster 2 dadurch unterscheidet, daß bei den Verausgabten mehr Ressourcen und geringere Belastung durch monotone Arbeitsbedingungen vorliegen. In dieser Gruppe, in der auch die Beschwerden etwas stärker ausgeprägt sind, ist deutlich die Arbeitsplatzunsicherheit stärker. Die

Neutralen hingegen haben weniger Ressourcen und weniger Belastungen durch Umgebungsbedingungen, Unterbrechungen und Zeitdruck, aber stärkere monotone Arbeitsbedingungen.

Als Resultat der Clusteranalyse lassen sich zusammenfassend vier Gesundheitsprofile beschreiben, die sich folgendermaßen voneinander unterscheiden:

Die Gruppe der Gesunden (Cluster 4) klagt über wenig körperliche und psychische Beschwerden, hat optimistische Kompetenzerwartungen (Selbstwirksamkeit) und zeigt Arbeitsfreude/Stolz. Hier geben die Personen an, tendenziell über die meisten Ressourcen zu verfügen und den geringsten Belastungen ausgesetzt zu sein.

Im deutlichen Gegensatz dazu steht **die Gruppe der Beeinträchtigten** (Cluster 3). Diese Gruppe zeichnet sich durch die stärksten körperlichen und psychischen Beeinträchtigungen und Beschwerden aus, sie verfügt über die geringsten Kompetenzerwartungen und zeigt am wenigsten Arbeitsfreude/Stolz. Diese Gruppe gibt an, über die geringsten Ressourcen zu verfügen und überwiegend den stärksten Belastungen ausgesetzt zu sein.

Die zwei weiteren Gesundheitsprofile lassen sich zwischen diesen beiden Kontrastgruppen einordnen. **Die Gruppe der Verausgabten** (Cluster 1), die zwar positive Gesundheitsanteile aufweist, aber gleichzeitig starke Beschwerden zeigt, zeichnet sich durch vergleichsweise mittlere Ressourcen, aber auch stärkere aufgabenbezogene Belastungen aus als z.B. die Gruppe der Gesunden. Die aufgabenbezogenen Ressourcen sind geringer als in der Gruppe der Gesunden, aber gleichzeitig höher als in der Gruppe der Beeinträchtigten.

Und schließlich die **Gruppe der Neutralen** (Cluster 2), die über wenig positive Gesundheitsanteile verfügt, dafür aber auch nur geringe Beschwerden angibt. Diese Gruppe gibt geringere Ressourcen an als z.B. die Gruppe der Verausgabten, aber mehr als die Gruppe der Beeinträchtigten. Gleichzeitig habt sie weniger aufgabenbezogene Belastungen durch Zeitdruck, Unterbrechungen und Umgebungsbedingungen, aber leidet stärker unter monotonen Arbeitsbedingungen als die Gruppe der Verausgabten.

Aus Abbildung 7 wird auch erkennbar, in Hinblick auf welche Merkmale sich die Gruppe der Gesunden und der Beeinträchtigten deutlich und weniger deutlich unterscheiden. So zeigt sich, daß Selbstwirksamkeit, Sinnbezug und aufgabenbezogene Kommunikation Merkmale sind, in denen sich die Gruppen nur gering unterscheiden.

Bei allen anderen Variablen ergeben sich deutliche Unterschiede. So sind die Unterschiede in den Unterbrechungen und den Umgebungsbedingungen in den beiden Gruppen gering, deutliche Unterschiede bestehen zwischen den Gruppen bei psychischen Befindensbeeinträchtigungen, Arbeitsplatzunsicherheit, Zeitdruck und monotonen Arbeitsbedingungen.

Abbildung 8 zeigt die Beschwerde- und Belastungsprofile für die Gruppe der Verausgabten und der Neutralen. Die beiden mittleren Gruppen unterscheiden sich sehr viel weniger voneinander, als die beiden Kontrastgruppen (Cluster 2 und 3). In bezug auf die Merkmale Selbstwirksamkeit, Fürsorge, Sinnbezug und offene Kommunikation/Konfliktbewältigung unterscheiden sich die Gruppen so gut wie gar nicht.

Geringe Unterschiede zeigen sich bei den aufgabenbezogenen Ressourcen und den persönlichen Entwicklungschancen, deutliche Unterschiede zeigen sich bei Entscheidungsspielraum. Betrachtet man die Beschwerde- und Belastungsprofile, zeigt sich, daß sich die beiden Gruppen hinsichtlich der somatischen Beschwerden so gut wie gar nicht unterscheiden und auch Unterschiede der monotonen Arbeitsbedingungen nur minimal sind. Die Trennung in zwei Cluster geht hier hauptsächlich auf Unterbrechungen und Zeitdruck zurück.

6.4.2   Ergebnisse der Diskriminanzanalyse

Zur Überprüfung der Trennschärfe der vier Cluster wurde eine schrittweise multiple Diskriminanzanalyse mit ‚Wilk's Lambda‘ als Prüfgröße durchgeführt. Darüber hinaus kann mit der Diskriminanzanalyse festgestellt werden, welche einbezogenen Variablen für die Gruppierung bedeutsam sind und welche nicht (Bortz, 1993).

Im folgenden werden nur ausgewählte Ergebnisse zusammenfassend berichtet, eine ausführliche Dokumentation findet sich bei Ducki (1998a). Die schrittweise multiple Diskriminanzanalyse ergab, daß 94,9% der gruppierten Fälle richtig klassifiziert wurden, die Gruppierung der Personen in die vier Cluster also als sehr trennscharf bezeichnet werden kann. Insgesamt wurden drei Diskriminanzfunktionen berechnet, wobei die erste Diskriminanzfunktion (Eigenwert 4.95) vor allem mit den Ressourcen ‚Arbeitsinhalte‘, ‚Entscheidungsspielraum‘, ‚Fürsorge‘ und ‚Vorgesetztenverhalten‘ und mit ‚Stolz‘ hoch korreliert ($r > .30$). Die zweite Diskriminanzfunktion (Eigenwert 1.05) korreliert hoch mit arbeitsorganisatorischen Belastungen (‚Unterbrechungen‘, ‚Zeitdruck‘, ‚Umgebungsbedingungen‘). Da die dritte Diskriminanzfunktion einen zu geringen Eigenwert hat (.179), wird diese inhaltlich nicht interpretiert. Da die jeweils folgende Linearkombination einer Diskriminanzanalyse Merkmalsvarianz erfaßt, die durch den vorangegangenen Diskriminanzfaktor nicht aufgeklärt wurde, kann dies als eine weitere Bestätigung der unabhängigen Dimensionen von Ressourcen und Belastungen angesehen werden.

Als besonders trennscharfe Ressourcen ergeben sich Entscheidungsspielraum (Wilk's Lambda (WL)): .088) und Arbeitsinhalte (WL: .079). Trennscharfe Belastungen sind Zeitdruck (WL: .092), monotone Arbeitsbedingungen (WL: .079) und Arbeitsplatzunsicherheit (WL: .078). Damit sind überwiegend die aufgabenbezogenen Merkmale diejenigen, die die Gruppen am besten voneinander trennen.

6.4.3   Diskussion

Die Ergebnisse der Clusteranalyse sind in mehrfacher Hinsicht interessant. Zunächst bestätigt die Clusteranalyse die *Unterscheidung in Beeinträchtigungsindikatoren und Positiv-Indikatoren der Gesundheit.* Sie zeigt, daß es sinnvoll ist, beides getrennt voneinander zu erheben, da sich nur in der wechselseitigen Kombination der Einzelmerkmale die verschiedenen Gesundheitsprofile ergeben. Zudem belegen die Cluster, daß die Beziehung von beeinträchtigter Gesundheit und positiver Gesundheit nicht spiegelbildlich ist (je weniger Beeinträchtigungen, desto mehr positive Gesundheit), was auf die relative Unabhängigkeit der Dimensionen hinweist und damit ebenfalls die Notwendigkeit einer getrennten Betrachtung unterstreicht. Das heißt, eine Person kann starke Beschwerden haben und gleichzeitig ‚positiv‘ gesund sein, oder anders herum, eine Person kann wenig Beschwerden haben und ist dennoch nicht ‚positiv‘ gesund (Ducki & Greiner, 1992). Die Clusterlösungen bestätigen diese Annahmen vor allem durch die Ausprägung der Cluster 1 (Verausgabt) und 2 (Neutral). Die Verausgabten weisen starke Beschwerden und gleichzeitig stärkere Aspekte positiver Gesundheit auf, die Neutralen zeigen zwar geringere Belastungen, sind aber deswegen nicht positiv gesund, sondern zeigen auch bei den Positiv-Indikatoren geringe Ausprägungen.

Weiterhin kann die Clusterlösung als eine Bestätigung *differentieller Annahmen zum Zusammenwirken von speziellen Arbeitsbedingungen und Gesundheitsmerkmalen* angesehen werden. Zunächst kann festgehalten werden, daß spezifische Ressourcen-/Belastungskombinationen mit spezifischen Merkmalskombinationen der Gesundheit korrespondieren. In bezug auf das Zusammenwirken von Belastungen und Ressourcen bestätigen die Cluster bekannte Forschungsergebnisse; zum Teil ergeben sich hieraus neue Forschungsfragen, wobei unter differentiellen Gesichtspunkten besonders die beiden mittleren Gruppen von Interesse sind. Beide Gruppen sind in Hinblick auf die Arbeitsbedingungen vom ersten Augenschein her sehr ähnlich, in der Gesundheit der Beschäftigten jedoch unterschiedlich. Betrachtet man die Arbeitsmerkmale, die die beiden Gruppen voneinander unterscheiden, ergeben sich geringe, aber theoretisch sehr aufschlußreiche Unterschiede, die sich in ähnlicher Weise auch bei Dunckel (1985) finden. Die Verausgabten, deren Gesundheitszustand im Vergleich zu den Neutralen dadurch unterschieden wird, daß sie mehr Positiv-Indikatoren der Gesundheit aufweisen, unterscheiden sich in den Arbeitsbedingungen dadurch, daß sie mehr aufgabenbezogene Ressourcen angeben als die Neutralen. In Hinblick auf andere Ressourcen, z.B. ‚Fürsorge‘, oder ‚Information und Beteiligung‘ sind die beiden mittleren Gruppen hingegen gleich. Dieser Unterschied zwischen den beiden mittleren Gruppen bestätigt die besondere Bedeutung der *aufgaben-bezogenen* Ressourcen für die positive Gesundheit.

Vergleichbare Gruppenbildungen hinsichtlich der Arbeitsbedingungen finden sich auch bei Karasek und Theorell (1990). Als Gemeinsamkeit ergibt sich, daß Belastungen mit Beeinträchtigungen korrespondieren und Ressourcen mit positiver Gesundheit. Gemeinsam ist auch der Befund, daß starke Belastungen und geringe Ressourcen zu einem besonders großen Gesundheitsrisiko führen. Unterschiede bestehen hinsichtlich der Gruppe der ‚Gesunden‘. Nach Karasek & Theorell ist die Kombination ‚starke Ressourcen (‚job decision latitude‘) und starke Belastungen (‚job demands‘) die günstigste Kombination für die Gesundheit, da hier positive Gesundheit (aktive Freizeittätigkeiten) besonders stark ausgeprägt ist.

Der aufgezeigte Unterschied ist dadurch zu erklären, daß bei Karasek Gesundheit anders konzeptionalisiert und operationalisiert ist und auch ein anderes Verständnis von Belastungen zugrunde gelegt wird. Aus diesem Grunde können die Ergebnisse nur bedingt miteinander verglichen werden.

Die Ergebnisse der Diskriminanzanalyse zeigen, daß insgesamt die Arbeitsbedingungen die Gruppen besser voneinander trennen als die Gesundheitsmerkmale und den aufgabenbezogenen Arbeitsmerkmalen hier eine besondere Bedeutung zukommt.

Für die betriebliche Praxis hat diese Gruppenbildung – vorausgesetzt sie wird auch in weiteren Untersuchungen repliziert – folgende Bedeutung: Die Clusterlösungen weisen auf Dringlichkeiten hin, da die Cluster ‚Schweregrade‘ der Belastung nahelegen. So zeigt sich, daß der dringendste Bedarf bei der Gruppe der Beeinträchtigten besteht, da hier sowohl starke Belastungen als auch geringe Ressourcen vorhanden sind. Bei den beiden Mittelgruppen ist die Gruppe der Verausgabten die Gruppe, bei der vordringlich interveniert werden sollte, da hier zwar Ressourcen in mittlerer Ausprägung vorhanden sind, aber auch stärkere Belastungen vorliegen, die langfristig zu beeinträchtigter Gesundheit führen können. Vorrangig wären in dieser Gruppe Belastungen zu reduzieren. Für die Gruppe der Neutralen ergibt sich eher ein prospektiver Handlungsbedarf, der auf eine Erweiterung vorhandener Ressourcen abzielt.

Solche auf spezielle Gruppen bezogene Interventionen in betrieblichen Zusammenhängen setzen allerdings voraus, daß sich diese Gruppen betrieblichen Organisationseinheiten zuordnen lassen. Auswertungstechnisch wäre es z.B. möglich, die verschiedenen Abteilungen eines Betriebes nach den jeweils vorherrschenden Gesundheitsprofilen zu klassifizieren. Ergeben sich darüber Abteilungen, in denen bestimmte Gesundheitsprofile überwiegend vorherrschen, könnten dann jeweils die Interventionen, die speziell für dieses Profil erforderlich sind, durchgeführt werden. Bevor allerdings allgemeinere Schlußfolgerungen für die betriebliche Praxis formuliert werden, ist es erforderlich, die hier ermittelten Gruppen auch in anderen Stichproben zu replizieren.

Insgesamt zeigen die Ergebnisse, daß ein Belastungsabbau allein nicht ausreicht, um umfassende Gesundheit herstellen zu können: Werden nur Belastungen abgebaut, ohne Ressourcen zu erweitern, führt dies im besten Fall zu einem ‚neutralen' Zustand, der wohl kaum als ein erstrebenswertes Ziel für Interventionen in der betrieblichen Gesundheitsförderung zu bezeichnen ist. Interventionen in der betrieblichen Gesundheitsförderung sollten also immer Belastungsabbau und Ressourcenförderung beinhalten.

7 DISKUSSION UND AUSBLICK

Hauptanliegen dieser Arbeit war es, auf einem arbeitspsychologischen Hintergrund eine theoretisch begründete Strategie für die betriebliche Gesundheitsanalyse zu entwickeln und geeignete Instrumente und Methoden hierfür auszuwählen. Aufbauend auf streß- und handlungsregulationstheoretischen Modellen zum Zusammenhang von Arbeit und Gesundheit wurden Merkmalsdimensionen beschrieben, die im Rahmen einer umfassenden betrieblichen Gesundheitsanalyse berücksichtigt werden sollten. Belastungen und Ressourcen wurden auf unterschiedlichen betrieblichen Ebenen differenziert. Für die Gesundheit wurde eine positive Dimension und eine neutrale Dimension der Beeinträchtigungsfreiheit unterschieden. Damit wurde der Analysegegenstand einer betrieblichen Gesundheitsanalyse eingegrenzt und konkretisiert, es wurde begründet, *was* analysiert werden muß, um dem Anspruch der Gesundheits*förderung* gerecht zu werden.

Darüber hinaus wurde das ‚*Wie*' der Analyse begründet. In Anlehnung an Strohm und Ulich (1997) wurde ein Mehr-Ebenen-Ansatz entwickelt, in dem Screeningverfahren und Verfahren zur Detailanalyse in einer sich zunehmend differenzierenden Abstufung verwendet werden. Hierzu wurden arbeitswissenschaftliche Standards auf das Praxisfeld der betrieblichen Gesundheitsförderung bezogen und mit praxisrelevanten Anforderungen in Beziehung gesetzt. Anhand der Standards wurden Nutzen und derzeitige Defizite einzelner Analyseverfahren aufgezeigt. Dabei zeigte sich, daß derzeit kein Befragungsinstrument zur Schwachstellen- und Potentialanalyse vorliegt, das den wissenschaftlichen und praxisrelevanten Anforderungen der betrieblichen Gesundheitsförderung entspricht.

Im Untersuchungsteil der Arbeit wurde daraufhin ein Befragungsinstrument zur Schwachstellen- und Potentialanalyse entwickelt. Das Instrument wurde auf seine Reliabilität und Validität überprüft, und es wurden verschiedene Einsatzmöglichkeiten exploriert und diskutiert.

Die nun folgende Diskussion soll hinsichtlich folgender Schwerpunkte geführt werden:

Die Qualität des Fragebogeninstruments soll abschließend beurteilt und weitere Verbesserungsvorschläge aufgezeigt werden.

Im Rahmen der aufgezeigten Gesamtstrategie werden die Einsatzmöglichkeiten und Grenzen des Instruments zusammenfassend diskutiert.

Abschließend wird aufgezeigt, welche Schlußfolgerungen aus den vorliegenden Ergebnissen hinsichtlich theoretischer Weiterentwicklungen und weiterer Forschung zu ziehen sind.

7.1   Qualität des Fragebogeninstruments

7.1.1   Reliabilität

In Hinblick auf die Güte des Instruments läßt sich folgendes festhalten:

Die überwiegende Anzahl der Skalen weist trotz ihrer geringen Itemanzahl zufriedenstellende bis gute Kennwerte auf. Bei allen drei Stichproben trifft dies besonders für die Skalen zu, die mit einem fünfstufigen Antwortformat erhoben wurden. Die Skalen zur Erfassung von Belastungen und Ressourcen auf der Mikroebene und die Mehrzahl der Skalen zur Erfassung der Gesundheit weisen sogar gute bis sehr gute Kennwerte auf. Probleme zeigten sich teilweise bei den Skalen, die gesamtbetriebliche Ressourcen erfassen sollen. Bei diesen Skalen zeigen sich teilweise auch starke Unterschiede in den einzelnen Stichproben. Im Vergleich der verschiedenen Stichproben wurde als ein Hauptproblem das dichotome Antwortformat deutlich.

Die geringeren Alpha-Werte zeigen sich durchgängig bei den Merkmalen, die dichotomisiert wurden. Gleichzeitig deuten die guten bis sehr guten Skalenkennwerte der nicht dichotomisierten Skalen in derselben Stichprobe darauf hin, daß es sich hier nicht um systematische Stichprobeneffekte handelt. Es bleibt festzuhalten, daß in zukünftigen betrieblichen Einsätzen des Fragebogens unbedingt auf die Beibehaltung des ursprünglichen fünfstufigen Antwortformats zu achten ist.

In Hinblick auf erforderliche Skalenmodifikationen läßt sich abschließend folgendes festhalten. Die Skalen ‚Arbeitsorganisation‘, ‚leistungsgerechte Gratifikation‘ und ‚Betriebsklima‘ sollten vor weiteren Einsätzen des Instruments auf jeden Fall überarbeitet werden. Darüber hinaus müssen die Items der beiden Skalen ‚Arbeitsinhalte‘ und ‚Arbeitsfreude/Stolz‘ trennschärfer formuliert werden.

7.1.2   Validität

Als Indiz für die Konstruktvalidität von Skalen eines Fragebogens gilt, daß die sich aus der Theorie und Empirie abgeleiteten Hypothesen über Relationen zwischen den Konstrukten in der empirischen Untersuchung bestätigen.

Ein Teil der Skalen wurde bereits in anderen Untersuchungen validiert. Dies gilt vor allem für die Skalen zur Erfassung von Befindensbeeinträchtigungen von Mohr (1986), aber auch für einzelne Skalen, die in sehr ähnlicher Form im ISTA (Semmer, 1984) oder im Fragebogen zur Erfassung der Gesundheit des AIDA Projekts (Leitner, 1993) zum Einsatz kamen. Hinzu kommt, daß in der Voruntersuchung von Fütterer (1996) eine Vorform dieses Fragebogens bereits an einer einzelnen Betriebsstichprobe getestet wurde.

Bei den Interkorrelationen zeigt sich insgesamt eine erwartungsgemäße Korrelationsstruktur. Bis auf die Skalen ‚Arbeitsinhalte' und ‚Arbeitsfreude/Stolz' erfassen alle Skalen hinreichend eigenständige Dimensionen.

Auch die Zusammenhänge zwischen Arbeitsmerkmalen und der Gesundheit entsprechen den theoretisch abgeleiteten Hypothesen.[19] Geringe Belastungen gehen einher mit geringen Beeinträchtigungen, hohe Ressourcen gehen einher mit wenig Beeinträchtigungen und mit positiver Gesundheit. Diese Zusammenhänge werden auch durch die Ergebnisse der Unterschiedsanalysen bestätigt. Auch hier zeigen sich erwartungsgemäße Unterschiede zwischen Betrieben und Abteilungen mit ‚negativen' und mit ‚positiven' Arbeitsbedingungen. In Betrieben bzw. Abteilungen mit positiven Arbeitsbedingungen ist die Gesundheit der Beschäftigten signifikant besser als in Betrieben bzw. Abteilungen mit schlechten Arbeitsbedingungen. Dies bezieht sich sowohl auf das Ausmaß an Beeinträchtigungen als auch auf positive Merkmale der Gesundheit.

Mit dem entwickelten Fragebogeninstrument wird angezielt, Belastungen und Ressourcen auf unterschiedlichen betrieblichen Ebenen zu erfassen. Zusammenfassend weisen die Ergebnisse darauf hin, daß eine gesamtorganisationale Betrachtung das betriebliche Gesundheitsgeschehen vollständiger und angemessener erfaßt, als wenn nur unmittelbar arbeitsplatz- und aufgabenbezogene Aspekte berücksichtigt werden. So zeigte sich, daß alle Mesoressourcen in einzelnen Vorhersagegleichungen mindestens einmal herangezogen wurden. Dazu läßt sich abschließend festhalten, daß den erhobenen Merkmalen der Mesoebene auch unter Berücksichtigung der Mikrofaktoren eine bedeutsame eigenständige Vorhersagekraft für einzelne Gesundheitsmerkmale zukommt. Sie sollten somit weiterhin in Untersuchungen zum Zusammenhang von Arbeit und Gesundheit Berücksichtigung finden.

In Hinblick auf die Kriteriumsvalidität konnten im Rahmen dieser Untersuchung beispielhaft für zwei Abteilungen die Ergebnisse der Befragung in Beziehung zu den durchschnittlichen Fehlzeiten der Abteilung gesetzt werden. Es konnte gezeigt werden, daß die Abteilung, die in der Befragung als besonders problematisch identifiziert wurde, auch die Abteilung ist, die die höchsten Fehlzeiten aufweist. Gleichzeitig weist die Abteilung, die als die ‚gesunde' Abteilung identifiziert wurde, die geringsten Fehlzeiten auf. Damit kann zunächst der Gültigkeitsanspruch der mit dem Fragebogen ermittelbaren Ergebnisse gestützt werden. Dies bezieht sich vor allem auf die Selbsteinschätzung der Gesundheit, aber auch auf die Beurteilung der Arbeitsbedingungen. In der Abteilung mit hohen Fehlzeiten werden die Arbeitsbedingungen signifikant schlechter eingeschätzt als in der Abteilung mit geringen Fehlzeiten. Eine stärkere Absicherung der Ergebnisse wäre zwar

---

[19] Einschränkend ist hierbei die geringe Reliabilität einzelner Skalen zu berücksichtigen.

gegeben, wenn die Fehlzeiten einzelner Personen mit ihren Selbsteinschätzungen in Beziehung gesetzt werden könnten, allerdings stößt eine solche Zuordnung im Rahmen von Praxisprojekten auf zahlreiche Datenschutzprobleme und ist daher selten zu realisieren.

Zur zusätzlichen Absicherung der Validität wäre eine Überprüfung des Fragebogens an weiteren Substichproben empfehlenswert. Da der Fragebogen auch von ausländischen Beschäftigten ausgefüllt wird, sollte eine getrennte Kennwertermittlung für ausländische und deutsche Beschäftigte vorgenommen werden.

Skalen, die in der dritten Untersuchung erstmals zum Einsatz kamen, konnten nicht validiert werden. Das betrifft die Skalen ‚Lernen in der Freizeit‘, ‚Ängstlichkeit‘ und die Langfassung von 'Gereiztheit/Belastetheit'. Die Skala ‚Ängstlichkeit‘ und die Langfassung von ‚Gereiztheit/Belastetheit‘ wurden bereits in anderen betrieblichen Untersuchungen validiert (Leitner, 1993; Mohr, 1986). Da die Skala ‚Lernen in der Freizeit‘ ein zentrales Merkmal positiver Gesundheit erfassen soll, sollte sie auf jeden Fall in weiteren Untersuchungen validiert werden.

Generell sollte überlegt werden, durch welche Maßnahmen die hohe Antwortverweigerung bei den Angaben zur Person reduziert werden kann. Hier sind verschiedene Möglichkeiten denkbar. Der wohl wichtigste Punkt betrifft die umfassende Information der Beschäftigten über die Hintergründe und Ziele der Befragung, vor allem aber über das konkrete Vorgehen zur Sicherung des Datenschutzes. Dies kann durch Abteilungs- oder Betriebsversammlungen erfolgen oder durch schriftliche Informationen. Zudem ist es wichtig, den Beschäftigten zusätzliche Möglichkeiten zum Nachfragen (z.B. in kleineren Gesprächsrunden) anzubieten. Der Betriebsrat sollte in jedem Fall die Befragung unterstützen und von sich aus informieren und zur Befragung aufrufen. Auch die Befragungsdurchführung kann unter Umständen vom Betriebsrat oder mit aktiver Unterstützung des Betriebsrates organisiert werden. Es sollten während der Befragungsdurchführung Ansprechpersonen anwesend sein, die für Nachfragen zur Verfügung stehen.

Weiterhin sind methodische Probleme zu berücksichtigen, die sich bei der Interpretation von Fragebogendaten ergeben (z.B. systematische Antwortverzerrungen, Beeinflussung der Ergebnisse durch nicht kontrollierte Drittvariablen, gemeinsame Methodenvarianz), und die bereits an anderer Stelle diskutiert wurden. Grundsätzlich ist es wünschenswert, die mit dem Fragebogen erzielten Ergebnisse durch ergänzende Untersuchungen mit anderen bedingungsbezogenen Instrumenten zu überprüfen. Dies konnte im Rahmen dieser Arbeit nicht geleistet werden, gleichwohl die im Theorieteil dargelegte Gesamtstrategie dies vorsieht. Da in allen drei Betrieben Gesundheitsberichte erstellt wurden, wäre z.B. ein Vergleich der hier erzielten Ergebnisse mit den dort ermittelten Arbeitsunfähigkeiten, ihrer Dauer, ihrer Häufigkeit und den Diagnosen möglich. Dieser Vergleich könnte auf der Ebene der Betriebe und auch für ausgewählte Abteilungen vorgenommen werden. Damit könnten vor allem die im Fragebogen vorgenommenen Selbsteinschätzungen der Gesundheit einer zusätzlichen Validierung unterzogen werden. Wünschenswert zur Überprüfung der mittels Fragebogen erhobenen Arbeitsbedingungen wären zusätzlich Arbeitsanalysen. In den hier vorgestellten Betrieben wurden bislang keine Arbeitsanalysen durchgeführt, grundsätzlich ist dies jedoch möglich. In einem anderen Betrieb, der nicht Gegenstand dieser Untersuchung war, wurde nach einer Befragung mit dem DigA auch eine Arbeitsanalyse an ausgewählten Schlüsselarbeitsplätzen durchgeführt.

7.2   Einsatzmöglichkeiten des Instruments

Im Rahmen dieser Arbeit sollten im Sinne einer Exploration die Anwendungs*möglichkeiten* des DigA aufgezeigt werden, um damit Hinweise auf die Leistungsfähigkeit des Instruments zu erhalten. Im Mittelpunkt stand zunächst die Frage, inwieweit mit dem Instrument Schwachstellen und Potentiale identifiziert werden können. Hierzu wurden signifikante Unterschiede auf der Ebene der Betriebe und auf der Ebene von Abteilungen ermittelt, um darüber Extremgruppen zu identifizieren, die als besonders problematisch bzw. als besonders positiv in Hinblick auf die Gesundheit und die Arbeitsbedingungen zu bezeichnen sind.

Betriebliche Vergleiche sind vor allem im Rahmen von übergeordneten sozialepidemiologischen Fragestellungen von Interesse. So könnten beispielsweise bei einem breiteren Instrumenteneinsatz Betriebsprofile ermittelt werden. Betriebliche Gesundheitsprofile können in mehrfacher Hinsicht genutzt werden. Sie bieten die Basis für die Auswahl betrieblich geeigneter Interventionen. Betriebliche Gesundheitsprofile können einen Beitrag zur Etablierung positiver betrieblicher Gesundheitsstandards leisten. Es ließen sich beispielsweise langfristig betriebliche Ressourcenkombinationen identifizieren, die sich besonders günstig auf die Gesundheit der Beschäftigten auswirken. Bei kontinuierlichem ‚monitoring‘ wären andererseits auch industrielle Risikobereiche identifizierbar, für die ein besonderer gesellschaftspolitischer Handlungsbedarf besteht. Voraussetzung hierfür sind jedoch umfassende standardisierte Untersuchungen in Betrieben unterschiedlicher Branchen. In dieser Arbeit sollte lediglich aufgezeigt werden, daß die *grundsätzliche* Möglichkeit besteht, mit Hilfe des hier vorgestellten Instruments für die ausgewählten Merkmalsbereiche derartige Betriebsprofile zu erstellen.

Neben betrieblichen Profilen können innerhalb eines Betriebes Abteilungsprofile ermittelt werden, die spezifische Hinweise darauf liefern, wo vordringlicher Handlungsbedarf besteht, aber auch wo besonders günstige Arbeitsbedingungen vorliegen. Diese Arbeit hat deutlich gemacht, daß mit dem Instrument DigA solche Abteilungsprofile ermittelt werden können, daß jedoch zuvor die Repräsentativität der Datenbasis für die Abteilung geprüft bzw. sichergestellt werden muß.

Für die Ableitung von Interventionshinweisen war vor allem von Interesse, ob sich einzelne Arbeitsmerkmale identifizieren lassen, die für die Gesundheit der Beschäftigten von hervorgehobener Bedeutung sind. Als generell bedeutsame Ressourcen wurden in allen drei Stichproben zusammengefaßt die ‚Arbeitsinhalte‘, ‚Fürsorge‘ und ‚aufgabenbezogene Kommunikation‘ identifiziert.

Als besonders bedeutsame Belastungen ‚Arbeitsplatzunsicherheit‘, ‚Zeitdruck‘ und ‚Umgebungsbedingungen‘. Während Arbeitsplatzunsicherheit, Zeitdruck und Umgebungsbedingungen auch in anderen Untersuchungen als besonders wichtig ermittelt wurden, sind die Merkmale Fürsorge und aufgabenbezogene Kommunikation in ihrer Wichtigkeit für die Gesundheit hier erstmals ermittelt worden. Hier ist es erforderlich, in weiteren Untersuchungen die Bedeutung dieser Merkmale für die Gesundheit weitergehend zu überprüfen.

Am Beispiel der Vorhersage von Arbeitsfreude/Stolz wurde aufgezeigt, daß im Rahmen der generellen Vorhersage betriebliche Besonderheiten ermittelt werden können, was für die Entwicklung betriebsspezifischer Interventionshinweise erforderlich ist.

Es läßt sich festhalten, daß mit dem Instrument DigA und mit der Auswertungsmethode der multiplen Regression Arbeitsbedingungen identifiziert werden können, die für die Gesundheit der Beschäftigten von hervorgehobener Bedeutung sind.

Da im betrieblichen Alltag immer Konstellationen von Belastungen und Ressourcen gemeinsam auftreten und in Kombination ihre gesundheitliche Wirkung entfalten, interessierte vor allem die Frage nach solchen Konstellationen. Betrachtet man das Zusammenwirken von Ressourcen und Belastungen im Betriebs- und Abteilungsvergleich, zeigt sich, daß häufig dort, wo wenig Ressourcen sind, auch gleichzeitig viele Belastungen auftreten, und andererseits dort, wo viele Ressourcen vorhanden sind, auch weniger Belastungen existieren.

Es wird darüber hinaus deutlich, daß dort, wo starke *organisatorisch* verursachte Belastungen und geringe Ressourcen vorhanden sind, auch die *sozialen* Ressourcen deutlich geringer ausgeprägt sind. Die Unterschiedsanalysen konnten zeigen, daß organisationale und soziale Dimensionen tendenziell *miteinander* entweder hoch oder niedrig ausgeprägt sind. Hier sind natürlich Methodenartefakte nicht auszuschließen. Um diese zu überprüfen, wären ergänzende bedingungsbezogene Analysen mittels Beobachtungsinterviews erforderlich.

Trotzdem kann auf dem Hintergrund der Kenntnis der Betriebe die aufgezeigte Kombination von organisationalen und sozialen Belastungen ernst genommen werden. Hierzu kann die Hypothese formuliert werden, daß z.B. eine schlechte Arbeitsorganisation, bei der Kompetenzen nicht klar geregelt sind, oder durch die es zu ständigen Unterbrechungen kommt, sich auch auf die sozialen Beziehungen auswirkt. Störungen und Unterbrechungen führen zu Nervosität und Gereiztheit, Nervosität und Gereiztheit führen zu einem angespannten Arbeitsklima, reduzieren eine offene Kommunikation; eine unklare Arbeitsaufteilung, unklar geregelte Kompetenzen führen zu Konflikten unter Beschäftigten, Zeitdruck verhindert soziale Kommunikation. Zur empirischen Überprüfung dieser Interpretation wären jedoch Längsschnittuntersuchungen erforderlich, um das Ursache-Wirkungs-Verhältnis zwischen organisatorischen und sozialen Belastungen bestimmen zu können.

Für mögliche Interventionen ergibt sich aus den Ergebnissen dieser Arbeit, daß die Beeinflussung des sozialen Klimas als alleinige Intervention selten ausreichen dürfte, um wirklich positive Veränderungen für die Gesundheit zu erzielen. Erforderlich ist vielmehr eine gemeinsame Beeinflussung von organisationalen und sozialen Aspekten der Arbeit. Folgt man den theoretischen Überlegungen, dürfte sogar die *vorrangige* Behandlung *organisationaler* Belastungen und Ressourcen die effektivere Interventionsstrategie darstellen. Die Interventionspraxis in der betrieblichen Gesundheitsförderung ist derzeit davon weit entfernt.

Es wurden in mehreren Untersuchungsschritten die aufgabenbezogenen Belastungen und Ressourcen als die relevanten Einflußfaktoren identifiziert. Für die Intervention kann daraus abgeleitet werden, daß arbeitsgestalterische Interventionen, die aufgabenbezogene Belastungen reduzieren und Entscheidungsspielräume und Arbeitsinhalte erweitern, besonders wirkungsvolle Strategien sein können.

Vorrangiges Ziel der vorliegenden Arbeit war es, ein praxistaugliches, reliables und valides Instrument zur betrieblichen Schwachstellen- und Potentialanalyse zu entwickeln, das sich in eine Gesamtstrategie einer umfassenden betrieblichen Gesundheitsanalyse einfügt. Die Gesamtstrategie sieht vor, daß eine Befragung der Beschäftigten durchgeführt wird, um Ergebnisse der bedingungsbezogenen Screeningverfahren zu ergänzen und zu vertiefen. Zum einen soll die Sichtweise der Beschäftigten erhoben werden, um Hinweise darauf zu erhalten, wo nach ihrer Ansicht besonderer Handlungsbedarf besteht. Zum anderen sollen über die Analyse von Zusammenhängen zwischen Arbeitsbedingungen und Gesundheit die jeweiligen betrieblichen Besonderheiten ermittelt werden, um spezifische Interventionen ableiten zu können. Insgesamt zeigen die empirischen Ergebnisse, daß mit dem Instrument DigA komplexe Zusammenhangsstrukturen zwischen Arbeitsbedingungen und Gesundheit sowie betriebliche Besonderheiten aufgezeigt werden können. Auf die Kombination mit den Ergebnissen der vorangegangenen Screenings wurde bereits weiter oben hingewiesen. In bezug auf nachfolgende Detailanalysen ergeben sich z.B. durch die Ergebnisse der Varianz- aber auch der Regressionsanalysen konkrete Hinweise, in welchen Bereichen vertiefende Analysen erforderlich sind.

Auch wenn ergänzende Validierungsschritte erforderlich sind, um einen breiten betrieblichen Einsatz zu gewährleisten, kann dennoch abschließend festgehalten werden, daß mit dem Verfahren DigA ein zuverlässiges Instrument vorliegt, das die spezifische Funktion im Rahmen der Gesamtstrategie erfüllt.

7.3   Weitere Theorieentwicklung

Im Verlauf der Untersuchung ergaben sich eine Reihe von Ergebnissen, die für die weitere Theorieentwicklung in diesem Themenfeld bedeutsam sind. An dieser Stelle sollen drei zentrale Punkte diskutiert werden, auf die bislang nicht oder nur kurz eingegangen wurde.

7.3.1   Betriebliche Bedingungen der Gesundheit

Mehrfach bestätigt wurde in dieser Arbeit, daß neben den Belastungen die Ressourcen eine hervorgehobene Bedeutung für die Gesundheit haben. Dabei nehmen die aufgabenbezogenen Ressourcen eine zentrale Rolle ein, was den bisherigen Forschungsstand bestätigt. Daraus läßt sich schlußfolgern, daß grundsätzlich im Rahmen der betrieblichen Gesundheitsförderung die Berücksichtigung der Ressourcen erforderlich ist. Die Beeinflussung aufgabenbezogener Ressourcen ist nur über Maßnahmen der Arbeitsgestaltung möglich. Das heißt, daß arbeitsgestalterische Interventionen ein fester Bestandteil der betrieblichen Gesundheitsförderung sein sollten.

Neben den bekannten gesundheitsrelevanten Belastungen und Ressourcen der Mikroebene wurden aber auch gesundheitsrelevante Arbeitsmerkmale auf der betrieblichen Mesoebene identifiziert. Zu den besonders bedeutsamen Faktoren der Mesoebene zählen die betriebliche ‚Fürsorge' und ‚Arbeitsplatzunsicherheit'. Wie kann die besondere Bedeutung dieser beiden Merkmale für die Gesundheit theoretisch erklärt werden?

7.3.1.1 *Sicherheit und Stabilität als Grundlage für Gesundheit*

Betriebliche Fürsorge ist ein Indikator dafür, daß ein Unternehmen bereit ist, Verantwortung für das Wohlergehen der Beschäftigten zu übernehmen und die Situation des einzelnen auch in schwierigen Lebenslagen zu berücksichtigen. Dies schafft ein grundlegendes Gefühl von Sicherheit und Vertrauen in Hinblick auf die eigene soziale Integration im Unternehmen.

Arbeitsplatzunsicherheit betrifft hingegen eine existentielle Dimension von (Un)Sicherheit: Je stärker die Arbeitsplatzunsicherheit, desto größer ist die ökonomische und damit existentielle Bedrohung und die Labilität der eigenen Lebenslage. Je sicherer der eigene Arbeitsplatz wahrgenommen wird, desto stärker ist die existentielle Grundsicherung und damit die Stabilität der eigenen Lebenslage.

Beiden Merkmalen ist damit die wahrgenommene *Sicherheit und Stabilität der eigenen Lebenslage als Grunddimension* gemeinsam. Fürsorge berührt soziale Sicherheitsaspekte, Arbeitsplatzunsicherheit berührt existentielle Sicherheitsdimensionen. Die Befriedigung von existentiellen und sozialen Sicherheitsbedürfnissen gehört zu den grundlegenden Motiven menschlichen Handelns und wird in kontrolltheoretischen Motivationstheorien (z.B. Frese, 1989; Heckhausen, 1989; Holzkamp-Osterkamp, 1975; Oesterreich, 1981; Rotter, 1966; Seligman, 1974) oder der Motivationstheorie von Maslow (1954) übereinstimmend als menschliches Grundbedürfnis postuliert.

Im theoretischen Teil wurde der Kohärenzsinn als kognitiv-emotionale Dimension positiver Gesundheit dargestellt. Der Kohärenzsinn beschreibt ein Gefühl des generellen Vertrauens und der Zuversicht in die eigenen Fähigkeiten und die Umwelt. Es wurde ausgeführt, daß die Entwicklung des Kohärenzsinns durch die individuelle Handlungsregulation beeinflußt wird und durch Umweltbedingungen determiniert ist. Betrachtet man Sicherheit als externe Handlungsbedingung, folgt daraus, daß Vertrauen und Zuversicht sich nur auf der Grundlage von existentieller und sozialer Sicherheit entwikkeln können, worauf auch Antonovsky (1979) verweist. Sicherheit und Stabilität sind somit zentrale Voraussetzungen für positive Gesundheit.

Grundlegende Sicherheitsgefühle entwickeln sich im Lebensverlauf in verschiedenen Lebensbereichen und werden durch unterschiedlichste Faktoren beeinflußt. Stabile und verläßliche Beziehungen im unmittelbaren Umfeld gehören sicherlich genauso dazu, wie die Stabilität und Kontinuität in größeren sozialen und gesellschaftlichen Zusammenhängen. Der Fokus dieser Arbeit lag auf dem sozialen Gebilde ‚betriebliche Organisation‘ und seinen Bedingungen für Gesundheit.

Die hier vorgefundenen Ergebnisse lassen sich so interpretieren, daß individuell erlebte Sicherheit und Stabilität in der Arbeitswelt auch von der gesamtbetrieblichen Situation und ihrer Transparenz abhängt. Für individuelles Wohlergehen reichen ein gut funktionierendes soziales Mikroklima und anspruchsvolle Aufgaben allein nicht aus. Für ein grundlegendes, stabiles Sicherheitsgefühl scheint es erforderlich zu sein, daß über das unmittelbare Umfeld hinausgehend auch das gesamtbetriebliche existentielle und soziale Sicherungssystem positiv bewertet werden muß. Fürsorge und Arbeitsplatzunsicherheit sind nach diesen Untersuchungsergebnissen Indikatoren für solche grundlegenden betrieblichen Sicherheitsaspekte.

Hinsichtlich der Theorieentwicklung ergeben sich abschließend grundlegende neue Fragen zur ‚Salutogenese‘, die hier nur stichwortartig und im Sinne eines Ausblicks formuliert werden können:

Wie lassen sich ‚Sicherheit‘ und ‚Stabilität‘ psychologisch beschreiben? Hierzu sollte Bezug genommen werden auf oben genannte Kontrolltheorien, da die aufgezeigten sozialen und existentiellen Sicherheitsaspekte als Voraussetzungen für die Ausübung von Kontrolle betrachtet werden können. Um die Relation dieser Bedingungsaspekte und der Gesundheit genauer zu bestimmen, bieten sich darüber hinaus die Überlegungen Volperts (1974) zu den Merkmalen effizienten Handelns an, die im theoretischen Teil dieser Arbeit dargestellt wurden. Eine effiziente Handlungsorganisation zeichnet sich nach Volpert vor allem durch stabil-flexible Handlungsmuster aus. Stabil-flexibel handeln heißt, an Zielen festzuhalten und sich dennoch an veränderte Situationen anzupassen. Volperts Überlegungen beziehen sich auf die individuelle Handlungsregulation. Die hier ermittelten Sicherheits- und Stabilitätsaspekte beschreiben hingegen Handlungsbedingungen. Hier stellt sich die Frage, welche externen ‚stabil-flexiblen' Handlungsbedingungen erforderlich sind, damit sich eine stabil-flexible Handlungsregulation entwickeln kann. Wichtig scheint hier zu sein, das Verhältnis von stabilen und flexiblen Umweltanteilen genauer zu bestimmen und zu konkretisieren, ‚wieviel' Stabilität in den Bedingungen der Umwelt entwicklungs-, bzw. gesundheitsförderlich ist und ab wann sich Stabilität in Starrheit verwandelt und persönliche Entwicklung und damit positive Gesundheit hemmt.

Handlungstheoretisch wurden Ressourcen der Gesundheit im weiteren Sinne als Wahl- und Handlungsmöglichkeiten beschrieben. Hier wäre zu prüfen, ob sich Sicherheit und Stabilität im Rahmen dieses Modells als ‚Ressourcen' der Gesundheit beschreiben lassen, beziehungsweise in welchem Verhältnis sie zu diesen stehen. Auch wäre das Verhältnis zu anderen Ressourcen (und Belastungen) genauer zu beschreiben.

Das Gesundheitsmodell, das dieser Arbeit zugrunde liegt, beschreibt positive Gesundheit als Entwicklung von Handlungsfähigkeit und ist damit prozeßorientiert. Stabilität und Sicherheit sind jedoch eher Zustandsbeschreibungen. Hier wären weitergehende Überlegungen anzustellen, welche Bedeutung Zustände wie Sicherheit und Stabilität für ein prozeß- und entwicklungsorientiertes Gesundheitsmodell haben.

7.3.1.2   Kommunikation und Gesundheit

Eine weitere Frage, die zwar nicht im Mittelpunkt der Arbeit stand, die aber bei der Instrumentenentwicklung wichtig war, betrifft die Bedeutung verschiedener Kommunikationsaspekte für die Gesundheit. Es wurden aufgabenbezogene und soziale Kommunikation voneinander unterschieden, da theoretisch unterschiedliche Zusammenhänge zur Gesundheit vermutet wurden.

Zur Differenzierung dieser beiden Kommunikationsaspekte wurden zwei Skalen gebildet. Die Skala 'aufgabenbezogene Kommunikation' erfaßt kommunikative Anteile, die sich unmittelbar auf die Erledigung der Arbeitsaufgabe beziehen. 'soziale Kommunikation' erfaßt hingegen aufgabenunabhängig das wahrgenommene Ausmaß sozialer Unterstützung in der Arbeitsgruppe sowie die Offenheit der Kommunikation und die Konfliktfähigkeit.

Die Ergebnisse der Regressionsanalysen zeigen, daß die aufgabenbezogene Kommunikation eine stärkere Vorhersagekraft für die Gesundheit besitzt, als offene Kommunikation/Konfliktbewältigung. Aufgabenbezogene Kommunikation taucht in drei Vorhersagegleichungen (für somatische Beschwerden, Selbstwirksamkeit und Arbeitsfreude/Stolz) auf. Offene Kommunikation/Konfliktbewältigung wird nur zur Vorhersage von psychischen Befindensbeeinträchtigungen herangezogen.

Auch wenn diese Ergebnisse zunächst in weiteren Untersuchungen bestätigt werden müssen, stellen sich hier neue Fragen hinsichtlich der generellen Bedeutung der verschiedenen Kommunikationsaspekte für die Gesundheit. Welche Bedeutung hat Kommunikation und die Bereitstellung verschiedener Kommunikationsangebote für die Gesundheit? Gibt es qualitative Unterschiede aufgabenbezogener und nicht aufgabenbezogener (sozialer) Kommunikation in bezug auf die Gesundheit? Wie lassen sich diese beschreiben? Derzeit liegen hierzu keine theoretischen Modelle vor, gleichwohl die Beantwortung dieser Fragen in Zeiten der Gruppenarbeit von größtem Interesse wäre.

7.3.2   Dimensionen der Gesundheit

Die Ergebnisse der Regressionsanalysen haben gezeigt, daß die einzelnen Gesundheitsmerkmale von unterschiedlichen Arbeitsmerkmalen vorhergesagt werden. Auch wenn hier nicht kausal argumentiert werden kann, da es sich nicht um längsschnittliche Ergebnisse handelt, können die Ergebnisse dennoch als Hinweise auf die spezifische Genese einzelner Beeinträchtigungen, aber auch einzelner Positiv-Indikatoren der Gesundheit bezeichnet werden.

So ergeben sich z.B. andere Vorhersagemuster für somatische Beschwerden als für psychische Befindensbeeinträchtigungen und wieder andere für die Vorhersage der Positiv-Indikatoren Arbeitsfreude/Stolz als für Selbstwirksamkeit. Eine differenzierte Betrachtung der einzelnen körperlichen und psychischen Beeinträchtigungsdimensionen und der positiven Gesundheitsdimensionen scheint somit dem komplexen Gegenstand ‚Gesundheit' eher gerecht zu werden, als etwa eine Zusammenführung in einem Gesamtindex ‚Gesundheit'.[20] Die Frage nach der Entstehung und Entwicklung einzelner Gesundheitsmerkmale kann nur in weitergehenden Längsschnittuntersuchungen abschließend geklärt werden.

Im theoretischen Teil der Arbeit wurde eine ‚positive' und eine ‚neutrale' Dimension von Gesundheit unterschieden. Als Positiv-Indikatoren wurden in dieser Arbeit Arbeitsfreude/Stolz und Selbstwirksamkeit erfaßt. Die neutrale Dimension beschreibt die Abwesenheit von Beeinträchtigungen. Als Indikatoren beeinträchtigter Gesundheit wurden körperliche Beschwerden und

---

[20] Dies spricht nicht grundsätzlich gegen die Verwendung eines Indexes, der zur Verdeutlichung von generellen Tendenzen durchaus von Vorteil sein kann (siehe vorne).

psychische Befindensbeeinträchtigungen erfaßt. Je geringer Gesundheitsbeeinträchtigungen ausgeprägt sind, desto gesünder kann eine Person auf dieser neutralen Dimension bezeichnet werden.

Die Ergebnisse der Clusteranalyse bestätigen dieses Modell. Es findet sich eine Gruppe, in der mittlere bis starke somatische Beschwerden und starke psychische Beeinträchtigungen vorliegen *und* gleichzeitig wenig positive Gesundheitsmerkmale vorhanden sind. Daneben gibt es die Gruppe mit geringen körperlichen und psychischen Beeinträchtigungen *und* gleichzeitig stark ausgeprägten Positiv-Indikatoren. Die beiden Gesundheitsprofile, die zwischen diesen Extremausprägungen liegen, beschreiben durch ihre jeweilige Kombination von Positiv-Indikatoren und Beeinträchtigungsindikatoren unterschiedliche ‚Zwischenzustände' von Gesundheit. Auch diese Kombinationen bestätigen in der Tendenz das Gesundheitsmodell. Die hier ermittelten Gruppen stimmen weitgehend mit anderen Untersuchungsergebnissen überein (Dunckel, 1985; Karasek & Theorell, 1990).

Zur empirischen Absicherung dieser Ergebnisse wäre jedoch die Überprüfung weiterer Variablen erforderlich:

- Zeigen die Gruppen spezifische Alters- oder Geschlechterdifferenzierungen auf? Finden sich z.B. in der Gruppe der Verausgabten oder in der Gruppe der Gesunden eher jüngere Arbeitnehmer, in der Gruppe der Neutralen oder Kranken eher ältere? Wie verteilen sich Frauen über die Gruppen? Setzt sich auch hier die Tendenz fort, die sich bereits in den Varianzanalysen abzeichnete: Finden sich bei den Kranken mehr Frauen?

- Theoretisch bedeutsam ist die Klärung der Frage nach dem vorherrschenden Gesundheitsverhalten in den unterschiedlichen Gruppen: Sind zum Beispiel die ‚Verausgabten' Personen, die besonders selten wegen Krankheit dem Arbeitsplatz fernbleiben? Zeigen die ‚Gesunden' präventive Gesunderhaltungsstrategien, während die Kranken ein eher risikoreiches Gesundheitsverhalten zeigen? Wie können die hier vorgefundenen Gruppen mit anderen Klassifikationen ‚gesunder Personen' (z.B. Mussmann et al., 1993) in Beziehung gesetzt werden?

- Bei den Ergebnissen handelt es sich um Gruppenbildungen innerhalb einer Stichprobe, das heißt, die Gruppen setzten sich aus Einzelpersonen mit einem ähnlichen Gesundheitszustand und einer ähnlichen Einschätzung der Arbeitsbedingungen zusammen. Richtet man nun den Blick auf das Einzelindividuum, stellt sich zum Beispiel die Frage, welche Bedeutung die Zuordnung zu der einen oder anderen Gruppe für den langfristigen Erhalt der Gesundheit hat: So könnte vermutet werden, daß die Gruppe der Neutralen auch langfristig weniger gesundheitliche Beschwerden aufweist als z.B. die Gruppe der Verausgabten.

- Eine weitere Frage ist die Frage nach der Veränderung bzw. Stabilität von Zuordnungen einzelner Personen zu den Gruppen. Es wurde aufgezeigt, daß den ‚Gesundheitsprofilen' spezifische Arbeitsbedingungen zugeordnet werden können. Was passiert nun, wenn sich innerhalb der einzelnen Gruppen die Arbeitsbedingungen ändern? Wandelt sich das individuelle ‚Gesundheitsprofil' bei sich ändernden Arbeitsbedingungen? Verfestigen sich Profile über die Zeit, wenn die Arbeitsbedingungen gleich bleiben? Welche Konsequenzen hat dies wiederum für den oben genannten langfristigen Erhalt der Gesundheit? In welche Richtung findet Veränderung statt: Wie können ‚Übergänge' zwischen den Gruppen beschrieben werden?

In bezug auf das zugrunde gelegte mehrdimensionale Gesundheitsmodell läßt sich abschließend festhalten, daß die verschiedenen Dimensionen der Gesundheit empirisch bestätigt werden konnten. Gleichzeitig sind durch die Ergebnisse dieser Arbeit zahlreiche weiterführende Fragestellungen formuliert worden, die aufzeigen, wie schwierig es ist, das komplexe Konstrukt Gesundheit angemessen theoretisch zu beschreiben und zu operationalisieren.

Welche möglichen Richtungen lassen sich auf dem Hintergrund dieser Arbeit für die zukünftige Theorie- und Instrumentenentwicklung festhalten?

In bezug auf die Theorieentwicklung läßt sich festhalten, daß die Begrifflichkeiten ‚Ressourcen' und ‚Belastungen' und ‚Gesundheit' weiter konkretisiert und voneinander abgegrenzt werden sollten. Der begonnene Weg, Ressourcen als Chancenvielfalt, als Wahl- und Handlungsmöglichkeiten zu beschreiben, sollte weiterverfolgt werden.

Allerdings sollten bei der Entwicklung eines Ressourcenmodells stärker als bisher die Aspekte von Sicherheit und Stabilität und die Bedeutung von Kommunikation und Kooperation berücksichtigt werden. Bei der Weiterentwicklung des handlungstheoretischen Gesundheitsmodells sollten vor allem die Aspekte der stabil-flexiblen Handlungsregulation weiterverfolgt werden. Darüber hinaus ist zu klären, in welchem Verhältnis neutrale und positive Anteile der Gesundheit zueinander stehen und wie sich die jeweilige Kombination langfristig gestaltet und verändert. Hier scheint es interessant, die im Rahmen dieser Querschnittuntersuchung offen gebliebenen Fragen in Verlaufsstudien weiter zu verfolgen.

Insgesamt wurde mit der Entwicklung und Erprobung des DigA ein Schritt zu einer differentiellen Untersuchung betrieblicher Ressourcen und Belastungen sowie verschiedener Aspekte von Gesundheit geleistet. Das Instrument ist Bestandteil eines Mehr-Ebenen-Ansatzes, der ein partizipatives und wissenschaftlich fundiertes Vorgehen gewährleisten soll. Eine weitere Überprüfung und Absicherung der aufgezeigten Gesamtstrategie sowie ihrer Einzelbestandteile scheint lohnenswert.

8   LITERATUR

Antonovsky, A. (1979). *Health, stress and coping.* San Francisco: Jossey Bass.

Antonovsky, A. (1987). *Unraveling the mystery of health. How people manage stress and stay well.* San Fransisco: Jossey Bass.

Backhaus K., Erichson, B., Plinke, W. & Weiber, R. (1994). *Multivariate Analysemethoden. Eine anwendungsorientierte Einführung.* Berlin: Springer.

Badura, B. (1993). Gesundheitsförderung durch Arbeits- und Organisationsgestaltung. Die Sicht des Gesundheitswissenschaftlers. In J. M. Pelikan, H. Demmer & K. Hurrelmann (Hrsg.), *Gesundheitsförderung durch Organisationsentwicklung und - gestaltung. Konzepte, Strategien und Projekte für Betriebe, Krankenhäuser und Schulen* (S. 20-33). Weinheim: Juventa.

Badura, B. & Ritter, W. (1998). Qualitätssicherung in der betrieblichen Gesundheitsförderung. In E. Bamberg, A. Ducki & A. M. Metz (Hrsg.), *Handbuch Betriebliche Gesundheitsförderung.* (S. 223-238). Göttingen: Verlag für Angewandte Psychologie.

Baitsch, C. & Marxt, A. (1994). *Das Instrument TOMBA. Ein Screening-Verfahren zur Analyse und Bewertung von Technikeinsatz, Organisationsstrukturen und Arbeitsaufgaben in KMU* (Vorversion). St. Gallen: Hochschule.

Bamberg, E. (1986). *Arbeit und Freizeit. Eine empirische Untersuchung zum Zusammenhang zwischen Streß am Arbeitsplatz, Freizeit und Familie.* Weinheim: Beltz.

Bamberg, E. (1991). Arbeit, Freizeit und Familie. In S. Greif, E. Bamberg & N. Semmer (Hrsg.), *Psychischer Streß am Arbeitsplatz* (S. 210-220). Göttingen: Hogrefe.

Bamberg E., Ducki, A. & Metz, A. M. (1998). Handlungsbedingungen und Grundlagen der betrieblichen Gesundheitsförderung. In E. Bamberg, A. Ducki & A. M. Metz (Hrsg.), *Handbuch Betriebliche Gesundheitsförderung.* (S. 17-38). Göttingen: Verlag für Angewandte Psychologie.

Bamberg, E. & Metz, A. M. (1998). Intervention. In E. Bamberg, A. Ducki & A. M. Metz (Hrsg.), *Handbuch Betriebliche Gesundheitsförderung.* (S. 177-210). Göttingen: Verlag für Angewandte Psychologie.

Bandura, A. (1977). Self-efficacy: Toward a unifying theory of behavioral change. *Psychology Review, 84,* 191-215.

Beck, A. T. (1972). *Depression.* Philadelphia: University of Pennsylvania Press.

Becker, P. (1982). *Psychologie der seelischen Gesundheit. Theorien, Modelle, Diagnostik* (Bd. 1). Göttingen: Hogrefe.

Becker, P. (1992). Die Bedeutung integrativer Modelle von Gesundheit und Krankheit für die Prävention und Gesundheitsförderung. Anforderungen an allgemeine Modelle von Gesundheit und Krankheit. In P. Paulus (Hrsg.), *Prävention und Gesundheitsförderung* (S. 91-108). Köln: GWG Verlag.

Becker, P. (1997). Prävention und Gesundheitsförderung. In R. Schwarzer (Hrsg.), *Gesundheitspsychologie* (S. 517-534). Göttingen: Hogrefe.

Bense, A. (1981). *Klinische Handlungstheorie.* Weinheim: Beltz.

Bortz, J. (1993). *Statistik für Sozialwissenschaftler.* Berlin: Springer.

Bradburn, N. M. (1969). *The structure of psychological well-being.* Chicago: Aldine.

Brandenburg, U., Kollmeier, H., Kuhn, K., Marschall, B. & Oehlke, P. (Hrsg.). (1990). *Prävention und Gesundheitsförderung im Betrieb* (Schriftenreihe der Bundesanstalt für Arbeitsschutz, Tb 51). Bremerhaven: Wirtschaftsverlag NW.

Brandenburg, U., Kuhn, K., Marschall, B. & Verkoyen, C. (Hrsg.). (1996). *Gesundheitsförderung im Betrieb* (Schriftenreihe der Bundesanstalt für Arbeitsschutz, Tb 74). Bremerhaven: Wirtschaftsverlag NW.

Bräutigam, W. & Christian, P. (1981). *Psychosomatische Medizin.* Stuttgart: Thieme.

Bruggemann, A., Groskurth, P. & Ulich, E. (1975). *Arbeitszufriedenheit.* Bern: Huber.

Brucks, U. (1998). *Arbeitspsychologie personenbezogener Dienstleistungen.* (Schriften zur Arbeitspsychologie, Bd. 56, Hrsg. E. Ulich). Bern: Hans Huber.

Bundesanstalt für Arbeitsschutz (1993). *Muster eines betrieblichen Gesundheitsberichts* (Sonderdruck der amtlichen Mitteilungen der Bundesanstalt für Arbeitsschutz). Dortmund.

Busch, C. (1998). Streßmanagement und betriebliche Gesundheitsförderung. In E. Bamberg, A. Ducki & A. M. Metz (Hrsg.), *Handbuch Betriebliche Gesundheitsförderung.* (S. 97-110). Göttingen: Verlag für Angewandte Psychologie.

Campell, D. T. & Fiske, D. W. (1959). Convergent and diskriminant validation by the multi-trait-multimethod matrix. *Psychological Bullentin, 56,* 81-105.

Caplan, R. D., Cobb, S., French, J. R. P., Harrison, R. V. & Pinneau, S.R. (1982). *Arbeit und Gesundheit. Stress und seine Auswirkungen bei verschiedenen Berufen.* Bern: Huber.

Charta der 1. Internationalen Konferenz zur Gesundheitsförderung, Ottawa. (1986). In P. Franzkowiak & P. Sabo (Hrsg.), *Dokumente der Gesundheitsförderung* (S. 96-101). Mainz: Verlag Peter Sabo.

Conrad, G. & Kickbusch, I. (1988). Die Ottawa-Konferenz zur Gesundheitsförderung. In H. Abholz (Hrsg.), *Grenzen der Prävention* (Argument Sonderband AS 178) (S. 151-167). Hamburg: Argument-Verlag.

Conrad, P. & Sydow, J. (1984). *Organisationsklima.* Berlin: de Gruyter.

Ducki, A. (1998a). *Arbeits- und organisationspsychologische Gesundheitsanalysen – Entwicklung und Erprobung eines Befragungsinstruments im Rahmen eines Mehr-Ebenen-Ansatzes zur betrieblichen Gesundheitsanalyse.* Unveröffentlichte Dissertationsschrift an der Universität Leipzig, Fakultät für Biowissenschaften, Pharmazie und Psychologie.

Ducki, A. (1998b). Allgemeine Prozeßmerkmale betrieblicher Gesundheitsförderung. In E. Bamberg, A. Ducki & A. M. Metz (Hrsg.), *Handbuch Betriebliche Gesundheitsförderung.* (S. 135-144). Göttingen: Verlag für Angewandte Psychologie.

Ducki, A. (1998c). Analyse. In E. Bamberg, A. Ducki & A. M. Metz (Hrsg.), *Handbuch Betriebliche Gesundheitsförderung.* (S. 155-177). Göttingen: Verlag für Angewandte Psychologie.

Ducki, A. & Greiner, B. (1992). Gesundheit als Entwicklung von Handlungsfähigkeit – Ein „arbeitspsychologischer Baustein" zu einem allgemeinen Gesundheitsmodell. *Zeitschrift für Arbeits- und Organisationspsychologie, 36,* 184-189.

Ducki, A., Jenewein, R. & Knoblich, H. J. (1998). Gesundheitszirkel – ein Instrument der Organisationsentwicklung. In E. Bamberg, A. Ducki & A. M. Metz (Hrsg.), *Handbuch Betriebliche Gesundheitsförderung.* (S. 267-282). Göttingen: Verlag für Angewandte Psychologie.

Dunckel, H. (1985). *Mehrfachbelastungen am Arbeitsplatz und psychosoziale Gesundheit.* Frankfurt am Main: Peter Lang.

Dunckel, H. (1991). Mehrfachbelastung und psychosoziale Gesundheit. In S. Greif, E. Bamberg & N. Semmer (Hrsg.), *Psychischer Streß am Arbeitsplatz* (S. 154-167). Göttingen: Hogrefe.

Dunckel, H. (1997). Arbeitsanalyse zwischen wissenschaftlichen Standards und betrieblicher Praxis. In I. Udris. (Hrsg.), *Arbeitspsychologie für morgen* (S. 103-117). Heidelberg: Asanger.

Dunckel, H. (Hrsg.). (1999). *Handbuch psychologischer Arbeitsanalyseverfahren.* (Schriftenreihe MTO, Bd. 14, Hrsg. E. Ulich) Zürich: vdf Hochschulverlag.

Dunckel, H., Volpert, W., Zölch, M., Kreutner, U., Pleiss, C. & Hennes, K. (1993). *Kontrastive Aufgabenanalyse im Büro. Der KABA Leitfaden.* Zürich: Verlag der Fachvereine.

Dunckel, H., Zapf, D. & Udris, I. (1991). Methoden betrieblicher Streßanalyse. In S. Greif, E. Bamberg & N. Semmer (Hrsg.), *Psychischer Streß am Arbeitsplatz* (S. 29-45). Göttingen: Hogrefe.

Dupuis, H. & Konietzko, J. (1989). Das Belastungs-Beanspruchungs-Konzept In J. Konietzko & H. Dupuis (Hrsg.), *Handbuch der Arbeitsmedizin. Arbeitsphysiologie Arbeitspathologie Prävention* (Bd. 3, VI-3.3,1. Erg. Lfg. 10/89). Kassel: Ecomed Verlagsgesellschaft.

Eiselen, T. & Novosad, M. (1998). Mobbing. In E. Bamberg, A. Ducki & A.M. Metz (Hrsg.), *Handbuch Betriebliche Gesundheitsförderung.* (S. 301-314). Göttingen: Verlag für Angewandte Psychologie.

Elsner, G. (1985). Medizinische Aspekte industrieller Arbeit. In: W. Georg, L. Kißler & U. Sattel (Hrsg.) *Arbeit und Wissenschaft: Arbeitswissenschaft* (S. 86-112). Bonn: Verlag Neue Gesellschaft.

Fahrenberg, J. (1975). Die Freiburger Beschwerdeliste. *Zeitschrift für Klinische Psychologie, 4,* 49-100.

Felfe, J. (1992). *TPK – Training sozialer Kompetenzen zur Vermittlung fachübergreifender Qualifikationen in der Berufsausbildung.* Frankfurt am Main: Lang.

Felfe, J., Resetka, H. J. & Liepmann, D. (1994). *Fragebogen zur Organisationsdiagnose.* Berlin: Freie Universität.

Ferber, L. von (1982). Gesundheitsvorsorge am Arbeitsplatz. Arbeitsbedingte Krankheiten in der Dokumentation der Krankenkassen. In F. Friczewski, W. Maschewsky, F. Naschold, P. Wotschak & W. Wotschak (Hrsg.), *Arbeitsbelastung und Krankheit bei Industriearbeitern* (S. 127-135). Frankfurt: Campus.

Filipp, S. H. (1979). *Selbstkonzeptforschung. Probleme, Befunde, Perspektiven.* Stuttgart: Klett-Cotta.

Frankl, V. E. (1973*). Der Mensch auf der Suche nach Sinn. Zur Rehumanisierung der Psychotherapie.* Freiburg: Herder.

Frei, F. (1981). Psychologische Arbeitsanalyse. Eine Einführung zum Thema. In F. Frei & E. Ulich (Hrsg.), *Beiträge zur psychologischen Arbeitsanalyse* (S. 11-36). Bern: Huber.

Frei, F., Hugentobler, M., Alioth, A., Duell, W. & Ruch, L. (1993). *Die kompetente Organisation.* Zürich: Verlag der Fachvereine.

Frese, M. (1989). Kontrolle und Tätigkeitsspielraum. In S. Greif, H. Holling & N. Nicholson (Hrsg.), *Arbeits- und Organisationspsychologie. Internationales Handbuch in Schlüsselbegriffen.* (S. 275-279). München: Psychologie Verlags Union.

Frese, M. (1990). Arbeit und Emotion - ein Essay. In F. Frei & I. Udris (Hrsg.), *Das Bild der Arbeit* (S. 285-301). Bern: Huber.

Frese, M. (1991). Streßbedingungen in der Arbeit und psychosomatische Beschwerden: eine kausale Interpretation. In S. Greif, E. Bamberg & N. Semmer (Hrsg.), *Psychischer Streß am Arbeitsplatz* (S. 120-134). Göttingen: Hogrefe.

Frese, M. (1994). Arbeit und psychische Störungen. In K. Höchstetter, L. Gunkel, R. Beck & M. Szpilok (Hrsg.), *Gesundheitsförderung im Betrieb. Neue Antworten auf neue Herausforderungen* (S. 27-46). Bobingen: Kessler Verlagsdruckerei.

Frese, M., & Schöpfthaler-Rühl, R. (1976). Kognitive Ansätze in der Depressionsforschung. In N. Hoffmann (Hrsg.), *Depressives Verhalten. Psychologische Modelle der Ätiologie und Therapie* (S. 58-107). Salzburg: Otto Müller.

Frese, M. & Semmer, N. (1991). Streßfolgen in Abhängigkeit von Moderatorvariablen: Der Einfluß von Kontrolle und sozialer Unterstützung. In S. Greif, E. Bamberg & N. Semmer (Hrsg.), *Psychischer Streß am Arbeitsplatz* (S. 135-153). Göttingen: Hogrefe.

Frese, M., Erbe-Heinbokel, M., Grefe, J., Rybowiak V. & Weike, A. (1994). Mir ist es lieber, wenn ich genau gesagt bekomme, was ich tun muß: Probleme der Akzeptanz von Verantwortung und Handlungsspielraum in Ost und West. *Zeitschrift für Arbeits- und Organisationspsychologie, 38, (N.F.12),* 22-33.

Frieling, E. (1987). Entwicklungsperspektiven für arbeitswissenschaftliche Arbeitsanalyseverfahren. In K. Sonntag (Hrsg.), *Arbeitsanalyse und Technikentwicklung* (S. 33-48). Köln: Wirtschaftsverlag Bachem.

Frieling, E. (1990). Analyse weist den Weg. *Bundesarbeitsblatt, 10,* 11-17.

Frieling, E. (1993). Analyse von Arbeitstätigkeiten – eine Problemanalyse. In W. Bungard & T. Herrmann (Hrsg.), *Arbeits- und Organisationspsychologie im Spannungsfeld zwischen Grundlagenorientierung und Anwendung* (S. 251-266). Bern: Huber.

Frieling, E., Facaoaru, C., Benedix, J., Pfaus, H. & Sonntag, K. (1993). *Tätigkeitsanalyseinventar. Theorie, Auswertung, Praxis. Handbuch und Verfahren.* Kassel: Ecomed Verlagsgesellschaft.

Frieling, E. & Sonntag, K. (1987). *Arbeitspsychologie.* Bern: Huber.

Fütterer, B. (1996). *Gesundheitsrelevante Belastungen und Ressourcen in der Arbeit. Eine Betriebsstudie.* Unveröffentlichte Diplomarbeit, Technische Universität Berlin.

Gardell, B. (1978). Arbeitsgestaltung, intrinsische Arbeitszufriedenheit und Gesundheit. In M. Frese, S. Greif & N. Semmer (Hrsg.), *Industrielle Psychopathologie* (S. 52-111). Bern: Huber.

Gebert D. (1993). Interventionen in Organisationen. In H. Schuler (Hrsg.), *Organisationspsychologie* (S. 481-494). Bern: Huber.

Geyer, S. (1997). Some conceptual considerations on the sense of coherence. *Social Science and Medicine, 44,* 1771-1779.

Greif, S. (1991). Streß in der Arbeit. Einführung und Grundbegriffe. In S. Greif, E. Bamberg, & N. Semmer (Hrsg.), *Psychischer Streß am Arbeitsplatz* (S. 1-26). Göttingen: Hogrefe.

Greif, S. (1993). Geschichte der Organisationspsychologie. In H. Schuler (Hrsg.), *Organisationspsychologie* (S. 15-48). Bern: Huber.

Greif, S., Bamberg, E., Dunckel, H., Frese, M., Mohr, G., Rückert, D., Rummel, M., Semmer, N. & Zapf, D. (1983). *Abschlußbericht des Forschungsprojektes „Psychischer Streß am Arbeitsplatz - hemmende und fördernde Bedingungen für humanere Arbeitsplätze".* Unveröffentlichter Bericht, Universität Osnabrück.

Greif, S., Bamberg, E. & Semmer N. (1991). (Hrsg.). *Psychischer Streß am Arbeitsplatz.* Göttingen: Hogrefe.

Greiner, B.A. (1998). Der Gesundheitsbegriff. In E. Bamberg, A. Ducki & A. M. Metz (Hrsg.), *Handbuch Betriebliche Gesundheitsförderung.* (S. 39-56). Göttingen: Verlag für Angewandte Psychologie.

Griefhahn, B. (1993). Arbeitswelt und Gesundheit. In K. Hurrelmann & U. Laaser (Hrsg.), *Gesundheitswissenschaften* (S. 277-294). Weinheim: Beltz.

Gusy, B. & Kleiber, D. (1998). Burnout. In E. Bamberg, A. Ducki & A. M. Metz (Hrsg.), *Handbuch Betriebliche Gesundheitsförderung.* (S. 315-328). Göttingen: Verlag für Angewandte Psychologie.

Hacker, W. (1978). *Allgemeine Arbeits- und Ingenieurpsychologie. Psychische Struktur und Regulation von Arbeitstätigkeiten.* Bern: Huber.

Hacker, W. (1980). *Psychologische Bewertung von Arbeitsgestaltungsmaßnahmen - Ziele und Bewertungsmaßstäbe.* Berlin: Deutscher Verlag der Wissenschaften.

Hacker, W. (1991). Aspekte einer gesundheitsstabilisierenden und -fördernden Arbeitsgestaltung. *Zeitschrift für Arbeits- und Organisationspsychologie, 35,* 48-58.

Hacker, W. (1994). Handlung. In W. Asanger & G. Wenninger (Hrsg.), *Handwörterbuch Psychologie* (5. Aufl.) (S. 275-283). München: Psychologie Verlags Union.

Hacker, W., Fritsche, B., Richter, P. & Iwanowa, A. (1994). *Tätigkeitsbewertungssystem TBS. Verfahren zur Analyse, Bewertung und Gestaltung von Arbeitstätigkeiten.* (Schriftenreihe MTO, Bd. 7, Hrsg. E. Ulich). Zürich: Verlag der Fachvereine.

Hacker, W. & Matern, B. (1980). Methoden zum Ermitteln tätigkeitsregulierender kognitiver Prozesse und Repräsentationen bei industriellen Arbeitstätigkeiten. In W. Volpert (Hrsg.), *Beiträge zur psychologischen Handlungstheorie* (Schriften zur Arbeitspsychologie, Bd. 26) (S. 29-49). Bern: Huber.

Hacker, W. & Richter, P. (1980). *Psychische Fehlbeanspruchung: Psychische Ermüdung, Monotonie und Streß.* Berlin: Deutscher Verlag der Wissenschaften.

Hauß, F. (1995). Für den sorgfältigen Umgang mit Gesundheitsberichten. In R. Busch (Hrsg.), *Betriebliche Gesundheitsförderung in Berlin* (Bd. 11 der Reihe Forschung und Weiterbildung für die betriebliche Praxis) (S.63-69). Berlin: Freie Universität.

Hauß, F., Schräder, W. F. & Witt. K. (1991). *Betrieblicher Gesundheitsbericht* (Schriftenreihe der Bundesanstalt für Arbeitsschutz, Fb 628). Bremerhaven: Wirtschaftsverlag NW.

Heckhausen, H. (1989). *Motivation und Handeln.* Heidelberg: Springer.

Herrmann, T. (1993). Zum Grundlagenwissenschaftsproblem der A.O.-Psychologie. In W. Bungard & T. Herrmann (Hrsg.), *Arbeits- und Organisations-psychologie im Spannungsfeld zwischen Grundlagenorientierung und Anwendung* (S. 167-194). Bern: Huber.

Holzkamp-Osterkamp, U. (1975). *Grundlagen der psychologischen Motivationsforschung 1.* Frankfurt am Main: Campus.

Hurrelmann, K. (1988). *Sozialisation und Gesundheit.* Weinheim: Beltz.

IKK-Landesverband Brandenburg und Berlin (Hrsg.). (1995). *Gesundheitssicherung für Dachdecker. Ein Projekt und seine Ergebnisse.* Berlin: Autor.

Industriegewerkschaft Metall, Abteilung Sozialpolitik (1995). *Gesundheit schützen und fördern. Eine Handlungshilfe für betriebliche Gesundheitspolitik* [Broschüre]. Frankfurt am Main: Autor.

Jäger, R. S. (1995). Der diagnostische Prozeß. In R. S. Jäger & P. Petermann (Hrsg.), *Psychologische Diagnostik* (3. korrigierte Aufl.) (S. 450-455). München: PVU.

Kamrath, I. & Wieners, A. (1993). *Veränderungsbereitschaft von Industriearbeiterinnen.* Unveröffentlichte Diplomarbeit, Freie Universität, Berlin.

Karasek, R. A. (1979). Job demands, job decision latitude, and mental strain: Implications for job redesign. *Administrative Science Quarterly, 24,* 285-308.

Karasek, R. A. & Theorell, T. (1990). *Healthy Work. Stress, Productivity, and the Reconstruction of Working Life.* New York: Basic Books.

Kasl, S. V. (1978). Epidemiological contributions to the study of work stress. In C. L. Cooper & R. Payne (Hrsg.), *Stress at work* (pp. 3-48). Chichester: Wiley.

Katz, D. & Kahn, R. L. (1978). *The social psychology of organizations* (2nd ed.). New York: Wiley.

Kleindienst, C. (1996). *Analyse von gesundheitsrelevanten Faktoren in der industriellen Arbeitswelt. Entwicklung eines Screening-Schemas zur Identifikation von gesundheitsschädigenden und –fördernden Faktoren am Arbeitsplatz.* Unveröffentlichte Magisterarbeit im Fach Public Health/Gesundheitswissenschaften, Technische Universität, Berlin.

Kleindienst, C. (i.V.). *Evaluation des Screening-Schemas zur Identifikation von gesundheitsschädigenden und –fördernden Faktoren am Arbeitsplatz.* Dissertationsvorhaben an der TU Berlin, Institut für Gesundheitswissenschaften, Technische Universität, Berlin.

Knorz, C. & Zapf, D. (1996). Mobbing - eine extreme Form sozialer Stressoren am Arbeitsplatz. *Zeitschrift für Arbeits- und Organisationspsychologie, 40,* 12-21.

Konietzko, J. (1989). Arbeitsmedizin - gegenwärtiger Stand und offene Fragen. In J. Konietzko & H. Dupuis (Hrsg.), *Handbuch der Arbeitsmedizin. Arbeitsphysiologie Arbeitspathologie Prävention* (Bd. 1, I-2, 1. Erg. Lfg. 10/89). Kassel: Ecomed Verlagsgesellschaft.

Konietzko, J. & Dupuis, H. (Hrsg.). (1989). *Handbuch der Arbeitsmedizin. Arbeitsphysiologie Arbeitspathologie Prävention* (Bd. 1, I-2, 1. Erg. Lfg. 10/89). Kassel: Ecomed Verlagsgesellschaft.

Kornhauser, A. (1965). *Mental health of the industrial worker.* New York: Wiley.

Kötter, W. & Volpert, W. (1993). Arbeitsgestaltung als Aufgabe – Ein arbeitspsychologischer Beitrag zu einer Theorie der Gestaltung von Arbeit und Technik. *Zeitschrift für Arbeitswissenschaft, 47,* 129-140.

Kriz, J. & Lisch, R. (1988). *Methodenlexikon für Mediziner, Psychologen, Soziologen.* München: Psychologie Verlags Union.

Krohne, H. W. (1997). Streß und Streßbewältigung. In.: R. Schwarzer (Hrsg.). *Gesundheitspsychologie* (S. 268-283). Göttingen: Hogrefe.

Kühn, H. & Rosenbrock, R. (1994). Präventionspolitik und Gesundheitswissenschaften. Eine Problemskizze. In R. Rosenbrock, H. Kühn & B.M. Köhler, (Hrsg.), *Präventionspolitik. Gesellschaftliche Strategien der Gesundheitssicherung* (S. 29-53*).* Berlin: Edition Sigma.

Laaser, U., Hurrelmann, K. & Wolters, P. (1993). Prävention, Gesundheitsförderung und Gesundheitserziehung. In K. Hurrelmann & U. Laaser (Hrsg.), *Gesundheitswissenschaften* (S. 176-206*).* Weinheim: Beltz.

Lazarus, R. S. (1991). Emotion and adaptation. New York: Oxford University Press.

Lazarus, R. S. & Folkman, S. (1984). Stress, appraisal and coping. New York: Springer.

Lazarus, R. S. & Launier, R. (1981). Streßbezogene Transaktionen zwischen Person und Umwelt. In J. R. Nitsch (Hrsg.), *Streß. Theorien, Untersuchungen, Maßnahmen* (S. 213-260). Bern: Huber.

Leitner, K. (1993). Auswirkung von Arbeitsbedingungen auf die psychosoziale Gesundheit. *Zeitschrift für Arbeitswissenschaften, 47 (2),* 98-107.

Leitner, K., Lüders, E., Greiner, B., Ducki, A., Niedermeier, R. & Volpert, W. (1993). *Analyse psychischer Anforderungen und Belastungen in der Büroarbeit - Das RHIA/VERA-Büroverfahren.* Handbuch und Manual. Göttingen: Hogrefe.

Leitner, K., Volpert, W., Greiner, B., Weber, W. G. & Hennes, K. (1987). *Analyse psychischer Belastung in der Arbeit. Das RHIA-Verfahren.* Köln: TÜV Rheinland.

Lenk, H. (Hrsg.). (1977). *Handlungstheorien interdisziplinär* (4 Bände). München: Fink.

Leontjew, A. N. (1982). *Tätigkeit, Bewußtsein, Persönlichkeit*. Köln: Pahl-Rugenstein.

Leppin, A. & Schwarzer, R (1997). Sozialer Rückhalt, Krankheit und Gesundheitsverhalten. In R. Schwarzer (Hrsg.), *Gesundheitspsychologie* (2. überarbeitete und erweiterte Aufl.) (S. 349–376). Göttingen: Hogrefe.

Liepmann, D. & Felfe, J. (1997). Betriebliche Gesundheitsförderung. In R. Schwarzer (Hrsg.), *Gesundheitspsychologie* (2. überarbeitete und erweiterte Aufl.) (S. 549-551). Göttingen: Hogrefe.

Lindström, B. (1992). Quality of life: A model for evaluating health for all. Conceptual considerations and policy implications. *Sozial- und Präventivmedizin, 37*, 301-306.

Luczak, H. & Rohmert, W. (1997). Belastungs-Beanspruchungs-Konzepte. In H. Luczak & W. Volpert (Hrsg.), *Handbuch Arbeitswissenschaft* (S. 326-332). Stuttgart: Schäffer-Poeschel.

Lüders, E. & Resch, M. (1995). Betriebliche Frauenförderung durch Arbeitsgestaltung. *Zeitschrift für Arbeitswissenschaft, 49 (21 N.F.)*, 197-204.

Marschall, B. (1990). Intensivierung und Erweiterung des betriebsärztlichen Aufgabenspektrums. In U. Brandenburg, H. Kollmeier, K. Kuhn, B. Marschall & P. Oehlke (Hrsg.), *Prävention und Gesundheitsförderung im Betrieb* (Schriftenreihe der Bundesanstalt für Arbeitsschutz, Tb 51) (S. 91-100). Bremerhaven: Wirtschaftsverlag NW.

Marstedt, G. (1994). *Rationalisierung und Gesundheit* (Veröffentlichungsreihe der Forschungsgruppe Gesundheitsrisiken und Präventionspolitik, Wissenschaftszentrum Berlin für Sozialforschung) (S. 94-204). Berlin: Wissenschaftszentrum Berlin für Sozialforschung.

Maslach, C. & Jackson, S. E. (1986). *Maslach Burnout Inventory (MBI). Manual*. Palo Alto: Consulting Psychologists Press.

Maslow, A. H. (1954). *Motivation and personality*. New York: Harper.

McGrath, J. E. (1981). Streß und Verhalten in Organisationen. In J. R. Nitsch (Hrsg.), *Streß* (S. 441-499). Bern: Huber.

Meier, U. (1996). Fehlzeitenreduzierung als Führungsaufgabe. In R. Marr (Hrsg.), *Absentismus* (S. 73-90). Göttingen: Verlag für Angewandte Psychologie.

Miller, G. A., Galanter, E. & Pribram, K. H. (1960). *Plans and the structure of behavior*. New York: Holt.

Mohr, G. (1986). *Die Erfassung psychischer Befindensbeeinträchtigungen bei Industriearbeitern*. Frankfurt am Main: Lang.

Mohr, G. (1991). Fünf Subkonstrukte psychischer Befindensbeeinträchtigungen bei Industriearbeitern: Auswahl und Entwicklung. In S. Greif, E. Bamberg & N. Semmer (Hrsg.), *Psychischer Streß am Arbeitsplatz.* Göttingen: Hogrefe.

Mohr, G. (1997). *Erwerbslosigkeit, Arbeitsplatzunsicherheit und psychische Befindlichkeit* (Wirtschaftspsychologie, Bd. 5). Frankfurt am Main: Lang.

Mohr, G. Rummel, M. & Rückert, D. (1982). *Frauen Psychologische Beiträge zur Arbeits- und Lebenssituation.* München: Urban & Schwarzenberg.

Mohr, G. & Semmer, N. (i.V.). Arbeit und Gesundheit: Ergebnisse der arbeitspsychologischen Stress- und Gesundheitsforschung und ihre Bedeutung für die Gesundheitspsychologie.

Mohr, G. & Udris, I. (1997). Gesundheit und Gesundheitsförderung in der Arbeitswelt. In R. Schwarzer (Hrsg.), *Gesundheitspsychologie* (2. überarbeitete und erweiterte Aufl.) (S. 553-574). Göttingen: Hogrefe.

Mussmann, C., Kraft, U., Thalmann, K. & Muheim, M. (1993). *Die Gesundheit gesunder Personen. Eine qualitative Studie. Forschungsprojekt SALUTE - Personale und organisationale Ressourcen der Salutogenese* (Bericht Nr. 2). Zürich: Eidgenössische Technische Hochschule, Institut für Arbeitspsychologie.

Neuberger, O. (1976). *Führungsverhalten und Führungserfolg.* Berlin: Duncker & Humbolt.

Neubert, J. & Thomzyk, R. (1986). *Gruppenverfahren der Arbeitsanalyse und Arbeitsgestaltung.* Berlin: Springer.

Nitsch, J. R. (1982). Handlungspsychologische Ansätze im Sport. In A. Thomas (Hrsg.), *Sportpsychologie. Ein Handbuch in Schlüsselbegriffen* (S. 26-41). München: Urban & Schwarzenberg.

Noack, H. (1987). Concepts of health and health promotion. In T. Abelin, Z. J. Brzezinski, & V. D. Carstairs (Eds.), *Measurement in health promotion and protection* (S. 5-28). Copenhagen: WHO Regional Office for Europe.

Noack, H. (1993): Gesundheit: medizinische, psychiologische und soziologische Konzepte. In P. Novak, & R. Gawatz (Hrsg.), *Soziale Konstruktionen von Gesundheit. Wissenschaftliche und alltagspraktische Gesundheitskonzepte* (pp. 13-32). Ulm: Universitätsverlag.

Nohl, J., Jungkind-Butz, W. & Schweres, M. (1987). Stand betrieblicher Verfahren zur Arbeitsanalyse (Arbeitssystemanalyse). In K. Sonntag (Hrsg.), *Arbeitsanalyse und Technikentwicklung* (S. 11-32). Köln: Wirtschaftsverlag Bachem.

Oesterreich, R. (1981). *Handlungsregulation und Kontrolle.* München: Urban & Schwarzenberg.

Oesterreich, R. (1992). Die Überprüfung von Gütekriterien bedingungsbezogener Arbeitsanalyseverfahren. *Zeitschrift für Arbeitswissenschaft, 46,* 139-144.

Oesterreich, R. (1998). Die Bedeutung arbeitspsychologischer Konzepte der Handlungsregulationstheorie für die betriebliche Gesundheitsförderung. In E. Bamberg, A. Ducki & A.M. Metz (Hrsg.), *Handbuch Betriebliche Gesundheitsförderung.* (S. 75-96). Göttingen: Verlag für Angewandte Psychologie.

Oesterreich, R. & Volpert, W. (1987). Arbeitspsychologisch orientierte Arbeitsanalyse. In U. Kleinbeck & J. Rutenfranz (Hrsg.), *Arbeitspsychologie. Enzyklopädie der Psychologie, Themenbereich D, Serie III, Bd. 1* (S. 43-73). Göttingen: Hogrefe.

Oesterreich, R. & Volpert, W. (1991). *VERA Version 2 Arbeitsanalyseverfahren zur Ermittlung von Planungs- und Denkanforderungen im Rahmen der RHIA-Anwendung. Handbuch & Manual* (Forschungen zum Handeln in Arbeit und Alltag). Berlin: Technische Universität, Institut für Humanwissenschaft in Arbeit und Ausbildung.

Pfaff, H. (1989). *Streßbewältigung und soziale Unterstützung.* Weinheim: Deutscher Studienverlag.

Pleiss, C. & Kreutner, U. (1989). Analyse arbeitsbezogener Kommunikation bei Büro- und Verwaltungstätigkeiten. Unveröffentlichte Diplomarbeit, Freie Universität, Berlin.

Pleiss, C. & Oesterreich, R. (1996). Arbeitswissenschaftlich fundierte Prävention - arbeitspsychologische Gesichtspunkte für die betriebliche Praxis. In C. Klotter (Hrsg.), *Prävention im Gesundheitswesen.* (S. 263-280). Göttingen: Hogrefe.

Resetka, H. J., Liepmann, D. & Frank, G. (1996). *Qualifizierungsmaßnahmen und psychosoziale Befindlichkeit bei Arbeitslosen* (Wirtschaftspsychologie, Bd. 3). Frankfurt am Main: Lang.

Rimann, M. & Udris, I. (1997). Subjektive Arbeitsanalyse: Der Fragebogen SALSA. In O. Strohm & E. Ulich (Hrsg.), *Ganzheitliche Betriebsanalyse unter Berücksichtigung von Mensch, Technik und Organisation* (S. 281-298). (Schriftenreihe MTO Bd. 10, Hrsg. E. Ulich) Zürich: vdf Hochschulverlag.

Rohmert, W. (1984). Das Belastungs-Beanspruchungs-Konzept. *Zeitschrift für Arbeitswissenschaft, 38,* 193-200.

Rosenbrock, R. (1993). Betriebliche Gesundheitspolitik durch Organisationsentwicklung. In J. Pelikan, H. Demmer & Hurrelmann, K. (Hrsg.). *Gesundheitsförderung durch Organisationsentwicklung.* (S. 123-140) Weinheim: Juventa.

Rosenstiel, L. von (1993). Kommunikation und Führung in Arbeitsgruppen. In H. Schuler (Hrsg.), *Organisationspsychologie* (S. 321-352). Bern: Huber.

Rotter, J. B. (1966). Generalized expectancies for internal versus external control reinforcement. *Psychological Monographs, 80, No.1 (Gesamtnummer 609).*

Rubinstein, S. L. (1977). *Grundlagen der allgemeinen Psychologie.* Berlin: Deutscher Verlag der Wissenschaften.

Schönpflug, W. & Schulz, P. (1979). *Lärmwirkungen bei Tätigkeiten mit komplexer Informationsverarbeitung*. Berlin: Bundesumweltamt.

Schröder, H. (1996). Psychologische Interventionsmöglichkeiten bei Streßbelastung. In H. Schröder & K. Reschke (Hrsg.), *Intervention zur Gesundheitsförderung für Klinik und Alltag* (S. 7-26). Regensburg: S. Roderer Verlag.

Schröder, K. (1997). Persönlichkeit, Ressourcen und Bewältigung. In R. Schwarzer (Hrsg.), *Gesundheitspsychologie* (2. Aufl.) (S.319-347). Göttingen: Hogrefe.

Schröder, H., Regel, H. & Rösler, H. D. (1989). Medizinische Psychologie – von einer ,Psychologie der Krankheit' zu einer ,Psychologie der Gesundheit'. *Psychologische Praxis, Berlin (DDR), 7*, 47-63.

Schüpbach, H. (1993). Analyse und Bewertung von Arbeitstätigkeiten. In H. Schuler (Hrsg.), *Organisationspsychologie* (S. 167-189). Bern: Huber.

Schwarzer, R. (1986). *Skalen zur Befindlichkeit und Persönlichkeit* (Forschungsbericht 5). Berlin: Freie Universität, Institut für Psychologie.

Schwarzer, R. (1993). *Streß, Angst und Handlungsregulation* (3. Aufl.). Stuttgart: Kohlhammer.

Schwarzer, R. (1994). Optimistische Kompetenzerwartungen. Zur Erfassung einer kognitiven Bewältigungsressource. *Diagnostica, 40*, 105-123.

Schwarzer, R. (Hrsg.). (1997). *Gesundheitspsychologie* (2. Aufl.). Göttingen: Hogrefe.

Seligman, M. E. P. (1974). Depression and learned helplessness. In R. J. Friedman & M. M. Katz (Eds.), *The psychology of depression: Contemporary theory and research*. New York: Wiley.

Selye, H. (1946). The general adaption syndrome and the diseases of adaption. *Journal of Clinical Endocrinologie 6*, 117-230.

Semmer, N. (1984). *Streßbezogene Tätigkeitsanalyse*. Weinheim: Beltz.

Semmer, N. (1990). Streß und Kontrollverlust. In F. Frei und I. Udris (Hrsg.), *Das Bild der Arbeit* (S. 190-207). Bern: Huber.

Semmer, N. (1994). Streß. In W. Asanger & G. Wenninger (Hrsg.), *Handwörterbuch Psychologie*. (5. Aufl.) (S. 744-751). München: Psychologie Verlags Union.

Semmer, N. (1997). Streß. In H. Luczak & W. Volpert (Hrsg.), *Handbuch Arbeitswissenschaft* (S. 332-339). Stuttgart: Schäffer-Poeschel.

Semmer, N. & Dunckel, H. (1991). Streßbezogene Arbeitsanalyse. In S. Greif, E. Bamberg & N. Semmer (Hrsg.), *Psychischer Streß am Arbeitsplatz* (S. 57-90). Göttingen: Hogrefe.

Semmer, N. & Greif, S. (1981). Zur Funktion qualitativer und quantitativer Methoden in der Tätigkeitsanalyse. In F. Frei & E. Ulich (Hrsg.), *Beiträge zur psychologischen Arbeitsanalyse* (S. 39-56). Bern: Huber.

Semmer, N. & Udris, I. (1993). Bedeutung und Wirkung von Arbeit. In H. Schuler (Hrsg.), *Organisationspsychologie* (S. 133-166). Bern: Huber.

Siegrist, J. (1987). Berufliche Belastungen und Herz-Kreislauf-Risiko. Neuere Erkenntnisse und ihre praktische Bedeutung. *Gewerkschaftliche Monatshefte, 11,* 658-668.

Siegrist, J., Dittmann, K., Rittner, K. & Weber, I. (1980). *Soziale Belastungen und Herzinfarkt. Eine medizin-soziologische Fall-Kontroll-Studie.* Stuttgart: Enke.

Slesina, W. (1982) Gesundheitsvorsorge am Arbeitsplatz. 'Subjektive' Belastungs- und Beanspruchungsanalyse. In F. Friczewski, W. Maschewsky, F. Naschold, P. Wotschak & W. Wotschak (Hrsg.), *Arbeitsbelastung und Krankheit bei Industriearbeitern* (S. 137-152). Frankfurt: Campus.

Sonntag, K. (Hrsg.). (1987). *Arbeitsanalyse und Technikentwicklung.* Köln: Bachem.

Staehle, W. H. (1991). *Management* (6. Aufl.). München: Vahlen.

Statistisches Bundesamt (Hrsg.). (1997). *Datenreport* (Schriftenreihe Bd. 340). Bonn: Bundeszentrale für politische Bildung.

Stein, B. & Westermayer, G. (1996). *Aspekte einer qualitativen Organisationsdiagnostik in der betrieblichen Gesundheitsförderung.* Unveröffentlichte Dissertation, Technische Universität, Berlin.

Strohm, O. & Ulich, E. (Hrsg.). (1997). *Unternehmen arbeitspsychologisch bewerten - Ein Mehr-Ebenen-Ansatz unter besonderer Berücksichtigung von Mensch, Technik, Organisation.* (Schriftenreihe MTO, Bd. 10, Hrsg. E. Ulich) Zürich: vdf Hochschulverlag.

Strohm, O. (1997). Die ganzheitliche MTO-Analyse: Konzept und Vorgehen. In O. Strohm & E. Ulich (Hrsg.), *Unternehmen arbeitspsychologisch bewerten - Ein Mehr-Ebenen-Ansatz unter besonderer Berücksichtigung von Mensch, Technik, Organisation.* (Schriftenreihe MTO, Bd. 10, Hrsg. E. Ulich) Zürich: vdf Hochschulverlag.

Temme, G. & Tränkle, U. (1996). Arbeitsemotionen. Ein vernachlässigter Aspekt in der Arbeitszufriedenheitsforschung. Arbeit Zeitschrift für Arbeitsforschung, Arbeitsgestaltung und Arbeitspolitik,3, 275-297.

Udris, I. & Alioth, A. (1980). Fragebogen zur ‚subjektiven Arbeitsanalyse' (SAA). In E. Martin, I. Udris, U. Ackermann & K. Oegerli (Hrsg.), *Monotonie in der Industrie* (S. 61-68 und 204-207). Bern: Huber.

Udris, I., Kraft, U. & Mussmann, C. (1991). *Warum sind „gesunde" Personen „gesund"? Untersuchungen zu Ressourcen von Gesundheit. Forschungsprojekt SALUTE - Personale und organisationale Ressourcen der Salutogenese* (Bericht Nr. 1). Zürich: Eidgenössische Technische Hochschule, Institut für Arbeitspsychologie.

Udris, I., Kraft, U., Mussmann, C. & Rimann, M. (1992). Arbeiten, gesund sein und gesund bleiben: Theoretische Überlegungen zu einem Ressourcenkonzept. *Psychosozial 15 (52)*, 7-22.

Udris, I. & Ulich, E. (1987). Organisations- und Technikgestaltung: Prozeß- und Partizipationsorientierte Arbeitsanalysen. In K. Sonntag (Hrsg.), *Arbeitsanalyse und Technikentwicklung* (S. 49-68). Köln: Wirtschaftsverlag Bachem.

Ulich, E. (1981). Subjektive Tätigkeitsanalyse als Voraussetzung autonomieorientierter Arbeitsgestaltung. In F. Frei & E. Ulich (Hrsg.), *Beiträge zur psychologischen Arbeitsanalyse* (S. 327-347). Bern: Huber.

Ulich, E. (1998). *Arbeitspsychologie* (4. erweiterte und überarbeitete Aufl.). Zürich: vdf Hochschulverlag, Stuttgart: Schäffer-Poeschel.

Vetter, C. (1997). Betriebliche Gesundheitsförderung - Instrumente der Krankenstandsanalyse. In AOK Bundesverband (Hrsg.), *DOK3: Dienstleistung und Praxis* (S. 95-97). Bonn: AOK Bundesverband.

Volpert, W. (1974). *Handlungsstrukturanalyse als Beitrag zur Qualifikationsforschung*. Köln: Pahl-Rugenstein.

Volpert, W. (1975). Die Lohnarbeitswissenschaft und die Psychologie der Arbeitstätigkeit. In P. Groskurth & W. Volpert (Hrsg.), *Lohnarbeitspsychologie. Berufliche Sozialisation: Emanzipation zur Anpassung* (S. 11-196). Frankfurt: Fischer.

Volpert, W. (1983a). Das Modell der hierarchisch-sequentiellen Handlungsorganisation. In W. Hacker, W. Volpert & M. von Cranach (Hrsg.), *Kognitive und motivationale Aspekte der Handlung* (S. 38-58). Bern: Huber.

Volpert, W. (1983b). Emotionen aus der Sicht der Handlungsregulationstheorie. In J. P. Janssen & E. Hahn (Hrsg.), *Aktivierung, Motivation, Handlung und Coaching im Sport* (Schriftenreihe des Bundesinstituts für Sportwissenschaft, Bd. 52) (S. 193-205). Schorndorf: Hofmann.

Volpert, W. (1987). Psychische Regulation von Arbeitstätigkeit. In J. Rutenfranz & U. Kleinbeck (Hrsg.), *Arbeitspsychologie. Enzyklopädie der Psychologie, D/III/1 (Sonderdruck)* (S. 2-42). Göttingen: Hogrefe.

Volpert, W. (1990). Welche Arbeit ist gut für den Menschen? Notizen zum Thema Menschenbild und Arbeitsgestaltung. In F. Frei & E. Ulich (Hrsg.), *Das Bild der Arbeit* (S. 23-40). Bern: Huber.

Volpert, W., Oesterreich, R., Gablenz-Kolakovic, S., Krogoll, T. & Resch, M. (1983). *Verfahren zur Ermittlung von Regulationserfordernissen in der Arbeitstätigkeit (VERA)*. Köln: TÜV Rheinland.

Vroom, V. H. (1964). *Work and motivation.* New York: Wiley.

Weber, W. G. (1994). *Psychologische Analyse und Bewertung computergestützter Facharbeit.* Berlin: Quintessenz.

Weiner, H. (1983). Gesundheit, Krankheitsgefühl und Krankheit – Ansätze zu einem integrativen Verständnis. *Psychotherapie und Medizinische Psychologie*, 1, 123-140.

Weltgesundheitsorganisation (WHO) (Ed.). (1986). *Ottawa Charta for Health Promotion.* Genf: WHO.

Westermayer G. (1994*).* Qualitative Krankenstandsanalyse. In G. Westermayer & B. Bähr (Hrsg.), *Betriebliche Gesundheitszirkel* (S.172-181)*.* Hogrefe: Göttingen.

Westermayer, G. (1998). Organisationsentwicklung und betriebliche Gesundheitsförderung. In E. Bamberg, A. Ducki & A.M. Metz (Hrsg.), *Handbuch Betriebliche Gesundheitsförderung.* (S. 119-134)*.* Göttingen: Verlag für Angewandte Psychologie.

Westermayer, G. & Bähr, B. (Hrsg.). (1994). *Betriebliche Gesundheitszirkel.* Göttingen: Hogrefe.

Westermayer, G. & Liebing, U. (1992). Evaluation betrieblicher Gesundheitszirkel. In R. Brennecke (Hrsg.), *Sozialmedizinische Ansätze der Evaluation im Gesundheitswesen* (Bd. 1: Grundlagen- und Versorgungsforschung) (S. 341-348). Heidelberg: Springer.

Westhoff, G. (1993). *Handbuch psychosozialer Meßinstrumente.* Göttingen: Hogrefe.

Weyerich, A., Lüders, E., Oesterreich, R. & Resch, M. G. (1992). *Ermittlung von Alltagstätigkeiten (Das EVA-Verfahren)* (Forschungen zum Handeln in Arbeit und Alltag, Bd. 4). Berlin: Technische Universität.

Wolfradt, U. (1998). Die interkulturelle Perspektive: Gesundheit und Gesundheitsförderung in individualistischen und kollektivistischen Kulturen. In E. Bamberg, A. Ducki & A.M. Metz (Hrsg.), *Handbuch Betriebliche Gesundheitsförderung.* (S. 455-468)*.* Göttingen: Verlag für Angewandte Psychologie.

Wottawa, H. (1986). Evaluation. In B. Weidemann, A. Krapp, M. Hofer, G. L. Haber, & H. Mandl (Hrsg.), *Pädagogische Psychologie* (S. 703-733). München: Urban & Schwarzenberg.

Zapf, D. (1989). *Selbst- und Fremdbeobachtung in der psychologischen Arbeitsanalyse.* Göttingen: Hogrefe.

Zapf, D. (1991). Arbeit und Wohlbefinden. In A. Abele-Brehm & P. Becker (Hrsg.), *Wohlbefinden: Theorie, Empirie, Diagnostik* (S. 277-244)*.* Weinheim: Juventa.

Zapf, D. & Frese, M. (1991). Soziale Stressoren am Arbeitsplatz. In S. Greif, E. Bamberg & N. Semmer (Hrsg.), *Psychischer Streß am Arbeitsplatz* (S. 168-184). Göttingen: Hogrefe.

Zwingmann, B. (1994). Rahmenbedingungen für betriebliche Gesundheitsförderung – trotz des gescheiterten Arbeitschutzrahmengesetzes. In R. Busch (Hrsg.), *Betriebliche Gesundheitsförderung in Berlin*. (Bd. 11 der Reihe Forschung und Weiterbildung für die betriebliche Praxis) (S. 23-45). Berlin: Freie Universität.

9   ANHANG

9.1   Soziodemographische Merkmale

Um eine Übersicht über Gemeinsamkeiten und Unterschiede der Betriebe bezüglich bestimmter Stichprobenmerkmale zu erhalten, werden im folgenden die einzelnen Merkmalsausprägungen für alle drei Betriebe vergleichend nebeneinander gestellt, anschließend werden die Daten für den Gesamtdatensatz aufgeführt, in den insgesamt 1060 Fälle eingegangen sind.

9.1.1   Geschlecht

Tabelle 36: Verteilung des Merkmals 'Geschlecht' in den drei Stichproben

Geschlecht	Betrieb 1 (N=227)		Betrieb 2 (N=606)		Betrieb 3 (N=227)		Gesamt (N=1060)	
	n	%	n	%	n	%	n	%
Männer	122	53,7	267	44,1	227	100	616	58,1
Frauen	70	30,8	307	50,7	0	0	377	35,6
Missings	35	15,4	32	5,3	0	0	67	6,3
Die Prozentangaben für Männer und Frauen summieren sich aufgrund von Rundungsfehlern zum Teil nicht zu 100 Prozent.								

Tabelle 37: Verteilung des Merkmals 'Alter' in den drei Stichproben

Alter	Betrieb 1 (N=227)		Betrieb 2 (N=606)		Betrieb 3 (N=227)		Gesamt (N=1060)	
	n	%	n	%	n	%	n	%
< 30	38	16,7	103	17,0	21	9,3	162	15,3
30 – 39	63	27,8	176	29,0	98	43,2	337	31,8
40 – 49	39	17,2	165	27,2	36	15,9	240	22,6
50- 65	24	10,6	105	17,3	28	12,3	157	14,8
Missings	63	27,8	57	9,5	44	19,4	164	15,5
Die einzelnen Altersstufen summieren sich aufgrund von Rundungsfehlern zum Teil nicht zu 100 Prozent.								

Tabelle 38: Verteilung des Merkmals ‚Kinder' in den drei Stichproben

	Betrieb 1 (N=227)		Betrieb 2 (N=606)		Betrieb 3 (N=227)		Gesamt (N=1060)	
Kinder	n	%	n	%	n	%t	n	%
Ja	130	57,3	271	44,7	/	/	401	37,8
Nein	53	23,3	114	18,8	/	/	167	15,8
Missings	44	19,4	221	36,5	/	/	492	46,4
In Betrieb 3 wurde das Merkmal 'Kinder' nicht erhoben.								

Tabelle 39:Verteilung des Merkmals 'Beschäftigungsdauer' in den drei Stichproben

	Betrieb 1 (N=227)		Betrieb 2 (N=606)		Betrieb 3 (N=227)		Gesamt (N=1060)	
Beschäftigungs-dauer	n	%	n	%	n	%	n	%
< 10 Jahre	/	/	403	66,5	55	24,2	458	43,2
> 10 Jahre	/	/	118	19,5	128	56,4	246	23,2
Missings			85	14,0	44	19,4	356	33,6
In Betrieb 1 wurde die Beschäftigungsdauer nicht erhoben.								

9.1.2   Berufsstatus

Tabelle 40: Verteilung des Merkmals 'Berufsstatus' in den drei Stichproben

	Betrieb 1 (N=227)		Betrieb 2 (N=606)		Betrieb 3 (N=227)		Gesamt (N=1060)	
Status	n	%	n	%	n	%	n	%
Gewerbliche	123	54,2	519	85,6	/	/	642	60,6
Angestellte	49	21,6	48	7,9	/	/	97	9,2
Missing	55	24,2	39	6,4	/	/	321	30,3
Die Prozentangaben für Gewerbliche und Angestellte summieren sich aufgrund von Rundungsfehlern zum Teil nicht zu 100 Prozent. Der Berufsstatus kann in Betrieb 3 aus Kodierungs- und Datenschutzgründen nicht differenziert werden.								

9.1.3   Arbeitszeitform

Tabelle 41: Verteilung des Merkmals 'Arbeitszeitform' in den drei Stichproben

Arbeitszeit	Betrieb 1 (N=227)		Betrieb 2 (N=606)		Betrieb 3 (N=227)		Gesamt (N=1060)	
	n	%	n	%	n	%	n	%
nur Tag Frühschicht	52	22,9	55	9,1	8	3,5	115	10,8
2 Schicht/ ohne Nacht-schicht	21	9,3	175	28,9	18	7,9	214	20,2
3 Schicht/ mit Nacht-schicht	29	12,8	333	55,0	109	48,0	471	44,4
Missings	125	55,1	43	7,1	92	40,5	260	24,5

Die Prozentangaben für die unterschiedlichen Arbeitszeiten summieren sich aufgrund von Rundungsfehlern zum Teil nicht zu 100 Prozent.

9.2   Trennschärfekoeffizienten

Tabelle 42: Trennschärfekoeffizienten der Skalen zur Erfassung der Arbeits- und Organisationsbedingungen (Mesofaktoren)

Item	Iteminhalt	B1	B2	B3
	Arbeitsplatzunsicherheit			
Xa	Ich habe Angst, in nächster Zeit arbeitslos zu werden.	.383	.568	.690
Xb	Mein Arbeitsplatz ist wahrscheinlich von anstehenden Umstrukturierungsmaßnahmen betroffen.	.453	.636	.735
Xc	Ich fürchte, u.U. einen schlechteren Arbeitsplatz im Unternehmen annehmen zu müssen.	.437	.630	.805
	Information und Beteiligung			
Na	Bei betrieblichen Veränderungen und Entscheidungen im eigenen Bereich haben Mitarbeiter bei uns ein Mitspracherecht.	.500	.573	.593
Nb	In unserem Unternehmen sind persönliche Initiative und Engagement der Mitarbeiter gefragt.	.435	.607	.641
Nc	Mitarbeiter werden über anstehende Veränderungen und Entscheidungen gut informiert.	.465	.486	.604

	Persönliche Entwicklungschancen			
Pa	Ich bin mit meiner bisherigen beruflichen Entwicklung im Unternehmen zufrieden.	.213	.502	.613
Pc	Unser Unternehmen bietet seinen Mitarbeitern gute Aufstiegsmöglichkeiten.	.470	.727	.729
Pd	Wer aufsteigen will, erhält die nötige Förderung.	.434	.676	.660
	Sinnbezug			
Rb	Unser Unternehmen hat in der Öffentlichkeit einen guten Ruf.	/	.561	.534
Rc	Unser Unternehmen hat Zukunft.	/	.570	.533
Qa	Ich bin selbst von unseren Produkten überzeugt.	.463	.590	.515
Qb	Unsere Produkte sind für unsere Kunden attraktiv.	.463	.634	.674
	Fürsorge			
Sc	Das Unternehmen nimmt Rücksicht auf die persönlichen Lebensumstände seiner Mitarbeiter.	.534	.673	.661
Sd	In unserem Unternehmen wird viel Wert auf das Wohlbefinden und die Gesundheit der Mitarbeiter gelegt.	.574	.720	.657
Se	Unser Unternehmen bietet gute soziale Leistungen für die Mitarbeiter.	.470	.650	.527
	Arbeitsorganisation			
Lb	Die Arbeitsabläufe in meinem Unternehmen sind gut organisiert.	.226	.350	.449
Ldr (rec.)	Zuständigkeiten und Kompetenzen zwischen den Arbeitsbereichen sind nicht klar geregelt.	.338	.317	.594
Lir (rec.)	Es passiert häufiger, daß sich niemand zuständig fühlt.	.278	.435	.620
	Gratifikation			
Ka	Mit meiner Bezahlung bin ich zufrieden	.251	.509	.408
Kb	Persönliches Engagement und Leistungsbereitschaft zahlen sich bei uns aus.	.251	.509	.408
	Betriebsklima			
Ma	Das Betriebsklima ist gut.	.533	.543	.458
Mb	Bei uns ist jeder Mitarbeiter aufgefordert, seinen Beitrag zu einem guten Betriebsklima zu leisten.	.425	.533	.467
Mc	Wenn ich etwas nicht weiß, kann ich jederzeit Fragen stellen.	.399	.474	.379

Beim Item Lb wurde in B3 ‚in unserem Unternehmen' ersetzt durch ‚in unserem Kraftwerk' rec. = rekodiert. In B1 lautete die Itemformulierung für das Item kb: Bei einer besseren Bezahlung wäre ich bereit, mehr zu leisten.

Tabelle 43: Trennschärfekoeffizienten der Skalen zur Erfassung der Arbeits- und Organisationsbedingungen (Mikrofaktoren)

Item	Iteminhalt	B1	B2	B3
	Entscheidungsspielraum			
Ta	Meine Zeit kann ich mir weitgehend selber einteilen.	.555	.681	.737
Tb	Meine Arbeit kann ich so organisieren, wie ich es für richtig halte.	.595	.756	.809
Tc	Ich kann die Reihenfolge der zu bearbeitenden Aufträge selbständig festlegen.	.679	.745	.808
Td	Es gibt verschiedene Möglichkeiten, meine Aufgabe zu erledigen. Ich muß immer wieder neu entscheiden, welches das beste Vorgehen ist.	.436	.695	.663
Te	Ich kann selbständig planen, wie ich bei der Erledigung meiner Aufgaben vorgehe.	/	.733	.781
	Arbeitsinhalte			
Ic	Meine Arbeit ist interessant und abwechslungsreich.	.745	.748	.723
Id	Meine Fähigkeiten und Fertigkeiten kann ich in meiner Arbeit entfalten.	.659	.758	.622
Ie	Ich kann bei meiner Arbeit immer wieder Neues hinzulernen.	.651	.700	.563
	Aufgabenbezogene Kommunikation			
Wa	Um meine Aufgabe zu erfüllen, muß ich mich mit anderen Kollegen meines Arbeitsbereichs austauschen.	.648	.599	.495
Wb	Um meine Aufgabe zu erfüllen, muß ich mich mit Mitarbeitern anderer Arbeitsbereiche austauschen	.688	.666	.622
Wc	Es gibt Arbeitsbesprechungen, an denen ich teilnehmen muß, um meine Arbeitsaufgabe erledigen zu können	.425	.501	.285
	Kommunikation/Konfliktbewältigung			
Vb	Mit meinen unmittelbaren Kollegen kann ich über alles offen reden, was mir wichtig ist.	.382	.444	.466
Vcr (rec.)	Wer Schwierigkeiten und Probleme anspricht, macht sich bei Kollegen schnell unbeliebt.	.384	.489	.655
Ver (rec.)	Es gibt Spannungen zwischen den Kollegen, die arbeitsbedingte Ursachen haben.	.500	.490	.545
Vfr (rec.)	Es gibt Spannungen zwischen den Kollegen, die persönliche Ursachen haben.	.322	.493	.531
Vg	Das Verhältnis zu den Kollegen ist im Allgemeinen gut.	.454	.558	.708
Vh	Wir helfen uns bei der Arbeit gegenseitig.	.450	.534	.685

	Vorgesetztenverhalten			
Uc	Mein Vorgesetzter beurteilt die Leistungen seiner Mitarbeiter gerecht.	.586	.619	.785
Ud	Gute Leistungen werden von meinem Vorgesetzten anerkannt.	.547	.658	.782
Ue	Wenn nötig, kritisiert mein Vorgesetzter die Arbeit, aber nicht die Person.	.397	.410	.865
	Monotone Arbeitsbedingungen			
Za	Die Arbeit ist eintönig und erfordert ständig Konzentration.	.627	.511	.657
Zb	Die Bearbeitungsreihenfolge ist immer gleich.	.790	.464	.644
Zc	Ich kann nicht zwischen unterschiedlichen Arbeitsmitteln (z.B. Werkzeugen) auswählen.	.745	.378	.546
	Zeitdruck			
Ya	Es herrscht so großer Zeitdruck, daß ich – außer in den Pausen – die Arbeit auch für kurze Zeit nicht unterbrechen kann.	.636	.532	.726
Yb	Die Arbeit ist eigentlich kaum zu schaffen.	.636	.532	.726
	Unterbrechungen			
Da	…. Arbeitsmittel, Geräte oder Maschinen verbesserungsbedürftig oder defekt sind.	.587	.357	.606
Db	…Infos oder Unterlagen (z.B. Materialscheine), die zur Erledigung der Arbeit erforderlich sind, erst umständlich besorgt werden müssen.	.582	.656	.691
Dc	... Informationen oder Unterlagen fehlerhaft sind.	/	.638	.733
Dd	… Material fehlt oder fehlerhaft ist.	.611	.621	.730
De	… weil es durch Personen oder Telephonate (z.B. Nachfragen) zu Unterbrechungen kommt.	.244	.404	.485
rec.= rekodiert				

Tabelle 44: Trennschärfekoeffizienten der Gesundheitsskalen (Indikatoren für Gesundheitsbeeinträchtigungen)

Item	Iteminhalt	B1	B2	B3
	Somatische Beschwerden			
Ba	Wie häufig haben Sie Magenschmerzen oder ein Druckgefühl in der Magengegend?	.594	.573	.572
Bc	Wie häufig leiden Sie unter Verdauungsstörungen?	.571	.456	.650
Be	Wie häufig spüren Sie Übelkeit?	.651	.542	.554

Bf	Wie häufig haben Sie Schmerzen im Nacken oder in der Schulter?	.608	.611	.577
Bg	Wie häufig verspüren Sie Rücken- oder Kreuzschmerzen?	.616	.605	.589
Bl	Wie oft wird Ihnen schwindelig?	.593	.637	.545
Bm	Wie oft haben Sie Probleme mit dem Blutdruck?	.500	.531	.313
Bn	Wie oft schlafen Ihnen Hände oder Füße ein?	.504	.573	.544
Bo	Wie oft sind sie erkältet?	.194	.381	.360
Bq	Wie oft haben Sie Reizhusten?	.347	.467	.347
	Psychische Erschöpfung			
Ab	Wie oft haben Sie Schlafstörungen (Einschlafstörungen, Durchschlafstörungen)?	.484	.516	.603
Ac	Ich fühle mich häufig müde und erschöpft.	.627	.560	.682
Ad	Ich spüre häufig innere Nervosität und Anspannung.	.677	.555	.698
	Gereiztheit/Belastetheit			
Ca	Nach der Arbeit kann ich nicht abschalten.	.436	.454	.405
Cc	Ich fühle mich häufig überfordert.	.436	.454	.405
	Psychische Befindensbeeinträchtigungen			
Ab	Wie oft haben Sie Schlafstörungen (Einschlafstörungen, Durchschlafstörungen)?	.479	.521	.595
Ac	Ich fühle mich häufig müde und erschöpft.	.663	.575	.670
Ad	Ich spüre häufig innere Nervosität und Anspannung.	.727	.631	.739
Ca	Nach der Arbeit kann ich nicht abschalten.	.555	.520	.551
Cc	Ich fühle mich häufig überfordert.	.541	.563	.496

Tabelle 45: Trennschärfekoeffizienten der Gesundheitsskalen (Positiv-Indikatoren der Gesundheit)

Item	Iteminhalt	B1	B2	B3
	Selbstwirksamkeit			
Jc	Die Lösung schwieriger Probleme gelingt mir immer, wenn ich mich darum bemühe.	.385	.509	.540
Je	In unerwarteten Situationen weiß ich immer, wie ich mich verhalten soll.	.593	.690	.662
Jf	Auch bei überraschenden Ereignissen glaube ich, daß ich gut mit ihnen zurechtkommen werde.	.591	.693	.675
	Arbeitsfreude/Stolz			
If	Es gibt Tage, da freue ich mich über meine Arbeit.	.808	.737	.754
Ig	Es gibt Tage, da bin ich stolz über das, was ich bei der Arbeit geschafft habe.	.755	.683	.704
Ii	Meine Arbeit macht mir Spaß.	.770	.523	.755
Ij	Ich habe das Gefühl, in meiner Arbeit etwas Sinnvolles zu tun.	.541	.722	.587
Ih	Es gibt Tage, an denen ich beschwingt nach Hause gehe.	.719	.633	.604

Tabelle 46: Neuentwicklungen in der Stichprobe B3

Item	Iteminhalt	B3
	Gereiztheit/Belastetheit (Langfassung)	
Ca	Nach der Arbeit kann ich nicht abschalten.	.496
Cc	Ich fühle mich häufig überfordert.	.504
Cf	Ich reagiere gereizt, obwohl ich es gar nicht will.	.740
Cg	Wenn andere mich ansprechen, kommt es vor, daß ich mürrisch reagiere.	.695
Ch	Ich bin schnell verärgert.	.692
	Ängstlichkeit	
Ck	Schwierigen Situationen gehe ich lieber aus dem Weg.	.491
Cl	Es fällt mir manchmal schwer, mit Fremden zu sprechen.	.509
Cm	Wenn es geht, vermeide ich es, Vorgesetzte anzusprechen.	.512
	Lernen in der Freizeit	
Fg	Ich suche mir in meiner Freizeit Tätigkeiten, bei denen ich etwas Neues dazu lernen kann.	.679
Fh	In meiner Freizeit mache ich Sachen, die mich geistig herausfordern.	.705
Fi	In meiner Freizeit mache ich Sachen, für die man einige Übung braucht.	.631
Fl	In meiner Freizeit mache ich Sachen, auf die ich stolz bin.	.559

9.3 Bildung des Gesamtdatensatzes

Tabelle 47: Überblick über Alpha-Koeffizienten für die modifizierten Skalen der Einzelstichproben und für den Gesamtdatensatz

	Skala	B1	B1 alt	B2	B2 alt	B3	B3 alt	Ge-samt
Mesofaktoren der Arbeit	Arbeitsplatzunsicherheit	.61		.74	.77	.81	.86	.76
	Information und Beteiligung	.65		.67	.73	.67	.76	.68
	Persönl. Entwicklungschancen	.54		.72	.79	.68	.81	.71
	Sinnbezug	.63		.56	.78	.59	.76	.65
	Fürsorge	.70		.77	.82	.58	.77	.73
	Betriebsklima	.63		.55	.70	.43	.62	.58
Mikrofaktoren der Arbeit	Entscheidungsspielraum	.76		.85	.88	.81	.90	.81
	Arbeitsinhalte	.83		.86		.79		.77
	Aufgabenbez. Kommunikation	.74		.75		.64		.61
	Kommunikation/Konfliktbew.	.67		.67	.75	.65	.81	.68
	Vorgesetztenverhalten	.69		.65	.73	.73	.86	.68
	Monotone Arbeitsbedingungen	.83	.85	.64		.63	.77	.68
	Zeitdruck	.78	.77	.69		.84		.68
	Unterbrechungen	.70	.71	.76		.83		.65
	Umgebungsbedingungen	/		/		/		/
Gesundheits-indikatoren	Somatische Beschwerden	.82		.84		.81		.83
	Befindensbeeinträchtigungen	.80		.78		.81		.79
	Gereiztheit/Belastetheit	.60		.62		.57		.62
	Psychische Erschöpfung	.77		.72		.80		.73
	Arbeitsfreude/Stolz	.88		.85		.86		.86
	Selbstwirksamkeit	.69		.78		.78		.77

In den Spalten ,B1 alt', ,B2 alt' und ,B3 alt' sind die Alpha-Koeffizienten mit dem originalen Antwortformat angegeben.

Für die Skalen, die nicht modifiziert wurden, wurden die im vorangegangenen Abschnitt dargestellten Skalenwerte übernommen. Die Angaben in der kleineren Schriftgröße geben für die modifizierten Skalen die Kennwerte aus der ersten Berechnung mit dem ursprünglichen Antwortformat wieder.

Tabelle 48: Skalenmittelwerte und Standardabweichungen im Gesamtdatensatzes

	B1		B2		B3	
	M	SD	M	SD	M	SD
Arbeitsplatzunsicherheit	1.76	.32	1.56	.42	1.60	.38
Information und Beteiligung	1.57	.37	1.41	.36	1.39	.32
Persönliche Entwicklungschancen	1.68	.31	1.53	.40	1.55	.39
Sinnbezug	1.18	.33	1.08	.18	1.13	.22
Fürsorge	1.41	.39	1.36	.39	1.29	.37
Entscheidungsspielraum	1.62	.37	1.48	.39	1.52	.37
Arbeitsinhalte	2.88	1.14	3.13	1.27	3.10	.97
Aufgabenbezogene Kommunikation	4.18	1.41	4.00	1.26	3.93	.63
Offene Kommunikation/ Konfliktbewältigung	1.23	.25	1.23	.31	1.14	.20
Vorgesetztenverhalten	1.38	.38	1.34	.34	1.28	.35
Monotone Arbeitsbedingungen	1.30	.40	1.34	.36	1.28	.30
Zeitdruck	2.86	1.35	2.94	1.10	3.09	1.14
Unterbrechungen	3.56	.99	3.73	.80	3.77	.85
Umgebungsbedingungen	1.61	.27	1.48	.40	1.41	.42
Somatische Beschwerden	2.79	.63	2.84	1.37	2.89	.84
Befindensbeeinträchtigungen	3.14	1.00	3.48	1.09	3.20	1.09
Selbstwirksamkeit	2.34	.79	2.37	.87	2.17	.56
Arbeitsfreude/Stolz	2.61	1.02	2.74	1.02	2.74	.89

9.4   Personen- und Gesundheitsmerkmale

Tabelle 49: Zusammenhänge von soziodemographischen Daten und Gesundheitsmerkmalen

	Psysobew	Somabew	Stolz	Selbwirk
Pearsons-Korrelationskoeffizienten				
Alter	-.046	-.041	-.074	-.051
Punkt-biseriale Korrelationskoeffizienten				
Geschlecht	-.108**	-.179**	-.059	.189**
Kinder	.013	.023	.039	.061
Berufsstatus	.099**	.056	-.207**	-.088
Spearman's Rho-Koeffizienten				
Dienstalter	.075	.096	-.013	-.085
N=516-949 *** auf dem 1%-Niveau signifikant*				

Schriftenreihe "Mensch – Technik – Organisation"

herausgegeben von Eberhard Ulich

Schriftenreihe "Mensch – Technik – Organisation"

herausgegeben von Eberhard Ulich

Schriftenreihe "Mensch – Technik – Organisation"

herausgegeben von Eberhard Ulich

v/d/f Hochschulverlag AG an der ETH Zürich